Karpaten - Die wilden Bergregionen im Osten Europas

BooD™
BOOKS on DEMAND

Michael Fauth

Karpaten

Die wilden Bergregionen im Osten Europas

Eine Motorradreiseerzählung

Bibliografische Information der Deutschen Nationalbibliothek:
Die Deutsche Nationalbibliothek verzeichnet diese Publikation in der Deutschen Nationalbibliografie; detaillierte bibliografische Daten sind im Internet über http://dnb.dnb.de abrufbar.

Herstellung und Verlag: BoD – Books on Demand, Norderstedt

ISBN: 978-3-7448-1308-2

Inhaltsverzeichnis

Teil 1

Teil 2

Karpaten

Eine Motorradreisegeschichte in die Karpaten

Teil 1

Die Idee

Ein verdammt kalter Winterabend in Bratislava. Es ist der 22. Februar, ein Dienstagabend, in der Sedlarska 5, dem All Stars Cafe in Bratislava. Wir treffen uns mit Freunden sagte Amar zu mir. Ich schaute ihn an, zuckte mit den Schultern, und erwähnte ein knappes; *„Ja gut, schön das machen wir"*. Ich war neu in der Runde, der Rest kannte sich bereits durch frühere Treffen. Die Gruppe war sehr gesellig. Ich checkte die Lage wie ich immer die Gegebenheiten prüfe in der ich Fremd bin, analysiere mein Umfeld, beobachte die Leute ihr Verhalten, das Treiben der anderen Gäste und dem Personal um mich herum. Ich schaute mir die Einrichtung der Bar genau an. Kurzum, ich scannte meine Umwelt um mir ein Bild der Gesamtsituation zu verschaffen. Im ganzen Raum verteilt hängen an den Wänden unzähligen Flachbildmonitore, neben Fußball wurde auch Rugby gezeigt. An den Stellen an denen kein überdimensionaler Monitor hing, ist die Wand mit Bildern von Sportereignissen aller Art bestückt. Nicht gerade die Art von Bars in denen ich mich für gewöhnlich aufhalten würde, aber doch ganz gut gemacht, nun denn. Zurück zu unserer bunt gewürfelten Runde. Rechts von mir saß eine angehende Psychologin, sie fragte mich stetig nach Dingen wie „Was gefällt Dir?" „Zeichnest Du mir ein Bild". Ich malte Ihr eine kleine Zeichnung nach reichhaltiger Überlegung gab ich ihr eine kleine unterschwellige Zeichnung. So jetzt hat die Psychologin eine Denkaufgabe bekommen. Ich zeichnete eine kleine Figur. Ein Kopf in dessen Gesicht eine lange Runde knollige Nase überdimensioniert über die Mauer schielt. Auf dem Kopf ragen wild ein paar Harre hervor, wie bei einem Punk dessen Frisur etwas geknickt ist. Die Finger der Figur erklimmen die Mauer. Eine Backsteinmauer mit abgeplatzten Putz, dazwischen zeichnete ich ein paar Graffiti fetzen ein, so scheint es als sei die Mauer bemalt. Ein kleiner frecher Spitzbube, meiner Meinung nach das Richtige für eine angehende Psychologin welche in ihrer Freizeit versucht Personen einzuordnen. Links neben mir saß unter anderem ein weitere Kollege von mir, neben ihm ein Holländer, sehr groß recht lebhaft, er unterhielt den ganzen Tisch. Katka die Freundin von Amar saß mir gegenüber, neben ihr Amar und ganz links neben Amar an der Wand saß Denisa.

Ab und an kam ich mir vor wie bei dem Spiel die Reise nach Jerusalem. Hier laufen alle um einige Stühle, jedoch reichen nicht alle Stühle, wenn die Musik aus ist muss man sich setzen, einer bleibt übrig. Na ja, hin und wieder saßen Denisa und ich uns gegenüber dann sprachen wir über dies und das, danach saß ich wieder rechts außen und wir verspürten unser Gespräch fortzusetzen zu wollen. Es ging um das Motorradfahren. Denisa hatte vor wenigen Monaten einen Unfall mit ihrer Kawasaki ER 6 N, dabei ging einiges zu Bruch. Mit großen Augen voller Begeisterung erzählte sie mir vom Motorradfahrern und Bikern in der Slowakei über Motorradclubs dieses und jenes und dass sie wenn ihre Kawa wieder fit sein wird in die Tatra Berge fahren möchte. Sie erzählt so begeisternd von dieser Region und den Karpaten das es mich irgendwie nicht mehr los lies. Das Mädchen mit den leuchtenden grünen Augen und den rotblonden langen Haaren hat in mir ein Feuer der Begeisterung dieser mir fremden Region entzündet. In den nächsten Wochen und Monaten kam ich immer wieder aus beruflichen Gründen in die Slowakei und Tschechei, in diesem Zeitraum erweckte in mir ein immer größer werdendes Interesse dieser Region und darüber hinaus. Zur tatsächlichen Motorradreise jedoch bedarf es noch ein wenig Zeit.

Die Regionen der Karpaten

Wenn ich einigen Leute erzähle ich fahre in die Karpaten, oder ich war in den Karpaten. So ernte ich zunächst ein etwas verlorener Blick, dann höre ich oft von meinem gegenüber. *„Karpaten, ja, das habe ich schon einmal gehört, wo oder was ist das eigentlich?"* So gebe ich schlicht und einfach zur Antwort eine Gebirgsregion in Osteuropa. *„Ah ja, richtig."*

Doch so richtig können es eigentlich die wenigsten einschätzen. Eine geografische Hilfestellung bietet schon einmal die Aufzählungen der Länder welche einen Anteil an den Karpaten haben. Ich beginne mit meiner Aufzählung von Nord nach Süd. Da gehört dazu; Polen, Ukraine, Slowakei, Tschechien, Rumänien, Österreich, Ungarn und die Serbischen Republik.

Gesamt deckt die Region der Karpaten eine Fläche von 209000 km² ab. Der Gebirgszug hat etwa eine Länge von 1300 km und bildet eine Spannweite von etwa 100 km an der schmälsten Stelle, bis zu seiner breitesten Ausdehnung von etwa 350 km. Mit seinem bogenförmigen Verlauf, man spricht hier vom Karpatenbogen, bildet dieses Gebirge eine Brücke zwischen Ost- und Westeuropa.

In die Karpaten mit eingebunden ist die Hohe Tatra. Ein in sich abgeschlossenes Gebirgsmassiv von 2655 m Höhe in mitten der Slowakei, ja nicht ganz in der Mitte, aber fast. Die Hohe Tatra ist das höchste Gebirgsmassiv in der Slowakei. Doch dieses einzigartige Kapitel der Karpaten Region gebührt eine gesonderte Beschreibung.

Die Geologen haben viel getan um die Karpaten in mehrere elementare Hauptregionen zu gliedern. So spricht man immer wieder von einer horizontalen- und vertikalen- Gliederung. Was kann sich der Leihe darunter vorstellen? Horizontal von Westen nach Osten? Vertikal von Norden nach Süden? Dem Karpatenbogen folgend? In etwa, ja, doch dies geht natürlich noch genauer. Wobei man sich bei der geografischen Einteilung dieses mitteleuropäischen Gebirges sich nicht eindeutig festgelegt hat oder konnte. In der Ukraine gehen die Zugehörigkeiten der Gebirgszüge ein wenig auseinander. So verlaufen die Ländergrenzen der Ukraine und Rumänien entlang der geomorphologischen Einheiten, weite Ebenen mit benachbarten Gebirgszügen werden mit einbezogen. Dies möchte ich nicht tiefer ausarbeiten, geschweige denn meine eigene Betrachtungsweise hierzu aufstellen. Im Wesentlichen möchte ich auf die topografische Beschreibung zurückkommen.

Somit beginne ich im Westen bei Wien und Bratislava mit der Äußeren Westkarpaten. Diese erstrecken sich über Tschechien entlang der slowakischen Grenze bis nach Polen bei Nowy Sacz. Die inneren Westkarpaten verlaufen südlich der eben beschriebenen Region. Diese beginnt in der Slowakei, östlich von Nitra und verläuft bis in den östlichen Teil der Slowakei hinter Kosice. Im weiteren Verlauf südlich in Ungarn. Genauer parallel der beschriebenen Region wenige Kilometer östlich von Budapest über Miskolc bis etwa kurz vor Tokaj. Die Äußeren Ostkarpaten erstrecken sich nun den vertikalen Bogen folgend von der polnischen Provinz Podkarpackie bei Przemysl über die Ukraine bis Rumänien, südlich von Brasov.

Die Westrumänischen Karpaten und das Transsilvanische Becken bilden die Regionen um Apuseni, Siebenbürgen (Transsilvanien), Fagaras. In diesem Teil der rumänischen Karpaten gibt es Hochgebirgsregionen mit Höhenstraßen wie die Transalpina und die wohl berühmteste und höchste Karpatenüberquerung die Transfagarasan. Der südlichste Ausläufer sind die serbischen Karpaten bei Kuchevo und Majdanpek bis etwa um Zajechar nahe der bulgarischen Grenze. In den serbischen Karpaten gibt die Gebirgskette noch einmal alles, steil aufragende Gebirge, karger Fels und enge Schluchten.

Dies ist natürlich eine sehr grobe Umschreibung doch Rahmt es die Gesamtregion Karpaten recht gut ein. Die einzelnen Länder mit den Grenzen übergreifende Regionen lassen sich jetzt noch einmal in Ost- und West- Gebiete einteilen doch so tief möchte ich nicht einsteigen. Das sollte zunächst einmal reichen.

Zur Vegetation und die Tierwelt welche darin lebt, also die Flora und Fauna, lässt sich folgendes beschreiben. Die Karpaten ist ein Gebirge welches immer wieder mit weiten Tälern und sanfte Hügeln durchzogen ist, aber natürlich auch bis hin zum Hochgebirge. Hier gibt es reichlich Landwirtschaftlich genutzte Flächen, weniger im Großen Landwirtschaftlichen Stil. Doch gibt es natürlich auch große landwirtschaftliche Nutzflächen. Doch meist eher kleinere Parzellen von Kleinbäuerlichen Betrieben geführt. Meist sind die Menschen Selbstversorger und bewirtschaften die möglichen Flächen. Ein Großteil der Karpaten wird extrem Forstwirtschaftlich genutzt. Die Waldkarpaten, diese ziehen sich von der Slowakei über Polen bis nach Rumänien, meist handelt es sich hierbei um die niedrigen Lagen. Die Waldgrenze schwankt im gesamt Karpatengebiet zwischen 1.150 m und 1.900 m. Vor allem in Rumänien befindet sich das in Europa größte geschlossenen zusammenhängende Waldgebiet. Die Vegetation ähnelt der zum Teil aus dem Schwarzwald oder den Alpen, je nach Höhe.

Die Tierwelt ist schon etwas anderes als diese der Alpen. Neben dem Rotwild und Schwarzwild gibt es Braunbären, Luchse und Wölfe. Also Vorsicht beim wilden Zelten, vor allem wenn man Lebensmittel im Gepäck hat. Bären riechen lecker essen und scheuen sich nicht ein Zeltplatz nach essbaren zu durchsuchen.

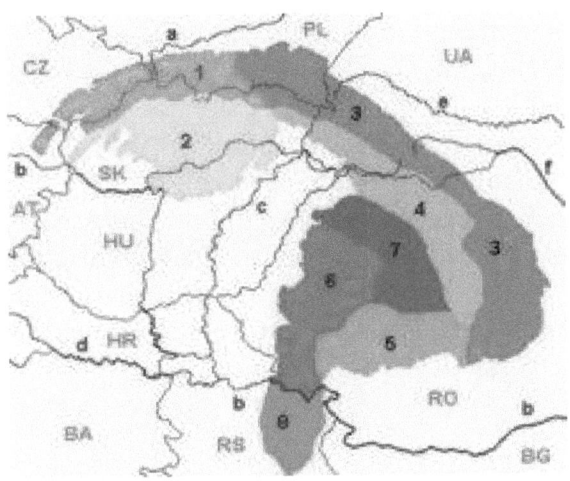

Bild: Karpatenbogen mit allen Ländern.

Die Hohe Tatra

D ie Hohe Tatra ist ein im Grunde in sich abgeschlossenes Gebirge im Herzen der Slowakei. In der Slowakei spricht man von der Vysoké Tatry. Ein Teil der Tatra gehört zu Polen. In beiden Ländern, Polen wie auch in der Slowakei ist das Gebirge in einen Biosphärenreservat der UNESCO eingegliedert. Der Nationalpark ist für Wanderer zugänglich. Das Gebiet wird durch Ranger überwacht und unterliegt dem Naturschutz, Der Zugang für Wanderer und Spaziergänger wird an Kontrollpunkten überwacht. Auf slowakischer Seite ist das Wandern kraft Nationalparkverordnung nur auf den markierten Wegen gestattet. Für die meisten alpinen Wege gilt eine Wintersperre vom 1. November bis zum 15. Juni. Das Besteigen von Gipfeln ist durchaus möglich. Doch Achtung, soweit nicht markierte Wege hinaufführen, ist dies nur mit einem Bergführer gestattet.

Die Hohe Tatra gehört aber auch zu den Karpaten und bildet hier den höchsten Teil der Gesamtregion Karpaten. Die Tatra bietet ein alpenähnliches Panorama. Ein klassisches Hochgebirgsrelief und vereinzelten Schneefeldern. In den Waldregionen hat man oft den Eindruck im Schwarzwald zu sein, wenn da nicht die massiven Gipfel im Hintergrund wären. Die Waldgrenze in der Tatra liegt bei 1.500 m. Etwa vierundzwanzig Gipfel der Hohen Tatra überschreiten die 2.500 m Grenze. Die höchsten Erhebungen sind der Gerlachovský štít (*Gerlsdorfer Spitze*) mit 2.655 m, zugleich der höchste Berg der Slowakei und der gesamten Karpaten. Der Gerlachovská veža (*Gerlsdorfer Turm*) mit 2.642 m, der Lomnický štít (*Lomnitzer Spitze*) mit 2.632 m und der Ľadový štít (*Eistaler Spitze*) mit 2.627 m. Von den etwas niedrigeren Gipfeln sind vor allem der Rysy (*Meeraugspitze*) mit 2.503 m an der slowakisch-polnischen Grenze – zugleich der höchste Berg Polens und der mächtige Slavkovský štít (*Schlagendorfer Spitze*) mit 2.452 m in der Slowakei. Ein weiterer bedeutsamer Berg ist der Kriváň (*Ochsenhorn*) mit 2.494 m, ein wichtiges nationales Symbol für die Slowaken. Er ist auf den slowakischen Cent- Münzen abgebildet.

Ungewöhnlich ist die Anordnung der höchsten Gipfel am südlichen Außenrand gelegen, entgegen dem Alpenpanorama. Diese wird oft, obwohl es sich eigentlich nur um ein Teilgebirge handelt, als das flächenmäßig, keineswegs jedoch höhenmäßig „kleinste Hochgebirge der Welt" bezeichnet. Der Hauptkamm der Hohen Tatra ist lediglich 27 km lang. Die größten der zahlreichen Gletscherseen der Hohen Tatra befinden sich unterhalb des Rysy auf polnischem Gebiet. Das Gebirge bietet dennoch eine Überfülle an Naturschönheiten und touristischen Möglichkeiten im Nationalpark Tatra; Wanderungen, Klettertouren, Skihochtouren, Pistenstandorte, zahlreiche Kurorte und Erholungsorte mit Hotels aus der Zeit des ausklingenden 19. Jahrhunderts und dem Beginn des 20. Jahrhunderts. Sozialistische Bausünden werden nach und nach entfernt.

Bild: Tatra Gebirge.

Der Aufbruch

An einem Freitagnachmittag, es war ein herrlich Sommertag im August fuhr ich gemeinsam mit meinem Bruder Bernhard und Andreas zum Fernreisetreffen in die nahegelegene Südpfalz bei Kandel. Den Organisator diese kleinen Fernreisetreffens, ebenfalls ein Andreas, traf ich einmal bei einer Sahara Tour in Südtunesien. Das kleine familiäre Event ist ein Idealer Start zu meiner Karpatentour, den am Abend zeigten zwei Motorradfahrer aus dem Raum Heidelberg einen Bildervortrag über deren Motorradreise durch Russland zum Baikalsee, Aralsee usw. Der Auftakt und das Ende ihrer Tour waren die rumänischen Karpaten. So bekam ich schon einmal einen Eindruck was mich erwarten wird, auf jeden Fall eine schöne teilweise unberührte Landschaft.

Am darauffolgenden Morgen brach ich früh auf, ein weiter Weg lag vor mir. Aus diesem Grund gab es nur ein kleines Frühstück auf dem Platz. Ich verabschiedete mich von allen Frühaufstehern auf dem Fernreisetreffen, packte mein Nachtlager zusammen und auf nach Österreich in die Steiermark. Die östliche Region Österreichs sollte mein zweites Etappenziel sein. Ich war mir nicht sicher wie weit ich den an diesem Tag kommen möge. Daher erkundigte ich mich bei den Österreichischen Gremium Chapter was dem so anliegt, gibt es ein Treffen auf welches die Kollegen fahren oder ein Clubhausparty die ich ansteuern könnte m ein mögliches Etappenziel zu planen. Die Jungs vom Gremium Chapter Styria fahren auf ein Motorradtreffen. Super dann ist alles klar. Mit Koni dem Secretary von Chapter Styria stimme ich mich zum Treffpunkt ab. Mein Abendprogramm und das Nachtlager stehen also fest.

Ich habe den ganzen Tag Zeit und bin früh aufgebrochen, die Streckenbeschreibung steht fest. Doch ein kleines Roadbook mit den einschlägigen Wegpunkten muss sein. Zunächst einmal Kilometer machen auf der A8 bis München / Salzburg, dann weiter Richtung Villach auf der A 10 bis Abfahrt Eben. Weiter über die 320 bis Liezen, dann wieder ein kurzes Stück auf die A 9 bis Trieben und noch einmal auf der 114 über den Hohentauern durch St Johann bis Judenburg.

Die deutsche Autobahn war absolut überfüllt, Wochenende und Reisezeit, hinter München war die Bahn endgültig zu. Mit dem Motorrad schlängelte ich mich so durch den zäh fließenden Verkehr. Erst ab Salzburg ging es wieder zügig voran, ich habe viel Zeit verloren und einen überaus anstrengenden Streckenabschnitt hinter mir. Ab jetzt wird es etwas lockerer, ich verlasse die Autobahn es geht über gemütliche Landstraßenabschnitte durch eine wunderschöne Bergwelt, das alles noch bei perfekten Wetterbedingungen. Blauer Himmel und die Sonne scheint, bei angenehmen Temperaturen nicht zu heiß. Ich konnte die verlorene Zeit auf den deutschen Autobahnen wieder aufholen. Bis zu der verabredeten Stelle am Mc Donalds bei Judenburg hatte ich noch ausreichend Zeit. Ich mache hier und da ein paar kleinere Pausen und tingle langsam und gemütlich über die Landstraße, vorbei an weidende Kühe und gemäßigte Höhen der Alpen, alles mit angenehme kurvigen Straßen. Kurz nach St Johann beginnt es zu regnen, die Sonne scheint und Regen fällt, so was, Regenkleidung ja oder nein. Bis ich mich gedanklich entschieden hatte ob Regenkleidung oder nicht, war der Wasserzauber aus dem Himmel auch schon wieder vorbei. Ich bin unter einer sich heftigste abregnete Wolke hindurch gefahren.

Am Treffpunkt angekommen, natürlich viel zu früh, besorge mir einen Kaffee „take away" beim nahen „Schachtelwirt" mit dem Pappbecher in der Hand setze mich auf die grüne Wiese und lese in meinem mitgenommenen Buch. Ein Lesebuch habe ich immer auf meinen Reisen dabei, außer es liegen absolute Platzprobleme an. Nach etwa einer halben Stunde höre ich das dröhnen von Motoren. Die ersten österreichischen Kameraden fahren auf den Parkplatz der Road-Capten vorne weg, danach Koni, Wolfi und die anderen. Die zweite eintreffende Gruppe wird von Kiss dem Präsidenten und Sven dem Vice-Präsidenten angeführt, wir sind komplett. Es geht los, wir fahren nach Pöls, einen kleinen Ort, zu dem MC Wolpertinger / Steiermark. Der Motorradclub hat sich in mitten des Ortes eine alte Wassermühle inkl. Grundstück erworben, dies sind nun die Clubräumlichkeiten. Im Garten inklusive Fischteich wurde das Gelände für die Party hergerichtet, Bierwagen, Feuerstelle, kleinere Sitzecken. Alles recht gemütlich und relaxt. Wir werden begrüßt, bekommen ein Willkommensgetränk und man zeigt uns die Stelle an der wir unsere Zelte aufbauen können, alles ist perfekt.

Der Verlauf der Party ist echt angenehm, Bier und essen ist absolut lecker. An jeder Ecke wird man zu Gesprächen und einem Schlückchen Schnaps eingebunden, am Lagerfeuer gibt es rockige Gitarrenmusik in der Bar tanzt eine Stripperin an der Stange, ein netter Start der Karpaten Tour.

Bild: Gremium M/C Styria auf der Party des Wolpertinger MC in der Steiermark.

Der Morgen beginnt früh, möglicherweise zu früh, einige sind schon los, andere trinken im Clubhaus immer noch oder schon wieder. Ich wähle Kaffee und das Spezialfrühstück des Clubs, ein Wolpertinger Frühstück. Danach baue ich mein noch vom Tau feuchtes Zelt ab und verstaue alles wieder am Motorrad. Ich verabschiede mich von allen und es geht weiter auf die dritte Reiseetappe. Ich fahre auf der S6 Richtung Wiener Neustadt, Koni und Wolfi meinten ich solle den Neusiedler See besuchen, aber auf seiner Ostseite, diese ist schöner. Gut schaue ich mir das mal an, liegt ja auf dem Weg nach Bratislava, meinem nächsten Ziel. Ich orientiere mich über Ungarn der Stadt Sopron, fahre auf der 84 und 85, Nagycenk, Fertőszentmiklós, über die 8521 und 8531 zum Grenzübergang nach Österreich Pamhagen Richtung Podersdorf am See. Ich wollte irgendwie an das Seeufer kommen, mal sehen eventuell baden oder einfach ein wenig in der Sonne faulenzen.

Mir fällt gleich auf das es um diese Seeregion, selbst in Ungarn einen recht hohen Anteil an Touristen und Freizeitaktivisten gibt. Unzählige Radfahrer, Jogger und sonstige Fußgänger sind unterwegs. Die kleinen Gaststätten um den See sind überfüllt von Radwanderer, darüber hinaus ist Sonntag, Familientag.

Der Neusiedler See ist ein 37 km langer Flachwassersee mit Salzwasser und hat eine gemittelte Durchschnittstiefe von 1,80 m, ein typischer Steppensee am Rande der pannonischen Ebene und im unmittelbaren Freizeit- Einzugsgebiet von Wien. Der See reicht im Süden bis nach Ungarn, Österreich hat den größeren Anteil des Sees. Der See ist somit einer der größten Seen Österreichs. Der See hat eine Gesamtfläche von 285 km², davon hat Österreich einen Anteil von 220 km², die restlichen 65 km² gehören zu Ungarn. Der See ist fast komplett mit einem Schilfgürtel um zogen und bildet mit dieser Sumpfzone einen besonderen Lebensraum für die Tierwelt.

Ich versuche in die Nähe des Sees zu kommen, hierzu fahre ich auf der L205, große Obstplantagen und Weinreben halten mich davon ab einen geeigneten Weg zu finden. Dennoch finde ich eine Zufahrt. Es scheint wohl ein Radweg zu sein, unzählige Radfahren kommen mir entgegen. Oh je wo fahre ich den jetzt, egal. An einer Wiese neben dem Weg unter einem schattigen Baum möchte ich halten und mein Zelt und mich zum trocknen in die Sonne legen. Ich habe gerade einen festen Stand für die BMW GS Adventure gefunden und packe mein vom morgen noch feuchtes Zelt aus. Plötzlich steuert ein Auto direkt auf mich zu. Ein Ranger des Nationalparks kommt mit einem alten Suzuki LJ angefahren. Noch in seinem Auto sitzend vertreibt er mich lautstark, was ich hier mache, habe da nichts zu suchen.
Na ja, ich muss zusammenpacken, werde auf einen nahe gelegenen Parkplatz eines Jachthafens verwiesen. Ich lasse mein Zelt dort in der Sonne fertig trocknen, packe zusammen und verschwinde von hier. Kein schöner Ort zu viele laute Menschen, der See verbaut oder nicht zugänglich. Tut mir leid, kein schöner Ort. Auf in die nahe Slowakei, auf nach Bratislava.

Am Späten Nachmittag fahre ich von der Neustadt kommend auf der Nový-most über die Dunay / Donau nach Bratislava / Preßburg. Ich checke in das Hotel Tatra ein, der Name des Hotels passt zu meinem vorhaben und das Haus hat eine Garage für die BMW. Es ist Sonntag nicht viel los in den Straßen der Stadt, die Temperaturen weit über 30°C. Ich habe mich bei Freunden angemeldet. Bei Denisa und Katka, natürlich mehr bei Denisa. Dem Mädchen welches mir die Karpaten und die Tatra so voller lebendiger Begeisterung erzählte und ihre Motorradgeschichten berichtete. Zunächst erkundige ich die Ecken und Gassen der Stadt welche ich noch nicht gesehen hatte, oder welche ich noch nicht erwandert habe. Von der Residenz des Präsidenten dem Palais Grassalkovich erkunde ich zunächst einmal den 85 m hohen Felsen mit seinen Treppen und Gassen auf dem die Burg Bratislava / Bratislavský hrad thront. Von der Burg hat man einen wunderbaren Blick über die Donau und der Stadt. Die Spitze des Martinsdom weißt mir die Richtung und ich steige auf den Treppen ab und erkunde die wunderschöne Altstadt. Vom Hauptplatz aus mit dem alten Rathaus durchwandere ich die engen Gassen und Plätze. Meine Persönliche Stadtführung und Kneipenführung bekomme ich am Abend von Denisa und Katka.

Bratislava oder Preßburg.

Bratislava die Hauptstadt der Slowakei und somit Regierungssitz. Sie liegt im Südwesten des Landes im Landkreis Bratislava, beim Dreiländereck Slowakei-Österreich-Ungarn. Die jeweiligen Grenzen sind vom Zentrum 5 km nach Westen, bzw. 20 km nach Süden entfernt. Die Grenze zu Tschechien liegt 62 km nördlich. Wien, die Hauptstadt Österreichs, befindet sich 65 km westlich von Bratislava. Beide Städte werden neuerdings auch als Twin City, Zwillingsstadt, bezeichnet und bilden den Mittelpunkt der Europaregion.
Ein wirtschaftliches und kulturelles Zentrum des Landes, sowie Standort mehrerer Universitäten, wissenschaftlicher Institutionen, Museen, Kunsthallen Theater und der Philharmonie. Eins Stadt welche langsam aus dem kommunistischen Dornröschenschlaf erwacht.
Die Geschichte der Stadt wurde von zahlreichen Ethnien geprägt, wie Kelten, Römern, Awaren, Deutschen, Magyaren, Juden und Slowaken. Preßburg war im Laufe seiner Geschichte eines der wichtigsten wirtschaftlichen und administrativen Zentren Großmährens, des Königreichs Ungarn damit auch im Rahmen der österreichischen Monarchie beziehungsweise dem Verbund Österreich-Ungarns. Die Stadt war von 1536 bis 1783 und 1848 Hauptstadt des Königreichs Ungarn sowie von 1939 bis 1945 Hauptstadt der (ersten) Slowakischen Republik. Im Jahre 1968 wurde Bratislava Hauptstadt des Teilstaates

Slowakische Sozialistische Republik, in der Tschechoslowakischen Sozialistischen Republik (ČSSR) und kurz (1990–1992) in der Tschechischen und Slowakischen Föderalen Republik (ČSFR). Seit 1993 ist sie Hauptstadt des selbstständigen Staates Slowakei. Doch soweit erst einmal, zu einem späteren Zeitpunkt werde ich noch einmal auf diese schöne Stadt zurückkommen.

Bild: Altstadt von Bratislava.

Die Horizontale Karpaten Region

Der darauffolgende Tag brach für mich sehr früh an, erst mal ein kräftiges Frühstück dann Aufbruch und Weiterfahrt in östlicher Richtung auf der E 571 mit dem Etappenziel Nitra im Fokus. Die Landstraße war noch im alten Plattenbaustil wie man diese in Ostdeutschland nach der Wende her kannte. Im gleichbleibenden Rhythmus der Plattenfugen rollte die BMW über die Landstraße, ich hörte stetig meinen Gaskocher welcher bei jeder Fuge gegen den Alukoffer klapperte, padap, padap, padap,... Einige Kilometer später wechselte der Fahrbahnbelag mit einer neuen Asphaltdecke. Damit hörte abrupt mein sich bis dahin im Kopf manifestierte padap, padap auf. Der Verlauf meiner bisherigen Route, einfach auf der E 571 nach Osten, überschaubar, einfach nur gerade aus. Ich genieße das angenehme vorankommen und die Schönheit der Landschaft. Doch möchte ich das Wesentliche der Entdeckungen zur Slowakei auf meiner Rückreise aufbewahren.

Immer wieder wird die Landstraße nun zur gut ausgebauten Schnellstraße, bis hin zur Autobahnähnlichen Straße. Das gefällt mir nicht so sehr, doch auch das gehört zu einer Reise, nicht immer sind die Straßen abenteuerlich und motorradfahrerfreundlich. Es werden viele neue Streckenabschnitte gebaut, Europa lässt grüßen. Ich fahre über Zwolen bis Kosice. Das Landschaftsbild wechselt stetig, Zunächst eine weite Ebene mit großen Feldern, bis hin zu den hügeligen Landschaften, Ausläufer der Karpaten. Immer wieder Täler, bewaldete Hänge dann wieder Felder und Äcker. Ab und an eine Burg, mal ist die Ruine sehr verfallen, mal nicht so sehr und ab und an wieder in einem sehr guten fast originalen Zustand. Jede Burg kann ich nicht besichtigen da würde ich nicht sehr weit vorankommen, das ein oder andere alte Mauerwerk schaue ich mir jedoch schon an. Kurz vor Kosice fällt die Straße hinab in ein großes weites Tal. Ich stoppe das Motorrad an einem kleinen Parkplatz direkt an der Straße, die Aussicht ist fantastisch. Ich blicke hinab auf die sich ausbreitende Ebene. In der Mitte ein blaues dahin schwingendes Band, ein Fluss. Die Flanken des Tals steil, Berge mit schroffem Felsen. Graue Wolkenfetzen wechseln sich mit Sonnenstrahlen ab, weit hinten im Tal ein Sommerregen. Meine Gedanken fliegen über die Schönheit der Natur dahin und werden jedoch mit dem Stickwort Sommerregen in die Realität zurückgeholt. Soll ich die Regenkleidung jetzt schon anziehen ja oder nein, Ich warte ab und fahre ohne Regenkleidung weiter. Als ich zu den grauen Regenwolken kommen und ich mich immer noch nicht entschieden hatte, Regenkleidung ja oder nein, so bin ich durch den Regen hindurch gefahren. Mein Etappenziel auf dem Roadbook ist immer noch Kosice, die Stadt müsste bald erreicht sein.

Bild: Tal vor Kosice.

Ich fahre nach Kosice hinein, soll ich hier für eine Nacht bleiben und mir eine Unterkunft suchen? Mal sehen. Ich schaue mir die Stadt an, bewege mich in das Stadtzentrum. Viele Menschen auf den Straßen, die Bußhaltestellen sind überfüllt mit wartenden. Ein Biker eines regionalen Motorradklubs fährt an mir vorbei. Er winkt mir zum Gruß, gibt Gas und verschwindet im Verkehrsdickicht der Stadt. Kosice ist eine Industriestadt viele Menschen ebenso viele Plattenbauten, es gefällt mir nicht sonderlich, auch finde ich kein Hotel. Ich fahre weiter in den Osten auf der E 50 bis Secovce. Ab hier nach Süden über

Trebisov bis Velaty auf der 553. Auf meiner Landkarte ist bei Velaty ist ein Campingplatz eingezeichnet, diesen möchte ich aufsuchen, es zieht mich auf das Land, weg von den Städten, ich mag die Ruhe und die Natur. Den Campingplatz finde ich direkt an der Hauptstraße rechter Hand in Richtung Ungarn. Der Platz ist recht groß, eigene kleine Holzhäuser, ein Pool, ein paar Dauercamper. Die Preise sind absolut moderat, überaus erschwinglich, ich nehme das Zimmer. Bei der Abendsonne auf der Terrasse lese ich in meinem Buch und schreibe einige Zeilen in mein Tagebuch, plane den weiteren Verlauf der Route, schreibe mein Roadbook für den nächsten Tag Alles wunderbar, ein kühles Bier zum ausklingen des Tages, 0,5l Bier und ein essen unter 5€, super günstig. Mir gefällt es, alles richtig gemacht für heute.

Es geht am frühen Morgen nach einem kleinen Frühstück los. Die Sonne steht noch tief im Osten und hat gerade einmal mit ihren sanften Strahlen die Baumwipfel erreicht. In dieser frühen Morgenstunde mit frischer Luft verlasse ich den Campingplatz in der Slowakei und steuere die BMW GS hinaus auf die Straße. Mein nächstes größeres Etappenziel liegt vor mir Ungarn. Auf der 79 rollt meine BMW hin zur ungarischen Grenze bei Sátoraijaujhely. Der Grenzübertritt ist unspektakulär, ein kleines verlassenes Grenzhäuschen aus längst vergessenen Tagen. Ich bin in Ungarn. Auf der 37 fahre ich nun durch Ungarns Weinregion bei Sárospatak. Die Natur ist beeindruckend sanfte Hügel mit Weinreben in einer bezaubernden Landschaft. Um mich herum die Ausläufer der Karpaten. Ich befinde mich in der Region des Zemplén Gebirge. Dieses Gebirge bringt es auf 900 m Höhe. Um mich herum kleine malerische Dörfer, die ersten Pferdefuhrwerke kommen mir entgegen, um mich herum werden die Weinberge dichter. Bei Bodrogkisfalud biege ich links ab auf die 38. Eine kleine schmale Straße windet sich an den grünen Ufern des Flusses Bodrog entlang. Hier und da liegen Flusskähne vertäut am Ufer, Matrosen sitzen in der Sonne und halten ihre Angel in den Fluss. Ich komme nach Tokaj. Das kleine malerische Städtchen Tokaj welches dem Tokajer Wein seinen Namen gab, steht unter dem Schutz der Unesco und ist Weltkulturerbe. Ich wandere durch die Gassen und Straßen des kleinen Ortes. Es ist immer noch recht früh am Morgen, die Geschäfte öffnen gerade, ein paar Männer sitzen in den Cafés, die ersten Touristen laufen mit mir durch die Hauptstraße und bestaunen den historischen Stadtkern.

Mich zieht es weiter auf die Landstraße, ich überquere bei Tokaj den Fluss, fahre auf der 38 weiter bis Nyiregyhaza. Bei Rohod geht es rechts ab auf die 49 und folge der Straße bis Mátészalka. Von dort aus wechsele ich kurz auf die 471, dann auf die 4918 welche ich bis zur rumänischen Grenze folge, bei Vallay ist es die Straße 4915. Die Landschaft wird flacher, weite Felder, hier und da Schafherden die typischen Pustabrunnen sieht man in mitten der Feldern stehen. Die Zentren der Städte werden hergerichtet. Die kleinen Häuser der Dörfer sind gepflegt, überall stehen Blumen in den Vorgärten, die Straßen sind neu asphaltiert worden. Ich überquere die Grenze nach Rumänien, kurze Passkontrolle und man winkt mich durch. Die erste Ortschaft Urziceni in Rumänien. Die gleiche Bauweise der Dörfer wie in Ungarn lediglich der Charakter der Dörfer wirkt wie in eine Zeitreise in die 1950er Jahre. Keine asphaltierten Gehwege, Gras beherrscht den Straßenrand in den Dörfern, Traktoren, Gänse, Hühner und Pferde bestimmen das Dorfbild.

Über die DN1F fahre ich nach Carei. Das Stadtbild von Carei ist ernüchternd, viel Verkehr, graue sozialistische Gebäude, ein kleiner Park um die Stadtkirche. Das weiße Gebäude der orthodoxen Kirche ist dominant, man spürt dass man nun im Osten angekommen ist. Ich verlasse die Stadt nach einem kleinen kurzen Spaziergang, fahre weiter über Tăsnad, Bobota und Bucea auf der E 81. Die Landschaft ist sehr schön und wechselt auch sehr schnell. Immer wieder durchfahre ich Ebenen mit kleinen Seen und Sumpfgräsern, bewaldete Berge dann wieder große weite Felder. An den Ortseingängen der kleineren Städte und Dörfer liegen die Siedlungen der Sinti und Roma. Fast glaubt man in Afrika zu sein, die Menschen wohnen in sehr in ärmlichen Verhältnisse. Meist einfach Holzhütten mit Wellblechdächern, keine befestigten Straßen. Gewissermaßen wie in Slums.

Ich fahre weiter und durchquerte den Nationalpark Apuseni den ich über Alsed und Oradea umrunde. Dann von Süden her wieder durchfahren möchte. Schöne Straßen, teilweise Pisten, für mich ein Motorradparadies und die GS fühlt sich in diesem „Gelände" wohl. Plötzlich ein Knall, ein Schliddern, ich habe mein Trinkwasserflasche auf einer Piste verloren. Die Flasche rutscht über die Piste und landet im Straßengraben. Ich nicht, ich halte an wende die BMW und fahre zurück um meine Wasserflasche zu holen.

In den Bergen ist sehr wenig Verkehr, das gefällt mir. Aber Achtung, dafür stehen immer mal wieder Pferde auf den Straßen. Im Übrigen werden die Straßen auch hier gerade ausgebaut. Schade eigentlich, die schönen Erdstra-

ßen. Es wird Zeit für mich ein Nachtlager zu suchen. Ich bin heute weit gekommen und benötige eine Pause. In den kleinen Dörfern mit den markanten
Wehrkirchtürmen findet man kein Hotel und keine Pension. Hotels gibt es nur
an den stark befahrenen Hauptstraßen, nun dann muss ich da wohl wieder hin.
Wild campen, ich könnte ein Bauer fragen, habe aber nichts Vernünftiges zu
essen bei mir. Schade eigentlich, es zieht mich also weg von den Abseitsrou-
ten. Ich suche den direkten Weg zu der nächsten Durchfahrtsstraße und suche
dort eine Unterkunft. Ich übernachte in einem Motel an der Straße bei Alsed,
Zimmer sind noch frei, die LKW Fahrer kommen erst später wenn es dunkel
wird, der Parkplatz wird voll, ein LKW steht neben dem anderen auch die
Gaststätte ist gut besucht.

Es ist Mittwoch, der 17. August, die Sonne kommt gerade hinter den Bergen
hervor, ich packe früh am Morgen meine BMW. Die meisten LKW sind bereits vom Hof gefahren. Noch ein kleines Frühstück in der Gaststätte des Hotels und dann geht es zurück auf die Straße. Die Bedienung in der Gaststätte
bringt mir den Kaffee, sie schaut mir tief in die Augen und ich in ihre, sie hat
dunkle Augen, so dunkel wie ihre tief schwarzen langen Haare und die
schwarzen Augenbraue. Wohw, was für eine rassige Frau, die blicke kreuzen
sich, eine Konversation ist nicht möglich. Sie spricht kein Englisch, kein
Deutsch und ich kein rumänisch. Schade, was Solls, ich habe ein Ziel und das
ist die Karpaten zu entdecken. In mir wird es unruhig, ich muss los, muss auf-
brechen, es drängt mich einfach auf die Landstraße. Auf das Motorrad, durch
die Landschaften einfach weiter und immer weiter. Ich rolle mit der BMW den
nun total leer gewordenen LKW Parkplatz hinunter und fädele mich im Fluss
der großen Lastzüge ein. Mein Weg führt mich vom Motel bei Alsed weiter
über die E 60 nach Oradea. Eine gut ausgebaute und stark befahrene Straße.
Das Treiben links und rechts vom Straßenrand ist fast wie überall auf der
Welt. Sei es in Afrika, Asien oder Südamerika, meist das gleiche Bild. Kinder
gehen zur Schule, alte Menschen stehen am Straßenrand und schauen den
durchkommenden Fahrzeugen hinterher. Bauern der Region bieten ihre selbst
angebauten Produkte zum Verkauf an, Händler und Dienstleister aller Art wie
zum Beispiel; Reifenhändler, KFZ- Werkstätten, Schlosser, Landwirtschaftlicher Bedarf, alle bauen sie ihre Stände auf und bieten die Handelsware am
Straßenrand einer Hauptader des Landes an.

In der Stadt Oradea wechsele ich auf die E 79 / 76, der Trubel ist mir nun zu groß, hektisch und laut ist es in der Stadt, mich zieht es in die Natur und navigiere Richtung Beirus. Von der kleinen Stadt Beirus aus möchte ich die Bergregion Apuseni, und dem „Nationalpark a Pusen" durchqueren. Zunächst finde ich nur schwer den passenden Einstig. Es gibt keine deutliche Beschilderung, die Landkarte zeigt mir jedoch eine dünne Linie was laut Karte eine Straße ist. Es muss also einen Wege in die Berge geben. Es gelingt mir schließlich über Drägänesti in die Richtung der Berge zu kommen. Mein GPS Programmiere ich mit dem Ort Pietroasa. Somit folge ich der Richtungsempfehlungen des Navigationsgerätes. Das GPS führt mich durch Dörfer und Ansiedlungen. Ich komme den Bergen immer näher. Die Straßen steigen langsam an und winden sich nach oben, immer schmäler und kleiner werden die Orte und Siedlungen. Eine zusätzliche Orientierung ist nicht möglich, es gibt keine Schilder mehr. Ab und an ein verrosteter halb abgefallener Richtungsweiser dessen Schrift alles andere als Lesbar ist. Ich verlasse mich rein auf meine GPS Navigation. Die Straßen sind nun so schmal geworden, dass eigentlich nur ein Fahrzeug die Straße passieren kann. Höchste Vorsicht ist geboten, wer weiß ob hinter der nächsten Biegung ein Traktor oder ein Pferdefuhrwerk steht oder fährt. Die weiteren Straßen und Ortsnahmen bleiben mir verwehrt, es gibt kleinere Siedlungen und Bauernhöfe doch keine Bezeichnungen oder Schilder zur Orientierung sind sichtbar. Solange ich die Berge vor mir habe und es gibt ein Weg, so fahre ich weiter. Falls dann doch einmal ein Schild an einem Ortseingang vorhanden ist, so ist es von der Zeit so in Mitleidenschaft gezogen worden dass ein Lesen absolut unmöglich geworden ist. Meist sind die Blechschilder total verrostet. Das GPS gibt mir die Richtung vor, die Berge immer vor Augen. Doch an den Weggabelungen und Kreuzungen gibt es keine Schilder, keine Nummern der Straßenbezeichnung. Ich wähle den Weg mit den meisten Fahrspuren, das Tal wird immer schmäler, neben mir windet sich ein kleiner wilder Bachlauf. Wieder und wieder finden sich Schilder im Gebüsch, unter Zweigen, doch sind diese wie alle anderen unleserlich und total verrostet. So langsam habe ich das Gefühl, das diese Beschilderung einzelner Bauernhöfe gilt. Aber wozu das denn? Den Plan einfach Richtung Berge zu fahren und einer kleinen weißen Linie auf der Karte zu folgen scheitert. Entweder ich fahre in eine Sackgasse oder lande im Hof eines Bauernhauses oder ich fahre ins Nichts und stehe auf einer Weide. Viele Wege oder Pisten werden einfach zu kleinen Ackerwegen. Ich versuche Passanten anzusprechen, man versteht mich nicht, Richtungsweisungen sind undeutlich oder enden in einer Sackgasse oder am Rande von Gebirgsbächen, mit der BMW und meinem Gepäck komme ich da alleine nicht rüber, was ist auf der anderen Seite wird es dort weitergehen? Zwei ältere Frauen mit Kopftuch- Schürze und geschulterten Hacken kommen mir von einem Berg- Weg entgegen, sie schauen mich auf dem Motorrad befremdet an. So auf die Art, *„Was will denn der hier?* Ich kehre um und fahre zurück in ein größeres Dorf an der es eine Abzweigung gab an der ich möglicherweise falsch abgebogen bin. Am Ortseingang stelle ich die BMW auf der unbefestigten Straße ab, ein paar Männer bauen ein Haus. Ich gehe in den Rohbau hinein und erkundige mich bei den Männern. Sie begrüßen mich sehr freundlichst. Wir unterhalten uns mit Händen und Füßen, mehr mit gestikulierenden und Fingerzeige auf die Landkarte. Der eine gibt mir zu verstehen, dass hier ein Überqueren der Berge, auf der in der Karte eingezeichneten Straße nicht möglich sei. Vermutlich ist es doch nur ein Forstweg welcher nur zu Fuß genommen werden kann. Weiter unten bei Beirus soll ich der Straße nach Curätele und dann über Budureasa folgen. Na prima, laut Karte geht diese Straße an den Höhenzügen der Berge vorbei. Doch wollte ich doch den Gebirgspass wählen. Möglicherweise gibt es doch keine Straße in den Bergen. Viel Zeit habe ich verloren beim Suchen einer Möglichkeit hier die Berge zu überqueren. Doch einen kleinen Eindruck habe ich gewonnen. Die Lebensart der Bergbauern, deren einfaches Leben hier oben in den schmalen Täler der Berge.

Ich fuhr auf Empfehlung des Mannes von der Baustelle aus das kleine Dorf zurück, bis zum Fuße der Berge, dann wieder auf befestigten Straßen nach Beius. In Beius angekommen verfuhr ich mich so gleich wieder, keine Beschilderung welche mir den Weg nach Curätele, Budureasa, Bulz oder Negreni zeigte. Ich fuhr in der Stadt hin und her bog hier und da ab um eine eventuelle Richtung zu finden, nichts, kein Schild, keine Bezeichnungen oder Nummern die zu einer Straße gehörten. Ich fuhr kreuz und quer durch die Stadt, von einem Wohngebiet zum Industriegebiet und in immer enger werdende Gassen. Verzweifelt stoppte ich an einer alten Tankstelle und versuchte mich mittels Kompass und GPS neu zu orientieren. Eine junge Frau lief an der alten verlassenen Tankstelle vorbei und fragte mich auf Englisch ob ich mich verirrt habe? *„Ja, ich suche die Straße nach Curätele und Budureasa". Hm, Du bist schon richtig hier, immer geradeaus, dann nach 500 Meter links, dann an der Kreuzung rechts und die nächste wieder links, danach immer geradeaus". „Hey,* *danke, wäre hier fast verzweifelt, den Weg zu finden...", „ja wir haben hier leider keine gute Beschilderung". „Das habe ich bemerkt, Ciao".*

So einfach ist es. Ich habe wieder die korrekte Richtung um meinen Plan B-Ziel zu erreichen. Das Eintauchen in den Naturpark und das überqueren der Berge, nicht mehr. Endlich komme ich weiter, eine sagenhafte Strecke mit fantastischen Kurven, wunderschöne Ausblicke bei traumhaftem blauem Himmel mit herrlichem Sonnenschein in die Ebene des Crisul Negru Tal, Kaiser Wetter. Als ich die wenig befahrene Strecke den Berg hinauf fahre, sehe ich vor mir ein VW-Buli als Camperumbau. Der Camper trägt ein Schwäbisches Kennzeichen, auf Augenhöhe halten wir während der Fahrt einen Plausch. Der VW- T2 schnaubt langsam den Berg hinauf. Das Rentnerehepaar kommt aus Tübingen und macht wie ich eine Entdeckungstour in Rumänien. Ich verabschiede mich und drehe den Gashahn der BMW GS auf, brause den beiden davon, wie sehen uns auf der Passhöhe.

Der Streckenverlauf geht durch einen dichten Wald, zunächst Mischwald weiter oben Tannenwald, neben der Straße ein Bach der ab und an über kleinere Wasserfälle seinen Weg ins Tal sucht. Der Bach nimmt auch schon mal den Weg über die Straße, lose Steine und Kies überall. Die Strecke ist im Verhältnis anderer rumänischen Straßen sehr gut ausgebaut, perfekter Asphalt, keine zwei Jahre alt. Auf der Passhöhe bei S La Vill eröffnet sich mir ein kleines Winterskigebiet mit Schlepplift und einer alten Hotelanlage wie aus den Schwarzwaldhöhenzügen. Ebenso gibt es ein Campingplatz, für mich jedoch zu früh um hier mein Nachtlager zur Übernachtung aufzubauen. So ist es doch gerade mal Mittagszeit, 13:00 Uhr. Ich Parke mein Motorrad an einem kleinen

Parkplatz, entledige mich meiner Motorradkleidung und möchte etwas durch den Wald laufen. Ein kleiner Spaziergang zur Erkundung der Gegend. Hier einige Wanderer, dort Pilzsammler welche gerade aus dem Dickicht des Waldes kommen. Die beiden Pilzsammler tragen unzähligen Steinpilze welche in Holzkisten verteilt werden den steilen Weg zum Parkplatz hinunter. *(Bild: Pilzesammler).* Um die Ecke taucht

ein Wasserfall auf, es ist wunderschön hier oben. Die Schwaben mit dem VW-Buli kommen auf den Parkplatz gefahren und ziehen durch bis zum Waldweg, aha. Einiges an Besucher hier. Nach einer Rast und einem kleinen Spaziergang zieht es mich weiter, aber wohin? Hier oben ist eine Sackgasse. Der einzige Weg ging weiter unten links ab in einen Waldweg, dort befand sich auch ein Schild. Der Ort oder die Bezeichnung auf dem Schild ist mir nicht klar. Ich frage die Pilzsammler der gerade durch kommt, man gibt mir zu verstehen dass dies der einzige Weg ist, ok. Auf zu weiteren Abenteuer. Ich fahre rechts ab den Waldweg hinein, ab und an ist der alte Belag des Asphalt zu erkennen, dieser jedoch ist schon vor Jahren von Frost und Wasser abgetragen wurde. Die BMW sitzt hier und da am Motorunterfahrschutz auf. Ich halte an, stelle die BMW auf dem Seitenständer ab. Ein Stück des alten Asphalts dient als feste Unterlage so meinte ich. Ich möchte ein paar Schritte gehen. So drehe ich mich vom Motorrad ab um in den Wald zu laufen. In dem Moment bricht der Boden auf und die BMW kippt weg. Gerade noch drehe ich mich um und laufe zum Motorrad, ich kann die GS noch im fallen stützen. Mit aller Kraft drücke ich das schwere Motorrad samt Gepäck nach oben, wow geschafft. Das Adrenalin schoss mir durch die Adern, aber jetzt erst recht mal eine kleine Pause. Nachdem ich mich wieder gefangen habe fahre ich weiter. Absolute Vorsicht ist angesagt. Um die Straße besser im Blick zu haben, den optimalen Fahrstreifen zu finden und den Löchern wie den losen Steinen auszuweichen fahre ich im stehen weiter. Durch das Fahren im Stand kann ich auf der alten Straße, oder ist es einfach ein Waldweg. Auf jeden Fall suche ich mir so meine ideale Fahrspur. Die Strecke ist herrlich, links und rechts steil abfallende Waldhänge welche durch große Felsbrocken dem Wald einen mystischen Charakter geben. Unten im Tal tobt ein Fluss. Für einen Moment wird die Straße besser, die Löcher nicht mehr so tief. Ich gelange zu einem kleinen Waldsee. Hier ist eine Abzweigung, wohin? Ich folge der Stromleitung und dem Lauf des Flusses in der Schlucht. Es scheint der richtige Weg zu sein, mir kommen einige PKWs entgegen. Ok, hier fahren Autos also bin ich auf der richtigen Straße. Weiter im stehen auf der BMW durchfahre ich die Schlucht, Wanderer sind auf dem Weg auch Mountainbiker. Rechts neben mir ragt die Felswand steil auf, links von mir fällt die Felswand ebenso steil ab, keine Leitplanken, kein Schutz nur der direkte Fall in die tiefe Schlucht. Aufpassen ist angesagt. Stetig setzt die BMW GS Adventure auf dem Motorschutz auf. Die Steine krächzten beim Fahren über das Aluminium des Motorschutzes. Ständig prasseln die Steine auf den Steinschlagschutz am Hauptständer. Ein stetiger Wechsel zwischen alten Asphalt und losem Geröll mit tiefen Löchern fordern eine hohe Konzentration. Eigentlich genau das was bei einer solchen Reise Spaß macht. Genau das richtige Gelände für die BMW GS. *(Bild: Alte Straße)*. Ich komme allerdings sehr langsam voran die Pisten sind extrem schlecht und jeden Moment könnte hinter einer Biegung die Straße komplett abgebrochen sein. Absolute Vorsicht ist angesagt, ich bin alleine hier unterwegs. Würde ich von der Straße abkommen und die Schlucht hinunterfallen, mich würde niemand finden, ich wäre einfach weg – verschwunden. Weiter unten im Tal

komme ich zum Stausee Lesu. Die Piste ist breiter aber extrem verfahren, tiefe mit Wassergefüllte Löcher. Ab der Staumauer komme ich auf eine gut fahrbare Asphaltdecke, jaap, ich gebe Gas und brause hinunter, ein kleines Dorf. Kaum bin ich in das Dorf hineingefahren, habe ich es auch schon wieder verlassen. Mit dem Ende des Dorfs, endet auch die gut asphaltierte Dorfstraße und hinein in die Pistenlöcher. Keine zwei Kilometer dauerte das foltere vorankommen bis die BMW in die erneute staubige Piste einfuhr. Endlich unten im Tal angekommen führt mich mein Weg bei Negreni wieder auf die gut ausgebaute N 60. Ich mache Pause an einer alten verfallenen Bahnstation, einige Pferdewagen kommen vorbei. Der ein oder andere Kutscher des Pferdefuhrwerks Fragt nach ob ich Hilfe brauche, *„nein, alles klar mache eine Pause und trockne meine Verschwitzte Kleidung"*. Die Fahrt durch den Wald auf den Pisten war sehr anstrengend, heftig aber absolut Geil.

Die Landschaft faszinierte mich einfach, traumhaft. Zeitweise fuhr ich wieder auf Hauptstraßen die ich aber als bald wieder verlassen möchte. Bei Huedin wähle ich den Weg links ab auf die recht unspektakuläre 1 G, eine Nebenstra ße die mich nach Norden bringen soll. Die Dörfer wirken seltsam, ganz anders als wenige Kilometer zuvor. Eigenartige Baustrukturen, so irgendwie scheinen die Bauten aus einer anderen fernen Welt zu stammen. Die Dachkonstruktionen erinnern mich an Asien, ein wenig an die Mongolei. Hier ein Türmchen, da eine Kuppel, interessant und fremd. Ich folge dieser kleinen beschaulichen Straße bis Jibou (1 H). Ab hier geht es durch dichte Wälder auf einer namenlose Straße und einem mir namenlosen Fluss entlang. Nun, möglicherweise handelt es um den Fluss Somesul Mare. Meine Karte gibt hierzu nicht viel her. Es ist bereits Nachmittag und ich mache mir Gedanken um mein Nachtlager. Seit Stunden fahre ich durch die Wälder und sehe kaum Möglichkeiten einen geeigneten Platz für ein Nachtlager zu finden, nichts. Hier gibt es keine Unterkunft, keine Pension, kein Hotel, kein Campingplatz. Entweder ich fahre weiter bis zu einer größeren Straße an einem größeren Ort oder ich muss ein Nachtlager im Wald suchen. Ich entschließe mich so lange zu fahren wie es nur möglich ist. Das bedeutet ausreichend Tageslicht um die Straße erkennen zu können, damit ich den großen Schlaglöchern entsprechend auszuweichen kann. Natürlich gilt es auch ein geeigneter Zeltplatz zu finden um das Zelt zu stellen. Mal sehen ob ich eine passende Wiese finde, oder an einer Tankstelle. An einer Tankstelle zelten ist immer gut. In der Regel gibt es was zu trinken und was zu essen, meistens gibt es auch einen guten Platz um ein Zelt zu stellen. Ja eine Tankstelle, wo gibt es hier bitte eine Tankstelle? Hm möglicherweise da wo es Hotels gibt? Tankstellen und Hotels gibt es an den großen Transitrouten, den Hauptverkehrsstraßen. Ok, neuer Plan, ich muss es schaffen vor der Dunkelheit auf die 1 C / E58 kommen. Meine Fahrt wird schneller, ich drehe am Gashan und lasse die Wälder an mir vorbeifliegen, eine gefährliche, rasante Fahrt beginnt. Über Benesat gelange ich bis Ulmeni, hier beobachte ich Bauern wie sie aus dem Fluss mit Pferden Treibholz herausziehen, Brennholz und Baumaterial. Die Kinder springen in den Fluss und binden am gestrandeten Treibholz Seile an, damit die Pferde das Holz aus dem Fluten ziehen können. Eine mühsame Arbeit. Ich nehme mir nur wenig Zeit um das Geschehen zu beobachten. Noch einmal ein Blick auf die Karte, studiere die Landschaft. Der Fluss wird breiter, das Tal öffnet sich langsam. Sicherlich komme ich bald zu den ersten größeren Ortschaften. Ich verstaue meine Karte im Kartenfach des Tankrucksacks, ein Schluck aus der Wasserflasche und weiter geht es. Die Sonne steht tief über den Bergen nur noch vereinzelnde Sonnenstrahlen gelangen in das nun sich öffnende Tal. Die Wälder hinter mir geben ein tiefes grün ab das sich am Horizont zu einem dunklen blau übergeht nur die Sonne bringt ein golden gelbes Farbenspiel hinein wobei der Himmel in einem endloses blaues Meer aufgeht. Es sind kaum Wolken an Himmel, ein paar kleine weiße Flecken die dahinziehen. Ein herrlicher Sommertag.

Über ausgefahrenen Straßen mit extremen Spurrinnen steuere ich bei Miresu Mare die BMW nach Osten um bei Somcuta Mare auf die erhoffte 1 C / E58 zu kommen. Meine Konzentration und meine Kraft lassen langsam nach und ich habe Hunger. Die Dämmerung hat bereits eingesetzt, das Tageslicht schwindet. Nun gelange ich endlich auf die von mir lang ersehnte Hauptstraße. Auf der E58 ist deutlich mehr betrieb, wie ich es vermutet hatte. An der Landstraße steht ein Schild das mir anzeigt dass in zwei Kilometer eine Tankstelle kommt. Das wäre die erste Option eines Nachtlagers. Als ich an der Tankstelle angekommen bin steht da ein Schild mit der Aufschrift Pension. Na prima, alles wird gut, ich ziehe die Übernachtung in der Pension vor, ein warmes Essen, eine Dusche, ein Bett, ein Bier. So soll es sein. Nach wenigen Kilometern sehe ich die kleine Pension mit dem Namen Angela. Das Haus ist im Blockhausstiel gebaut, direkt an der Straße, perfekt, das gefällt mir.

Nach einer erholsamen Nacht, frisch gestärkt fahre ich weiter in Richtung Baia Mare. Ich machte mir bereits am Vortag Gedanken meinen mitgebrachten Hinterradreifen endlich zu wechseln. Das Profil am Hinterrad ist abgefahren, der Reifen hat kleine Risse, noch so eine Piste wie gestern könnten dem Reifen schaden. Ich könnte einen Reifenplatzer bekommen. Bei meinem Glück wird das dann in mitten der Wald- Karpaten sein. Rund herum nichts außer Wald. Jo, Reifen mit Gummistopfer Flicken, mit der Luftdruckpatrone den Reifen füllen. Ein mögliches Szenario, das belasse ich es lieber für den Notfall. Also Augen auf und ein Vulkaniser suchen, die gibt es immer und überall. Die Vorstadt macht sich mit dem Verkehr und den Industrieansiedlungen bemerkbar, hier und da frage ich nach ob man den Reifen wechselt, man schickt mich immer weiter zu anderen Vulkanisier. *"Nein das können wir nicht"* komisch. „Hey Jungs das Rad baue ich selbst aus und wenn es sein muss ziehe ich den Pneu auch selbst ab". „Wo ist das Problem, den Reifen habe ich bei mir...?" Man versteht mich nicht. Ich fahre weiter in Richtung Zentrum der Stadt, fahre hier links, da wieder rechts. Die Straßen im Zentrum sind etwas wirr. Ich tauche ein in die Stadt Baia Mare.

Baia Mare

Man könnte meinen das Baia Mare, irgendwo am Meer ist, wenn wann dem italienischen oder französischen Wortlaut Mare so deutet. Wörtlich übersetzt bedeutet Baia Mare so viel wie Große Grube oder Mine. Die Stadt wurde urkundlich im Jahr 1142 erwähnt. Damals unter dem ungarischen König Géza II. hieß die Stadt Frauenbach (lat. Rivulus Dominarum). Man siedelte zu der Zeit Deutsche Bauern an, auch später die Donauschwaben. Ich befinde mich im Nordwesten von Rumänien und steuere die Ukrainische Grenze an. Baia Mare ist die Kreishauptstadt der Rumänischen Region Maramureş. Im Wesentlichen befinde ich mich im Sâsar Tal etwa in einer Höhe von 230 m NN am Westrand der Ostkarpaten. Das Gutâi-Gebirge liegt im Hintergrund der Stadt. Dort möchte ich in die Wälder eintauchen und weiter nach Osten fahren. Entlang der Ukrainischen Grenze.

Die Stadt erlangte eine negative Berühmtheit in der Welt als am 30. Januar 2000 sich in ein Dammbruch ereignete. Ein Damm einer Absetzanlage für metallurgische Abfälle brach. Dies hatte eine schwere Umweltkatastrophe durch Freisetzung von Natriumcyanid und Schwermetallen zur Folge. Es mussten ganze Siedlungen und Dörfer abgerissen werden und neu aufgebaut wurden. Weiterhin führten diese Geschehnisse zu dem Umstand das die Stadt Baia Mare in einer Studie des Blacksmith-Instituts aus dem Jahr 2006, über die am stärksten verseuchten Städte der Welt geführt wird.

Das wusste ich damals nicht, möglicherweise hätte ich mich hier nicht so lange aufgehalten, wie auch immer.

Die Stadt macht auf mich einen gemischten Eindruck, viele alte Kirchen im Zentrum der Stadt. Der Baustil der alten Häuser typisch aus der K&K Monarchie. Die Amtsstuben und Verwaltungsgebäude sind restauriert. Auf der anderen Seite verfallen alte privat genutzte Häuser. Viele Häuser tragen noch den Glanz der alten Zeiten in sich. Der Glanz der Doppelmonarchie von Österreich – Ungarn. Die schönen Stuck borden um die Fenster, imposante Eingangsportale, schöne Giebel. Die Häuser verfallen, wenn sie nicht gerettet werden erlischt der Glanz dieser damaligen Zeit.

In der Stadt herrscht betriebsames Treiben, ich beschließe das Motorrad abzustellen um die Stadt zu Fuß zu erkunden. Ich lass mich mit den Menschen auf den Bürgersteig treiben, gelange in kleine verwinkelte Gassen, und komme wieder auf größere Plätze, es ist Markttag. Dies nehme ich zum Anlass und schlender über den Markt. Neben Gemüse und Obst gibt es alles was man zum Leben braucht: Kleidung, Werkzeuge, Ersatzteile für Maschinen, ein typischer Markt eben, nicht so wie bei uns. Nach dem ich genügend gesehen hatte, meine Beine vertreten habe drängt es mich nun endlich meinen Reifen am Motorrad zu wechseln, es wird so langsam Zeit. Hierzu verlasse ich die Stadt in nordöstliche Richtung. Mein Weg führt mich vorbei an sozialistischen Plattenbausiedlungen, zu meiner linken und zu meiner rechten Platte an Platte. Je mehr ich das Zentrum der Stadt hinter mir lasse, umso mehr sehe ich alte zusammengefallenen Industriehallen. Die Natur versucht diese zurückzuholen mit massigen Erfolg. Bäume versuchen mit ihren Wurzeln das Mauerwerk zu sprengen. Mein Auge fällt auf einen alten roten Transport- Container. Der Frachtcontainer steht an einer alten Industriebrache, gerade so eben gegen die Mauer gedrückt, einige Reifenstapel signalisieren mir dass ich hier möglicherweise meinen Reifen wechseln kann. Bei den Reifen handelt es sich mehr um Altreifen, es sind auch einige neue dabei. Ich betrete das innere des rostigen Containers. Ein paar verdreckte Neonröhren bringen licht in den Werkstattcontainer, ein Stromaggregat brummt in einiger Entfernung. Der Mechaniker steht in einer verdreckten und ölverschmierten blauen Arbeitslatzhose vor der Reifenmontier- Maschine. Ich frage den Mechaniker ob er mir den Reifen auf die Felge aufzieht? Er schüttelt den Kopf, er hätte nicht das Werkzeug. So was das richtige Werkzeug habe ich doch zur Demontage dabei. „Nur den Pneu runter und den neuen aufziehen!" „Nein geht nicht, die Felge." Er schickt mich einige hundert Meter weiter zu einen seiner Kollegen. Ok na denn, ob er mich nicht verstanden hat? Ich fahre fünfhundert Meter weiter, dann links. Nach fünfzig Meter fällt mir die Werkstatt auf der linken Seite sofort auf. Ein etwas größerer Betrieb, Fahnen von bekanntem Reifenhersteller hängen an der Fassade der Werkstatt. LKWs, fahren vom Hof, PKW werden Rangiert auch groß LKW-Anhänger stehen auf dem Platz und warten bis die Räder gewechselt werden. Ein Stapler kommt auf der Straße angefahren, fährt in die Halle und bekommt gleich neue Beläge. Ich betrete die Werkstatt und erkläre mein Anliegen. So gleich bin ich der Mittelpunkt in der Werkstatt. Man zeigt mir einen Platz an dem ich das Motorrad abladen und das Rad ausbauen kann, es geht los. Koffer ab, Rad raus, Bremsbeläge checken. Felge mit Reifen rein in die Werkstatt, Pneu runter, neuer von mir mitgebrachtem Pneu drauf. Das ganze lief ab wie ein Uhrwerk. So jetzt alles wieder zusammenbauen. Das Ganze für etwa zwei Euro, für die Nutzung der Werkstatt wie auch

Entsorgung des alten Reifens. Super Sache. Ich wurde von allen angesprochen, woher kommst du, wohin fährst du? Die Symbole auf deiner Jacke, bist du in einem Motorradclub. „Aha.." Man sieht hier wohl nicht oft Fremde die ihren Reifen am Motorrad selber wechseln und dabei noch einem Motorradclub angehören. Es gibt in Baia Mare wohl auch eine Biker- Szene. Wie dem auch sei, hat Spaß gemacht zu plaudern und zu Schrauben. Ich gebe den Jungs aus der Werkstatt ein Trinkgeld, die freuen sich, ich mich auch. Vor allem ich, den ich habe jetzt wieder neuen Gripp auf dem Hinterrad.

Im Nachhinein wurde es mir klar warum die Vulkaniser (Reifenhändler) mir den Reifen nicht wechseln wollten. Ich denke man hatte kein Werkzeug um ein Motorradreifen auf die Wuchtmaschine zu spannen. Das wäre eigentlich meine logische Erklärung.

Bild: Reifenwechsel in Baia Mare.

Meine Wunschrichtung gebe ich das GPS ein-. Ich verlasse die Stadt, sofort bin ich wieder in Ländlichen Gebieten das Navigationsgerät lenkt mich in die Berge zum Firiza See. Ein Stausee in den Wäldern. Ich bin froh den Reifen gewechselt zu haben, sei es nur drum den Reifen nicht mehr verzurren zu müssen. Aber auch eine neue Reifendecke auf dem Asphalt zu haben. Die Straße steigt sanft an, es geht vorbei an saftigen, grünen Wiesen. Immer wieder komme ich an kleine schnuckelige Holzhäuser, nein Hexenhäuser vorbei. Einige der kleinen Holzhäuser stehen leer und verfallen langsam. An anderen Häusern wiederum wird renoviert und deren blühenden Gemüsegärten zeigen dass hier Menschen leben. Die gut ausgebaute Straße windet sich immer weiter nach oben. Mein Motorrad und ich sind umgeben von schattigen Laubbäumen, die GS schmiegt sich wunderbar in die Kurven dieser herrlichen Strecke ein. Oben an einer kleinen Anhöhe befindet sich ein Parkplatz, rechts von mir der See. Ich fahre auf den Parkplatz stelle die BMW ab. Neben mir steht ein großes Wohnmobil mit französischem Autokennzeichen. Ich komme mit dem französischen Ehepaar ins Gespräch. Mein Französisch ist eingerostet, doch es geht. Bei den beiden handelt sich um ein Lehrerehepaar, also mit englisch – und französisch können wir uns verständlich machen. Die beiden sind auch auf einer Rumänien Rundreise und kommen aus Zentralfrankreich, um die Region von Lion. Sie wollen auch zum See runter und so wandern wir ein wenig gemeinsam durch den Wald zum See. Unten angekommen bin ich entsetzt, kein schönes Ufer, zwar eingebettet vom Wald, doch am Strand und auf dem Wasser Unrat. Der See gleicht einer Müllkippe, schade überall Schmutz, leere Flaschen, Dosen, Plastiktüten und sonstiger Müll. Traurig sieht es hier aus, meine eben gewonnenen französischen Reisebekanntschaften sehen dies auch so. Sehr schade, wir bleiben nicht lange und gehen zurück zu unseren Fahrzeugen. Ich verlasse die Beiden und ziehe weiter. Die Straße ist immer noch gut ausgebaut, kaum Schäden im Asphalt, ich komme zügig voran und schieße geradezu mit der BMW durch die sich stetig wechselnden Kurven. Mein Weg führt mich über sanfte Berge durch Täler und Wälder, fast so wie die Schwarzwaldhöhen. Überall steile Bergwiesen mit ausreichend sattem grünem Gras für die Kühe welche auf den Wiesen weiden. Immer noch begleiten mich am Wegrand die unzähligen schiefen bunten Bauernhäuser aus Holz. Der Strenge Wind in den Wintermonaten wie auch der Zahn der Zeit nagt an den schönen alten bunten Holzhäusern. Ich gelange mit der BMW an einen Hauptknotenpunkt und steuere nun die GS an dieser größeren Abzweigung nach links ab und folge der neuen asphaltierten Straße. Ich fahre nun durch dichte Wälder, neben mir stürzt sich ein Bach kaskadenförmig hinab in das Tal. Mein nächstes Etappenziel ist der Muntii Pass. Ein auf etwa 950 m Hoch gelegenes Skigebiet. Die Landschaft um mich herum ist Wild scheinbar unberührt so vermitteln sich die mir umgebenen Waldlandschaften. Die Straße windet sich angenehm nach ober, auch hier ist nicht sonderlich viel Betrieb, kaum Menschen zu sehen. Oben angekommen empfinde ich den Ort wie im heimischen Schwarzwald. Na so ein bisschen vergleichbar mit Herrenwies nahe der badischen Schwarzwaldhochstraße. Eine Holzkirche, drei vier Häuser, ein Wintersporthotel, Skianlagen, ein Parkplatz und das Ende der Asphaltstraße. Wo bitte geht es hier weiter? Ich parke das Motorrad und gehe zu Fuß weiter. Erst einmal schlendere ich über die Hochgebirgswiesen, ein paar mystisch wirkende Holzfiguren stehen hier und da in der Landschaft. Geologen vermessen mittels GPS die Region aus. Ich komme mit den Geologen in einen Dialog. *Was sind das für Geräte, frage ich einen der Männer? „GPS- Messgeräte, die ganze Region wird neu vermessen. Es soll hier oben eine Straße gebaut werden."* Für eine neue Straße also, eine neue Infrastruktur, könnte nicht gut für den Wald sein. Nun der Fortschritt macht auch hier oben in den Wäldern der Waldkarpaten auch nicht halt. Ich kann es verstehen. Bedaure es aber für die Natur. Wiederum genieße ich die Region noch mehr um sie so wie sie jetzt ist erleben zu dürfen. Aber wo geht es hier den nun wirklich weiter? Auf meiner Karte ist doch eine Straße eingezeichnet. Zwei Männer kommen mit Pilzen beladen aus dem Wald, wer aus dem Wald kommt kennt sich in der Regel aus. Ich spreche die beiden auf eine mögliche Durchfahrt an, wir kommen etwas ins plaudern. Vater und Sohn beim Pilze sammeln im Wald. Das Übliche woher kommst du was machst du? *„Ich bin mit dem Motorrad hier und möchte die Karpaten- Region für mich entdecken".* Ich komme auf die Route zurück und das auf meine Karte an der Passhöhe hier die Straße weitergeht. Der alte Mann zeigt in die Richtung des Waldes, Mare - Vadulzei. Ich sehe einen extrem ausgefahrenen Forstweg. Soll dass die richtige Straße sein? Der alte Mann und sein Sohn nicken mir zu und zeigen in diese Richtung. Ok, dann los, einen anderen Weg sehe ich hier oben auch nicht und ein Zurück gibt es nicht. Ich kehre zurück zur BMW, kontrolliere noch einmal das Gepäck und die Reifen, dann geht's los. Ich fahre in die mir gezeigte Richtung. Der Weg ist von schweren Fahrzeugen aus der Forstwirtschaft stark ausgefahren. Enduroparadies, ich taste mich zunächst langsam voran, teilweise fahre ich im

Stehen um die ausgefurchten Spuren der hier zuvor gefahrenen LKWs oder Traktoren zu umfahren. Ich fahre durch einen Tannenwald, vorbei an Feuchtwiesen, Moore und Hochebenen mit reichlich grünem Gras. Der Weg ist stark ausgefahren, viele lose Steine und tiefe Wasserpfützen. An manchen Steigungen haben die Regenfälle den Weg so stark ausgespült, dass überall große Steine in den Wasserrinnen herumliegen. Ich muss höllisch aufpassen und mit der schweren GS bei dieser Steigung den korrekten Fahrweg zu finden.

Bild: Erdstraße im Wald, die BMW hat sicheren Stand.

Die schwer beladenen BMW holpert über die Steine hinweg. Ich bin froh dass ich den neuen Reifen aufgezogen habe. Ein aufgeschlitzter Reifen wäre jetzt das Letzte. Im Stand fahrend erklimme ich den Berg. Der Weg hat teilweise eine Steigung von acht bis zwölf Prozent. Die Räder haben teilweise keine Traktion mehr. Das Vorderrad hüpft von einem Stein zum anderen. Ich komme extrem ins Schwitzen. Wenn ich die BMW jetzt wegschmeiße und ich liege drunter oder rutsch rechts den Abhang hinunter, oh je. Also aufpassen. Meine warme Motorradkleidung bringt mich zusätzlich in temperierte Wallung, noch dazu die sommerlichen Temperaturen. Die Fahrerkonzentration ist enorm, hey Enduroareal vom Feinsten, aber doch lieber ohne Gepäck oder mit einer leichten Enduro. Sei es drum, es geht weiter, ich muss da durch. Oben angekommen, erst mal eine Pause, die Steigungen hatten noch zugenommen bis zu fünfzehn Prozent auf losen Steinen, das ist zunächst mal geschafft. Mit der GS auf Waldwegen unterwegs, was hier in Rumänien eine Straße ist wäre bei uns ein Wanderweg, nicht mal ein Forstwirtschaftlicher Weg. Aber Achtung wer hoch fährt muss irgendwo auch wieder runter.

Weiter führt mich mein Weg durch den Wald. Es gelingt mir nicht wirklich Strecke zu machen. Auf der einen Seite kann ich es nicht einschätzen wie lange ich schon durch den Wald fahre, ich achtete weder auf die Zeit noch an die zurückgelegten Kilometer. Im Großen und Ganzen jedoch komme ich nur sehr langsam voran. Die mir vorliegende Strecke lässt es nicht zu den zweiten Gang des Getriebes zu überschalten. Stetig muss ich zwischen dem ersten und zweiten Gang wechseln. Es ist unglaublich anstrengend für Mensch und Maschine Die vom Regen stark ausgewaschene Straßen welche übersät mit losen großen Steinen. Ach was, von wegen Straßen, Wald- Trials die sicherlich nur selten in Stand gesetzt werden. Ich zweifle wieder ob ich hier noch richtig bin, ich sehe kein Auto, niemand kommt mir entgegen. Nun beginne ich mir die gefahrenen Kilometer zu merken. Falls ich irgendwann doch umkehren müsste kann ich die Entfernung und die benötigte Zeit besser einschätzen. Nach etwa 12 km erreiche ich eine Weggabelung in mitten des Waldes. Kein Schild, kein Richtungsweisendes Merkmal, was nun. Links unten im Tal sehe ich ein paar Hütten, ok Wohnhaus und Stall. Ich fahre hinunter um jemanden zu fragen. Kein Mensch da, die Türen stehen offen, die Hütte sieht Bewohnt aus, es stehen Lebensmittel und Geschirr auf dem Tisch. Ich Rufe laut *„Hallo, ist da wer...? Hallo...“*, anscheinend hört mich niemand. Ich verlasse den Hof, ist mir nicht ganz geheuer. Ich fahre zurück zur Weggabelung und treffe eine Entscheidung. Ich schaue mir den Weg genau an. Ich beobachte die Bodenbeschaffung des Weges. Gibt es Spuren von Fahrzeuge? Ist die Kurve stark ausgefahren? Ich stelle das Motorrad ab und erkunde die Beschaffenheit des Weges, fast so wie ein Indianer der auf Spurensuche ist. Ich lese im Dreck. Am

Waldrand liegen zerbeulte Bierdosen und leere Wodka Flaschen. Ich laufe den Weg weiter ab. In den Kurven sind durch LKW- Räder die Randzonen des Weges stärker ausgefahren, dieses Merkmal erkenne ich auf dem anderen Weg nicht. Auf Grund der Tatsache dass auf dem einen Weg der den Berg hinauf-führt mehr Fahrzeuge durchgekommen sind, treffe ich die Entscheidung rechts abzubiegen. Der Streckenverlauf windet sich serpentinenartig weiter nach oben, kein Mensch, kein Fahrzeug zu sehen, nur immer wieder leere Bierdosen am Wegrand. Kommen die Rumänen zum Saufen in den Wald? Die Steigun-gen sind nun nicht mehr so enorm. Ich werde mutig und drehe den Gasgriff auf. Hei, es macht Spaß, die BMW driftet durch die Kurven. Auf kurzen Gera-den fliege ich gerade zu durch den Wald, Steine prasseln am Motorschutz ab, einfach nur Geil. Ein grinsen zieht sich in mein Gesicht, ich habe einfach Spaß. Da ein weißer Lada im Wald, hier kommen zwei Männer aus dem Wald auf dem Weg gesprungen, wrohm..., ich vorbei gebrettert, Fuck. Vollbrem-sung. Die schwere BMW rutscht mit dem Hinterreifen quer über den Weg, Stillstand. Alles gut, ich drehe mich um, wende und fahre zu den beiden Män-nern. *„Hello, so sorry. I am driving to fast".* Die beiden lachen, tragen Plastik-tüten mit sich, ein Gewehr geschultert, das ist keine Schrotflinte was der Typ da hat. Jeder hat eine Bierdose in der Hand. Jetzt weiß ich auch wo die ganzen Bierdosen am Wegrand herkommen. Die beiden zeigen mir Ihre Sammlung von Steinpilze in den Plastiktüten, riesige Pilze. Toll, unglaublich, ich erkun-dige mich nach dem Weg. Die beiden winken in meine ursprünglich gefahrene Richtung „Mare, Mare..." Alles klar die Typen sind besoffen und haben Spaß. Was mich betrifft, ich hatte noch mal Glück. Kaum drehe ich den Gasgriff auf rausche durch den Wald als wäre ich auf der Flucht, springen mir zwei besof-fene schwer bewaffnete Pils Sammler vor die BMW. Mein zweiter Glücks-punkt, ich bin auf Kurs und somit auf dem richtigen Weg. Wir verabschieden uns, die Beiden prosten mir mit ihren Bierdosen zu und winken mir hinterher. Ich fahre wieder schneller durch den Wald, nicht so schnell wie gerade eben, aber schnell genug. Der Weg wird immer schmaler, ich komme wieder ins Zweifeln ob ich wirklich noch auf Kurs bin, na ja die zwei hatten es ja gesagt, wo hätte ich denn abbiegen sollen? In den letzten Kilometern gab es keine Abzweigung, also fahre ich weiter. Der Wald hat sich verändert, Mischwald dann nur noch Laubbäume. Es folgt eine starke Linkskurve, dann eine kleine Steigung und ich stehe auf einem Plateau. Wieder ist der Weg durch intensive Forstwirtschaft stark verfahren, hier und da liegen Baumstämme am Wegrand.

Vor mir öffnet sich mir ein Blick über weite bewaldete Täler und Berge. Ich stelle die BMW ab, setze mich auf einen Baumstamm und schaue in die Ferne. Ist das nicht ein wunderschöner Anblick. Hier oben bin ich alleine mit meiner GS. Geradezu Sauge ich diese wunderbare Landschaft in mich auf. Was für ein inneres Wohlbehagen erfüllt mich bei diesem grandiosen Blick über die bewaldeten Berge. Diese Ruhe der Natur, nur die Geräusche des Waldes. Apropos Geräusch, keine Vögel, wegen mir? Plötzlich ein brummen, ein rascheln im Gebüsch etwa zwanzig Meter vor mir unten am Abhang. War das eben ein Bär! Ich glaube hier gibt es Bären im Wald. Da mir die Sache nicht geheuer ist und ich an die Pilzsammler mit dem Gewehr dachte, machte ich die GS startklar und fuhr mit durchdrehendem Hinterrad von dannen. (*Bild: Auf dem Plateau*).

Ich verlasse das Plateau. Der Weg ist nun wieder breiter, aber auch von schweren Forstfahrzeugen ausgefahrener. Nach ein paar Biegungen geht es nun langsam abwärts. In der Tat ich verlasse die Höhenzüge, es geht hinunter in das von mir noch eben betrachtete Tal. Nach einigen Kilometern komme ich an einem Lager von Forstarbeiter vorbei, die Männer staunen nicht schlecht als ich mit der BMW den Berg hinunter fuhr. Es kommt wohl nicht oft vor das ein Motorradreisender durch den Wald kommt. Ich winke den Männern zu, sie winken zurück und weiter geht es. Jetzt durchfahre ich ein Steinbruch, ziemlich viel menschliche Zivilisationsansammlungen so dicht hintereinander, Forstarbeiter, jetzt ein Baggerbetrieb im Steinbruch, hoffentlich sprengen die nicht gerade. Nach weiteren zwei Kilometer durch den Wald stehe ich an einer Asphaltstraße mit Schildern. Das blaue Schild mit der weißen Schrift zeigt mir die Richtung „36 km bis Sighetu Marmatiei". Was für eine Super Strecke.

Nun folge ich einer breiten sehr schönen extrem kurvigen Straße durch dichte Wälder. Vorbei an kleinen Dörfern mit Holzhäusern und aufwendigen Torkonstruktionen welche den Blick zu den dahinterliegenden Gehöften verbergen. Jedes der großen Haupttore ist mit sehr vielen kunstvollen Schnitzereien versehen. Einfache Lebensbedingungen in Dörflichen Strukturen umgeben von Natur pur. Am Straßenrand läuft ein alter Mann mit Filzhut, Gummistiefel geschultertem Sack und treibt einen Esel vor sich her. Die Dörfer hier haben einen eigenen Stil, die Häuser mit ihren Holzschnitzereien und die kleinen Holzkirchen fallen sehr deutlich auf, schön ist es hier. Natur pur, hier und da stürzt ein Wasserfall von den Bergen.

Ich lasse mich treiben und folge den Straßen in der bäuerlichen Region. Blumenwiesen, Felder und Weiden immer wieder Bauernhäuser aus Holz. Zeit für eine Pause um die Landschaft intensive zu genießen. Ich fahre mit dem Motorrad an den Fahrbahnrand, ein kleiner Weg führt auf eine Wiese. Ich stelle die BMW ab laufe auf die grüne Blumenwiese. Ich lasse mich in mitten der Wiese nieder und beobachte die sanfte hügelige Landschaft, den hellblauen Himmel mit den leichten weißen Wölkchen. Ich sehe die landwirtschaftlichen Felder wie ein großer Flickenteppich. Sie bilden geometrische Formen der bäuerlichen Landschaft. Gemüsegärten und Äcker, die kleinen Parzellen leuchten in der Ferne, grün, gelb, dann wieder braun. Ich mitten drin, ein kleiner Punkt in diesem fantastisch anzusehenden Flickenteppich der Natur.

Die Städte in der Region sind sehr vom sozialistischen Baustil geprägt, Zweckgebäude eben. Diese Orte laden nicht zum verweilen ein, es zieht mich weg. Immer weiter geht es über Hügel, Wälder, Felder und Berge. Gerade eben ziehe ich mit dem Motorrad durch einen sonnendurchfluteten Laubwald den Berg hinauf. Oben angekommen lichtet sich der Blick in ein wunderschön gelegenes Tal. Mir fällt ein Schild auf welches zu einem nahe gelegenen Kloster zeigt. Kurzerhand folge ich dem Richtungsweiser und komme in ein kleines Paradies. Der Wald gibt den Blick frei in den vor mir liegenden Talkessel. Das Kloster mit seinen weißen Mauern thront in Hanglage unterhalb des Waldes, eingebettet in grüne saftige Wiesen. Als ich näher komme ziehen die Mönche mit Ackergerät hinab in die Gemüsegärten und Felder welche weiter unten im Tal liegen. *(Bild: Die Klosteranlage).* Einer der Mönche, gekleidet in der klassischen braunen Kutte der Orthodoxen Kirche spricht mich auf Rumänisch und Italienisch an, ich verstehe ihn leider nicht. Ich gebe mich zu verstehen

dass ich deutscher bin. „Aha deutsch..!" Er ruft nach Maria, die zugleich an der Treppe des Haupthauses erscheint. Ihre Kleidung, ähnlich die derer den Mönchen, brauner langer Rock mit Schürze und einem nach hinten zusammengebundenen Kopftuch wirkt traditionell, bäuerlich. Man führt mich durch das erst in der Mitte der 1990er Jahre gegründetem Kloster. Die kleine Kapelle mit Ihren Wandmalereien, dem Wohnhaus, den Gemeinschaftsräumen, der Küche, den Schlafräumen, bis hin zum Neubau der offenen Sommerkirche. Maria spricht sehr gut deutsch. Sie hilft den Mönchen beim täglichen Leben hier im Kloster. Man bietet mir ein Schlafplatz und einen einfache Mahlzeit an. Leider ist es zu früh um ein Nachtlager zu finden. Einige Zeit verweile ich an diesem besonderen Ort der auf mich wie ein magischer Ruhepol wirkt. Ich liege im Graß, die Sonne wärmt mich und beobachte die Vögel am Himmel, die Schafe auf den Weiden. Doch dann zieht es mich wieder auf die Straße. Maria überredet mich doch zu bleiben, bedanke mich und erkläre Ihr dass wenn ich keine Unterkunft finde die Nacht im Zelt verbringen werde. *„Oh pass auf, die Wölfe und Bären ziehen in der Nacht umher. Letzte Woche haben die Wölfe schon wieder ein Schaf gerissen.."* Ups, ok, ich nehme die Warnung an. ., So aha..., Ich brummle vor mich her. *„War da heute Morgen doch ein Bär im Wald?!"* Maria schaut mich sorgenvoll an, *„...das kann schon sein das Du einen Bären gesehen oder gehört hast"* Wir plaudern noch ein wenig. Kurze Zeit später verabschiede ich mich von den Menschen im Kloster und ziehe des Weges.

Ich verlasse das kleine Tal mit dem Kloster und folge meiner ursprünglichen Richtung. Allerdings bin ich mir nicht schlüssig wie weit ich fahren soll oder wo ich die Nacht verbringen werde, welche Stadt, welche Region. Es ist noch Zeit und so geht es erst mal weiter, immer der Nase lang zu meiner groben Richtung den Karpaten folgend. Es geht bergauf und bergab, durchquere sanfte Täler und überquere gemäßigte Berge. Wieder ziehe ich an großen bewirtschafteten Getreidefeldern und kleineren Schafherden vorbei. Ein Dorf reiht sich hier in dieser Region an das andere. Hier ein Fluss da ein Bauernhof. Ab und an auch schon einmal eine alte verfallene Burgruine auf den Hügeln. Die Burg fast zugewachsen durch Bäume und Sträucher. Keine Touristenattraktionen welche wie bei uns vom Land gehegt und gepflegt werden. Einfach eine Burgruine auf dem Berg. Hin und wieder folge ich einem Schild das zu einem Schloss oder einer Kirche führt. Ich schaue mir Gebäude und Region an. Meist sind die gut erhaltenen Gebäude in einer Dorfstruktur eingebettet und werden teilweise von der Dorfgemeinde genutzt.

Es zieht mich den Karpaten folgend nach Osten. Die Karpatentäler werden nun wieder schmäler und die Berge um mich herum wieder höher. Ein Konvoi von österreichischen und deutschen Geländewagen kommt mir entgegen. Recht aufgemotzt die Kisten. Hoi kommen die gerade aus Dakar? Sandbretter und Sandreifen, Aluminiumkisten auf den Dächern und Unmengen Treibstoffbehälter am Heck bzw. auf den Dächern. Na ja nicht alles von dem braucht man in Rumänien. Gute reifen fürs grobe, ja. Eine Seilwinde, sicher von Vorteil. Benzinkanister, na ja wenn ich es mit dem Motorrad immer wieder schaffe zu einer Tankstelle zu gelangen, na ja, sieht halt cool aus. Ich stehe mit meiner GS Adventure am Straßenrand, direkt hinter einem Bahnübergang und schaue mir das Spektakel der Kolone an. Die Offroad- Freaks nehmen von mir keine Notiz. Der Konvoi rast an mir vorbei einer um der anderen, entweder sie sind auf der Flucht oder es geht um Zeit?! Einer der Fahrer schimpft bei geöffnetem Fenster da es Ihm wohl zu langsam geht. Nicht meine Welt, die sehen ja nicht die wirkliche Schönheit dieser rumänischen Karpatenregion wenn man so durch die Welt rast! Ich folge der Beschilderung nach Viseu de Sus, in die Bergwerkstadt Borsa. Mal schauen ob ich in Borsa die Nacht verbringen werde. Ein schöner Wintersportort, die Straßen sind voll mit Menschen, ein paar große Hotels, ein paar Restaurants und Bars. Na ja, wenn man in der Nacht was losmachen will, dann sicherlich hier. Mir fällt auf das viele Russen hier sind. Ich erkundige mich erst gar nicht ob in einem der Hotels ein Zimmer frei ist. Irgendwie ist es mir hier einfach zu Hecktisch. Die Stadt lässt ein Partyflair von sich, ähnlich wie Sölden, Ischgl oder klein St Moritz. Ich beschließe die Stadt wieder zu verlassen. Ich folge dem Tal und nehme den Aufstieg zum 1416 m hohen Prislop- Pass. Die Strecke ist traumhaft. Fast komme ich mir so vor als würde ich die Schwarzwaldhochstraße durchfahren, ein Traum von Landschaft. Auf dem Pass angekommen erkundige ich mich nach einem Nachtlager. Hier oben gefällt es mir, doch eine Unterkunft bekomme ich nicht, hier oben ist bereits alles belegt. Das fahrende Volk der Sinti und Roma bauen schon ihre Verkaufsstände ab und verstauen ihre Waren auf den Pferdefuhr- werken. Die Sonne versinkt hinter der Holzkirche am Horizont. Im Schatten der Wälder spürt man sofort das es hier oben spürbar kühler wird. Ich stehe auf dem Pass und lasse mein Blick kreisen. Vor mir nichts als Wälder und die Sonne strahlen dringen schon nicht mehr in die engen Täler ein. Zurück oder weiter in die tiefen Tannenwälder der Karpaten?

Was nun, es ist Zeit für ein Nachtlager. Ich bemerke dass mein Bruder mich auf dem Mobiltelefon versucht hatte zu kontaktieren. Ich rufe Ihn zurück. *„Ich bin in Baden-Baden im Krankenhaus, in der Stadtklinik. Hatte ein Umfall mit dem Mountainbike bei der Waldabfahrt zwischen Meliskopf und Schwanenwa- sen. ... Wurde mit dem Hubschrauber in die Stadtklinik geflogen, Becken- bruch...".* Ups, na Prima und ich stehe hier in Rumänien im Wald. Kann im Moment nicht helfen, ich entschließe mich dazu weiter zu fahren und ein po- tentielles Nachtlager an der Strecke zu suchen. Zelten am Fluss, oder eine Pen- sion am Straßenrand. Heute habe ich Lust auf Abenteuer, ich werde sehen? Auf geht's die Sonnenstrahlen gelangen schon nicht mehr bis auf den Grund der Waldtäler als ich die Abfahrt vom Prislop antrete. Um mich herum nur noch Wald, Wald und noch mal Wald. Die Straße wird schlechter, loser As- phalt und Löcher, so tief dass das halbe Rad der BMW darin verschwindet. Es ist allerhöchste Vorsicht geboten. Ich komme nicht wirklich schnell voran, war es klug weiterzufahren? Im Slalom Kurs umfahre ich die Schlaglöcher. Nicht jedem Hindernis kann ich erfolgreich ausweichen, ab und an fahre ich eines dieser Mega Löcher. Das rumpelt dann ganz schön, die Federung der GS Adventure schlägt durch. Ganz schön schwer dann noch den Lenker zu halten wenn das Vorderrad in einem dieser Löcher verschwindet. Ich fahre im stehen um so die Schlaglöcher besser sehen zu können. Ich fahre Richtung Westen, die untergehende Abendsonne blendet mich sehr. Es ist nicht viel Verkehr auf dieser Straße daher kann ich auswählen auf welcher Seite ich fahre. Mal links, dann wieder rechts oder in der Mitte, wo es gerade besser zu fahren ist. Im Zickzack umsteuere ich die vielen Löcher in der Straße. Manchmal wechselt der Fahrbahnbelag, dann fahre ich auf Schotter, das ist fast einfacher als Asphalt mit Löcher. Hier und da ziehen die Waldbauern mit Ihren Kühen auf der Straße von der Weide zu ihrer Nachtweide. Die Herden der Kühe und ihre

Hirten sind zurzeit meine einzigen Verkehrsteilnehmer hier. *(Bild: Waldbauern).*

Die Bauern leben hier in kleine Holzhütten meist nahe der Straße, überall brennt im Wald ein Mailer der Köhler. Die Täler sind oft mit Rauchschwarten durchzogen. Neben den Kohlenmailer sind Lagerartige Unterkünfte aufgebaut. Einfache Unterstände, mit Holzpaletten auf kleineren Stämme zusammengenagelt. Zum Schutz vor dem Regen mit einfacher blauer Plastikplane abgedeckt. Die Szenerie erinnert mich an die illegalen Goldgräbersiedlungen im Amazonas-Gebiet von Brasilien. Dort bauen sich die Arbeiter ähnliche Unterstände mit den gleichen blauen Folien zum Schutz vor dem Regen.

Die Männer sind überwiegend Saisonarbeiter in der Forstwirtschaft, das Bild welches sich mir ergibt will so gar nicht nach Europa passen, wenn da nicht dieser typische europäische Wald wäre. Ich könnte schwören ich bin sonst wo auf der Welt. Oder bin ich in einer Zeitschleife in die Vergangenheit gereist? So ein Quatsch. Nein das kann nicht sein, die blaue Plastikfolie. Die Menschen laufen am Straßenrand schauen mich beim Vorbeifahren neugierig und gleichermaßen erstaunt an. Kinder winken mir zu. Ich bin aber in Rumänien, nicht in Afrika oder? Aber sicher doch, ich bin in den Waldkarpaten.

(Bild: Hirten mit ihrer Herden)
Ich fahre noch einige Kilometer durch den Wald, die Sonne steht schon recht tief, eigentlich hat es den Charakter als würde die Dämmerung schon hereinbrechen. Die Sonnenstrahlen schaffen es nicht mehr auf den Grund der Täler zu kommen, nun auch nicht mehr an den breiten geöffneten Stellen der Waldwiesen. Die grünen Gipfel der bewaldeten Berge wirken jetzt schon golden im spähten Licht der Sonne. Es wird höchste Zeit ein Nachtlager zu finden. Zelten bei einem der Lager von den Waldbauern? Warum denn nicht, Lagerfeuerromantik unter den Einheimischen. Ich ziehe wenn möglich ein Hotel vor, ein lecker Essen, ein Bier, das wäre doch schön. Der Karte nach zu urteilen müsste bald eine Ortschaft kommen mit dem Namen Cairibaba. Wenn da nichts geht kehre ich um und Zelte bei den Forstarbeitern. Das Zelt aufbauen solange es noch hell ist. Kaum hatte ich den Gedanken zu Ende Gedacht da thront schon ein großes Steinhaus neben dem Fluss. Und was für ein Haus, ein Schild darauf steht Hotel, wunderbar.
Ich steuere den Parkplatz an, stelle die BMW ab und stiefele in das einladende doch so unglaublich große Haus. In diesem Tal, umgeben von Wäldern wirkt das am Fluss liegende Haus irgendwie fremd. Es ist neu, modern, sehr schön. Ich freu mich auf eine Dusche ein Bett, ein warmes Essen und ein Bier. Mit meinen schweren Motorradstiefel poltere ich die Treppe hoch und stehe vor dem Empfang. *„ Hallo, haben sie ein Zimmer frei? " „Zimmer ja klar haben wir Zimmer frei. "* Jep, alles fein. Ich checke gerade an der Rezeption ein, höre ich doch da eine deutsche Stimme. „Gehört Dir das Motorrad da draußen vor der Tür?" *„Ja, die BMW ist meine" „ Ich bin der Herbert, Super Maschine, woher kommst Du wohin soll es gehen"* Drei Fragen auf einmal. *„Man sagt Mezzo zu mir .... "* Wir plaudern ein wenig, Herbert und seine Familie laden mich zum gemeinsamen Essen ein. Ein lustiger Abend, das Hotel gehört seinem Schwager, dem Bruder von Herberts Frau. Ihr Bruder ist hier der Land-Lord, Großgrundbesitzer an Wald, Bürgermeister, Hotelbesitzer, Sägewerk und sein Sohn verhökert Pilze nach ganz Europa welche er von Zigeunern

(Sinti und Roma), Kindern und alte Menschen zu LKW Ladungen sammeln lässt. Sehr geschäftige Menschen hier. Herbert stammt ebenfalls aus Rumänien, jedoch aus der Region um Siebenbürgen. Hier geht die Reise in den nächsten Tagen für die Wahlbayern weiter. Wir plaudern über Geschäfte, Gewinne mit Pilzen, immerhin bis zu 2000€ Gewinn am Tag. Am Tag, Hallo!?. Die Holzgeschäfte mit den Österreichern, ganze Berghänge werden radikal abgeholzt. Riesige zusammenhängende Waldgebiete, das ist nicht in Ordnung, wer will schon ein zweites klein Regenwald- Abholzungsprojekt im Osten von Europa. Wirklich schade dieser Raubbau an der Natur. Weiter plaudern wir über das Speditionswesen in Deutschland, Straßen, Verkehr und dass die Straße vor der Tür im nächsten Jahr von einer israelischen Straßenbaufirma in Stand gesetzt wird. Eine große österreichische Firma hat nicht den Zuschlag bekommen, diese waren zu teuer. Das ist die Globalisierung, jetzt kommen die Israelis nach Rumänien und bauen Straßen.

Wir widmen uns den angenehmen Dingen des Lebens. Die Dorfbewohner kommen in das Hotel um auf dem großen Flachbildfernseher an der Wand ein Länderspiel anzuschauen. Der Gemeinderat ist da, der Pfarrer, der Hausherr und Bürgermeister, der Dorflehrer und weitere wichtige regionale Persönlichkeiten. Man lädt uns ein an den Männer- Tisch zu sitzen. Herbert, sein Kumpel und ich gesellen uns also auch zu dieser Runde. Fußball ist nicht so meine Welt, ich freue mich der lustigen Gesellschaft und trinke artig mein Bier mit, jeeep, I like.

Ein neuer Tag, die Sonne scheint noch nicht in das Tal, Nebel hängt über dem Gras. Ich schreibe ein paar Zeilen in meinen Laptop, es ist 6:35 Uhr in Rumänen, plus eine Stunde in Osteuropa. Das Motorrad wird bepackt, danach frühstücke ich gemeinsam mit Herberts Familie und seinem Reisekumpel auch die Hotelchefin gesellt sich zu uns. Ich erkläre noch einmal meinen weiteren Streckenverlauf, Richtung Ukraine. Herbert gibt mir zu verstehen dass alle kleinen Grenzübergänge zur Ukraine gesperrt sind. Diese Übergänge sind nur für die Waldbauern, also Fußgänger, kein Fahrzeug darf die Grenze hier übertreten. Das Militär patrouilliert in den Wäldern zu beiden Seiten der Grenze. Wenn ich da rüber fahre, könnte es sein das sie mich wegen illegalem Grenzübertritt verhaften oder sie schießen auf mich. Hopla, das muss ja nicht unbedingt sein. Der einzige offizielle Grenzübertritt ist bei Sitet an der E 85, hier geht es dann über die Grenze und weiter nach Chernivtsi in der Ukraine. Auf dem direkten

Weg hätte ich ca. 180 km. Aber wer will schon auf Asphalt fahren wenn es die Option Piste und Abenteuer gibt. Ich verabschiede mich von meinen Reisebekanntschaften, winke ihnen noch einmal zum Abschied, sie schauen mir hinterher wie ich vom Hof fahre. Ich ziehe wieder hinaus auf die Landstraße. Sie ruft nach mir, die Landstraße. Ein neuer Tag, ein neues Abenteuer, Welt ich komme.

Die Luft ist klar, ein paar Nebelschwaden nahe den Flusswiesen. Wenig Verkehr, nur die Kühe starren mir und meiner BMW GS kauend hinterher. Nach ein paar Kilometer treffe ich am unteren Ende des Tals zwei deutsche Motorradfahrer mit Ihren BMW Dakar Modellen. Ich steuere direkt auf die beiden zu, etwas irritiert schauen sie mich an. Vermutlich haben sie schon lange mit keinem deutschen mehr gesprochen, oder liegt es an der Kutte des Gremium M/C? Warum auch immer. Wir halten den üblichen Plausch. *„Hei, woher kommt Ihr wo soll es hin .. pah kalt, ne bei mir ist alles gut, habe meine Winterkleidung dabei....Es war kalt in Deutschland als ich startete."* Die beiden erzählen mir dass sie von Albanien, Griechenland, Moldawien über die Ukraine nach Rumänien gekommen sind. Die Jungs sind schon einige Wochen unterwegs und der finale Rückweg steht an. Nach ein paar Minuten des Frühmorgenplausches verabschieden wir uns schon wieder. Ich trete die Route nach Siret zum Grenzübergang in die Ukraine an. Nein nicht den direkten Weg, ein paar kleine Schlenker abseits der Hauptroute können schon drin sein. Mit diesem Grundgedanken fahre ich auf der gut ausgebauten Hauptstraße der 17A. Die Strecke ist sehr kurvig, fast erinnert mich die Region mit den Wiesen

und der kurvig ausgebauten Straße an Österreich oder die Schweiz. Also, Änderung einleiten, Routenplan B wird gestartet. Weg von den guten Straßen und Pisten suchen, schließlich steht GS nicht für „Geh Straße" nein es steht für „Gelände-Sport". Ich biege links auf die Straße über Vatra Moldovietl ab auf die 176.

Ich komme durch kleinere Dörfer, schön gepflegte Holzhäuser mit Ziehbrunnen und Brunnenhäuschen, einem kleinen Gemüsegärten welche mit Holzzäunen eingefriedet sind. Es wirkt alles wunderbar friedlich und freundlich. Da ein kleiner Laden. *(Bild oben).* Sofort drehe ich bei, um in dem Laden mal wieder das nötigste für die Reise einzukaufen. Bei uns würde man sagen ein Tante Emma- Laden, klein und hat alles. Du kriegst hier einfaches Landwirtschaftliches Gerät, Saatgut, Schreibwahren, Küchenutensilien bis hin zu dem Grundnahrungsmittel wie Milch und Brot. Also ich bessere jetzt erst mal meine Vorräte auf. Meine Grundnahrungsmittel für den Tag, da wären Wasser, Käse, Wurst und Brot. Ein zweites Frühstück auf der Wiese vor dem Laden und weiter geht es der kleinen neu ausgebauten Straße entlang.

Die Kurven sind angenehm, das Tal in der sich die Straße einbettet, wunderschön. Die Bauern mähen die Wiesen, hier und da wird mit dem Pferd das Feld bestellt. Ich träume vor mich hin und ziehe die gesamten Eindrücke in mich auf. Vor mir taucht ein langsam fahrender LKW auf, mir ist nicht gleich bewusst wie langsam der alte Laster fährt. Ich muss stark abbremsen. Der LKW muss einen Gang zurückschalten, aus dem Auspuff kommt eine schwarze Rauchwolke. Ich kann den Diesel qualm nicht entgehen, die Straße ist zu schmal und zu kurvig, ein Überholen nicht möglich so schleiche ich im schwarzen Dieselqualm des LKWs hinterher. Der Baustellen LKW biegt an einer Gabelung ohne Beschilderung rechts ab. Hoppla und nun? Ich entscheide mich der gut ausgebauten Straße zu folgen ohne vorausfahrenden Baustellen LKW mit dicken schwarzen Dieselwolken. Freie Sicht freie Fahrt und weiter das Tal hinauf. Ich folge der kleinen Straße mit dem schönen dahinfließenden Bach zu meiner Rechten für mehrere Kilometer, freue mich der Welt und den Dingen die sich mir auftun. Eine Hochebene, die Vegetation ist dürftiger geworden. Keine Sträucher, aber Kühe auf den Weiden. Vor mir eine Gruppe Kinder auf der Straße die vermutlich auf dem Weg zur Schule sind. Immer wieder muss ich Pferdefuhrwerken mit diversen Ackergerätschaften auf dem Wagen überholen. Die Pferde welche den Wagen ziehen laufen schnell und gleichmäßig. Alte Menschen die mir lächelnd hinterher schauen, man winkt mir zu ich winke zurück. Die Sonne scheint, ich drehe am Gasgriff der BMW und fahre zügiger den Berg hinauf. Nach einigen Kehren kommt mir ein durchgehendes Pferd auf der Straße entgegen. Das Pferd bäumt sich vor mir auf. Noch rechtzeitig kann ich das Motorrad stoppen und schalte den Motor aus. Das wie wild auf und ab galoppierende Pferd wird von einem jungen Mann eingefangen. Er hält die Zügel straff, Das Pferd will weiterhin durch, der junge Mann gibt dem Pferd mit seinen Knien immer wieder Stöße in die Rippen. Das Pferd mag diese Behandlung gar nicht. Ich protestiere, der Bauer reagiert nicht, er ist mit der Bändigung des Pferdes beschäftigt. Er hält das Geschirr knapp und eng, das Pferd gibt nach. Die Beiden verschwinden aus meinem Blickfeld. Die Straße ist frei und ich fahre weiter. Das Pferd tut mir leid, es hat keinen guten Besitzer.

Die gut asphaltierte Straße hört auf und wechselt zu einer Betonstraße nach etwa zwei Kilometer wechselt die Straße in eine Schotterpiste über. Immer noch fahre ich durch kleine Dörfer mit ihren Holzkirchen, vorbei an kleinen gepflegten Holzhäusern mit teilweise aufwendigen Schnitzereien an Türen und Fensterrahmen. Die angebliche Straße mit der Nummer 176 windet sich den Berg hinauf, immer schmaler wird der Weg, immer steiniger. Die Straße oder die Piste ist in einem sehr schlechten Zustand. Der Bach hat den Weg bei Hochwasser so zerfurcht dass ich unter höchster Konzentration über die gro-ßen Steine hinweg hüpfe. Mit großer Konzentration umfahre ich im Stehen die größten Steine und versuche nicht in die ausgefahrenen Bereiche der Piste zu kommen. Im Dorf Argel gibt es eine Abzweigung, allerdings ohne Schild. Was nun? Vor mir eine Betonstraße, rechts die Steinpiste. Ich entscheide mich geradeaus zu fahren auf der Betonstrecke. Die ruhige Fahrt ist nur von kurzer Dauer, da wechselt der Betonbelag auch schon wieder zur steinigen Piste. Nach wenigen hundert Metern polterte die GS wieder über spitzen Schotter. Der Weg führte durch einen Bach. Zum Glück ist es kein tiefes Wasser und ich hole mir keine nassen Füße. Die BMW trifft in ihrer Spur auf keine großen Steine und zieht gut durch das Wasser. Mein Weg führt mich vorbei an sehr abgelegenen Bauernhöfen, weit weg von dem letzten Dorf. Auf einem der Hö-fe sind viele Menschen man feiert eine Hochzeit. Als ich an dem Haus vorbei-fahre wollte ich zunächst stoppen doch die Hochzeitsgesellschaft wirft ziem-lich böse Blicke auf mich. Ne ich will die Braut nicht stehlen. Fast hat es den Eindruck dass gleich einer mit der Flinte auf mich zielt. Langsam fahre ich weiter, die Straße macht eine 90° kehre direkt vor dem Haus mit den Gästen. Die Menschen auf dem Bauernhof schauten mich seltsam an als ich mit der BMW GS den ausgefahrenen Weg hinauffahre. Nicht anhalten, ich gebe Gas und fahre zügig die Piste hoch. Nach ein paar hundert Meter tauchte ich im Wald ab.

Ein extrem steiler und verfahrener Waldweg auf dem ich mich hier bewege, viele große lose Steine auf die ich achten muss. Die BMW holpert über den Weg. Ich bekomme Traktionsprobleme am Hinterrad. Ich suche mir die besten möglichen Stellen um die vom Regen stark ausgewaschenen Rinnen zu durch-

fahren. Der Weg ist steil, von meinem Vorderrad gelöste Steine rollen mir unter das Hinterrad und ich hüpfe mit der beladenen BMW über dieses lose Geröll. Ich beginne zu zweifeln, bin ich hier tatsächlich noch auf dem richtigen Weg? Ich bin mir da gar nicht mehr so sicher, ich bin der Meinung dass ich mich wohl verfahren habe! Ich suche einen sicheren Standplatz für das Motorrad und stoppe die Fahrt. Ich programmiere mein GPS zu einem Dorf welches auf meiner eigentlichen Strecke lag. Das GPS deutet an ich sei auf dem richtigen Weg, na ja die Richtung stimmt. Ich fahre nun nach GPS durch den Wald. Der Weg windet sich vorbei an tiefen Schluchten, viel Sonne dringt in den lichten Wald bis auf meine Wege, ich habe gute Sicht. Der Richtungszeiger des GPS verändert sich, der Weg verläuft nun in eine andere Richtung. Laut GPS entferne ich mich nun von meinem Ziel. *(Bild: Auf Abwegen?)*. Mir kommt ein Quat entgegen, gefleckter Anzug mit Rangabzeichen, ein Soldat oder ein Ranger? Ich signalisiere Ihm zu stoppen. Ich zeige Ihm mein Ziel auf der Karte und auf dem GPS. Ich versuche mich mit ihm auf Englisch zu verständigen, wo ich glaube unterwegs zu sein. Er verneint, schüttelt mit dem Kopf, *„No, no"*. Ha, von wegen, ich habe mich verfahren, war doch klar. Ich befinde mich unmittelbar an der Ukrainische Grenze. Noch ein paar Kilometer weiter, dann bin ich auf dem Pass und in der Ukraine, eine Sackgasse. Er erklärt mir ich sei in Brodina. „?" *Hä, wie bitte wo bin ich, in Brodina?* Also wieder zurück, den ganzen steinigen Weg. Bis in das nächste Dorf und dort bei der Brücke links abbiegen. Ja klar die Abzweigung hatte ich gesehen, doch der Name auf dem Schild war mir nicht zu lesen, unkenntlich verrostet. Ich fuhr also zurück, polterte und hüpfte mit der GS den steinigen Weg hinab. Wieder vorbei an der Hochzeitsgesellschaft, wieder durch den Bach und holperte über mehr oder weniger gute Pisten und Waldwege mehr als 60 km durch den Wald, durchquerte Bäche und vom Fluss zerstörte Straßenteile. Dieser Ausflug über ein paar Nebenstraßen kostete mich verdammt viel Zeit, Schweiß, Benzin und Wasser. Doch auch mal wieder Enduro fahren war mit dabei. Mit einer leichten Enduro wäre ich den Berg hochgeflogen. Was solls, das ist das abenteuer Karpaten welches ich für mich suchte. Tiefe Löcher in den Wegen / Pisten, dezente drifts in den Kurven, Bäche die über die Straße fließen. Hei, ist doch alles gut. Alles in allem eine unglaublich schöne Waldregion mit Hochwiesen, kleinen Pässen, Bächen und Flüssen durch den Wald. Zu den letzten Kilometern flog ich nur noch über die Pisten und zog eine Staubfahne von kilometerlangem Ausmaß hinter mir her Waldwege, Pisten und vom Fluss zerstörte Waldwege, bowwww absolut heftig, als ich die Berge überwunden hatte komme ich wieder auf meine ursprüngliche Route zurück. Asphalt, endlich wieder Asphalt, man ist dann wieder froh auf Asphalt fahren zu können.

Über die 209 G und die 2 H, bin ich nun wieder auf Kurs. Der ganze Ausflug dauerte über drei Stunden extra. Schön war es dennoch. Ich verlasse die Bergregionen. Nach Rädäuti fuhr ich über die 2 H hinunter in eine Ebene. Große Agrarflächen öffneten sich mir, links und rechts der Straße, Monokulturen so weit das Auge reicht. In den weniger schönen Städten neben sozialistischen Wohnbauten alte halbverfallene Industrieanlagen. Nicht so schön. Weiter geht es über die 17 A durch die Stadt Domesti, danach über die 2 nach Siet zur ukrainischen Grenze.

Schon von weiten sehe ich die schier nicht enden wollende Schlange der wartenden LKWs welche mir letztendlich den Weg zur Grenzabfertigung deuteten. Mit dem letzten rumänischen Leu *(ausgesprochen wird die Währung zu Deutsch Lei)* kaufe ich mir für die GS Benzin zum trinken, für mich Cola und Eis. Nun wage ich es die letzten Kilometer an der fast fünf Kilometer langen Fahrzeugschlange bis nach vorne zur Grenzstation zu fahren. Ich schiebe mich soweit es möglich ist in der Schlange nach vorne. Die Abfertigung dauerte,

Zentimeter für Zentimeter schlichen wir langsam nach vorne. In der Warteschlange kommt man in Kontakt mit dem PKW- Fahrer von vorne, von hinten und mal von nebenan. Jeder stöhnt und jammert, die Sonne brennt auf uns herab. Jeder Fahrer wird aufgerufen und der Stempellauf mit den Dokumenten beginnt. Hey, fast wie in Afrika oder Südamerika. Man beachte, ich bin immer noch in Europa. Der ein oder andere schlaue Fahrer drängelt sich vor und gibt den Zöllner in Ausweis innen liegende Geldscheine. Mancher hat Glück, bemerkt der Zöllner dass er von anderen beobachtet wird, so wie von mir dann wird er sauer und brüllt den Fahrer an. Nach ein paar wiederholten Versuchen nimmt er das Geld, steckt es ein und fertigt den Menschen beschleunigst ab. So läuft dass, ich bin vorsichtig, habe Zeit und genug Wasser, nach über zwei Stunden habe ich es auch geschafft und fahre auf ehemaligen sowjetischen nun ukrainischen Straßen *(Bild: Straße in der Ukraine nach der Grenze).*

Ich bin aufgeregt und überrascht wie es in der Ukraine aussieht. Zunächst führt die Straße gerade aus Richtung Norden. Wie in Rumänien bieten sich mir links und rechts riesige Felder, Monokulturen so weit das Auge reicht. Hier und da ein kleiner Bauernhof, ein Ziehbrunnen, Pferde, bellende Hunde und spielende Kinder. Ich fahre nun auf der M 19.

Die Ukraine ist etwas ganz anderes, keine Straßennummern sind zu sehen. Die Schilder auf Kyrilisch beschrieben, ab und an zweisprachig, doch nicht immer. Die Bezeichnungen und Symbole der Schilder weichen manchmal von der Ortsbezeichnung auf meiner Karte ab. Der Zustand der Straßen, gleicher schlechter Zustand wie in Rumänien. Die Dörfer, fast nicht zu sehen, sehr weit verstreut. Die Tankstationen und Rasthöfe sind einfach bis pragmatisch. Was mir als erstes deutlich auffällt sind die blau und golden beschichteten Kuppeln der orthodoxen Kirchen in den Städten wie auch den kleinen Gebetshäuschen am Straßenrand.

Die Landschaft wird wieder hügeliger, ich fahre aus der Ebene heraus und komme in ein leicht bewaldetes Gebiet mit ansteigenden Hügeln, keine Berge, doch immer noch in der gesamt Karpatenregion. Mein Weg verfolgt den horizontalen Karpatenbogen nun von Ost nach West.

Ich bin überrascht von den Straßen, hatte eigentlich eine Katastrophe erwartet, die Straße ist gut. Die doch recht breite und gut ausgebaute M 19 führt mich nach Chernivitsi, meine erste größere Stadt in der Ukraine. Eine echt schöne Stadt, ich bin angenehm verblüfft. Die Stadt hat eine alte Gebäudestruktur mit bunten Häusern, Straßen und Plätze meist Kopfsteinpflaster, Kirchen, Cafés, Parks und ab und an ein alter russischer Panzer dessen Gefechtsturm nach Westen zeigt. Hm, soviel Militärschrott der hier auf Podesten steht, da könnte man meinen die brauchen die Panzer und Geschütze noch einmal. Alles in Allem lädt mich die Stadt zum Verweilen ein. Ich zwänge mich durch das Verkehrschaos der von Autos, LKW und Busen überfüllten Straßen. Autos an Autos drängen sich durch die Stadt. Die BMW kocht hoch, mit meinen Alu-Koffer an der Seite kann ich mich nicht durch den Verkehr drängeln. Bleibe in Reihe und schere an einem zentralen Punkt aus und parke die BMW. Endlich Rast, Motor aus und Pause. Auf zu einem kleinen Stadtbummel. Haideblitz, hier ist leben in der Stadt, große schicke Hotels, Bars, Restaurants, in den Straßen-Cafés Menschen, Boutiquen, einfach alles da. In Rumänien gab es solche Städte gar nicht, nur alter sozialistischer Einheitszwang, ganz wenige wirklich alte Gebäuden gab es zu sehen. Die Ukraine hat komplette alte städtebauliche Strukturen in dieser Region! Der österreichische Einfluss aus der K&K – Zeit ist deutlich zu spüren, große stattliche Häuser mit Türmchen, Kuppeln und Prachtfassaden alter Zeiten. Schön das dies erhalten wurde und auch über die Zeit restauriert wurde. Ich bin angenehm überrascht.

Es ist schön hier und ich bin jetzt lange in der Stadt geblieben, doch ich will weiter, möchte hier nicht die Nacht verbringen. Ich mache mich auf noch einige Kilometer zu fahren um auch wieder in die richtige Karpatenregion zu gelangen. Raus in die Natur, in die ländlichen Regionen der ukrainischen Karpaten. Ich verlasse das Stadtzentrum und suche mir meinen hoffentlich richtigen

Weg nach Draußen. Die Beschilderung ist in Summe noch schlechter als die in Rumänien. Weiteres kommt hinzu dass es mir die kyrillische Beschilderung wirklich nicht einfach macht. Um wirklich sicher zu sein frage ich stetig Passanten nach dem richtigen Weg. Keineswegs möchte ich mich zu sehr verfahren, meine mitgeführte Karte ist für die Ukraine nicht gut genug. Das Kartenmaterial habe ich aus Deutschland mitgebracht. Eine schlechte Durchfahrtskarte. Falls ihr den Trip machen solltet, besorgt Euch neben den GPS Daten auch gutes Kartenmaterial, bei Turatech zum Beispiel. Ich war der Meinung vor Ort geeignetes Kartenmaterial in einer Tankstelle kaufen zu können, falsch gedacht. Landkarten konnte ich hier nicht kaufen, man verstand mich nicht oder schickte mich in die Stadt, in eine Buchhandlung, möglich ja. Also, sicher ist sicher und lieber zehnmal noch dem richtigen Weg fragen. Sei es drum, jetzt ist es eben so. Immer wieder stoppe ich am Straßenrand und erkundige mich bei Passanten nach dem Weg. Hey, die Menschen helfen mir weiter und sind wirklich bemüht, freundlich, nett hilfsbereit, das hat mich sehr überrascht. Als ich in einem großen Kreisverkehr stand, meine Karte mit den kyrillischen Zeichen auf den Schilder verglich und ich keine Übereinstimmung fand, war ich etwas verzweifelt. Just in dem Augenblick schiebt sich ein alter grüner Mercedestransporter noch vor mein einziges Schild in diesem doch so großen Kreisverkehr. Ich wedelte mit dem Armen das der Fahrer des Transporters doch weiterfahren solle. Die beiden sahen sich an, schauten zu mir. Dann öffneten sich beide Türen, die Männer stiegen aus und ließen den Transporter in mitten des dreispurigen Kreisverkehrs stehen und liefen zu mir herüber. Man gab mir die Hand, wir begrüßten uns, eine Konversation mit Händen und Füßen begann. Ich erklärte Ihnen mit Hilfe meiner Karte wo ich hin wolle. Die beiden betrachteten die Karte lange und ausführlich, danach zeigte man mir eine Richtung. Es folgte eine wilde Beschreibung mit den Armen, ein zwei drei Worte Russisch- Englisch – Deutsch und gut, die Sache war klar. Ich bin richtig hier. Man hat mir die korrekte Abfahrt des Kreisverkehrs gezeigt. Freudig und gut gelaunt trennten sich die dreier Besprechungen am Kreisverkehr. Der Verkehr floss in der Zwischenzeit ohne zu murren an dem im Kreisverkehr stehenden Transporter vorbei. Kein Problem, Niemand hupte, Niemand regte sich auf weil dieser Transporter in mitten der Fahrbahn stand. Die mir erklärte Wegbeschreibung war etwas holprig doch die Richtung stimmte. Der Rest übernahm das GPS.

Ich fahre nun auf der H 4 und der P 04 in Richtung Kolomyia. Teilweise ähnelt die Straße einem Weg durch eine Gartenbausiedlung. Das ist hier doch eher nicht die typische Durchgangsstraße? Na ja wird schon passen, das GPS geht auf jeden Fall die Richtung an. Dann kommt eine Umleitung wegen eines Stadtfestes. Die Beschilderung gibt es nur einmal. Über Nebenstraßen mit wirklich riesigen Löchern, wirklich tief und riesig! Erdstraßen und Hinterhöfen von alten zerfallenen Industrieanlagen gelange ich wieder auf die eigentliche Route. Mir wird eins klar, hier ist es absolut tödlich eine Alternativroute zu suchen. Diese Straßen eben, das sind die ukrainischen Straßen von denen ich gehört habe. Wenn die Löcher mal mit Wasser voll laufen, oh je, dann ist aus, einfach nur abgesoffen. Ich bleibe auf den Hauptstrecken, keine Sondertouren, das ist gestrichen. Hier kann mir Niemand helfen, keine Schilder mit brauchbaren Informationen, ich bin weit weg von zuhause und Niemand begleitet mich hier. Die Strecken sind zwischen einfachen landwirtschaftlichen wegen und Hinterhöfe nicht eindeutig zu unterscheiden. Ich rolle also locker flockig, nicht zu schnell über die H 10, vorbei an Dörfern Siedlungen, plötzlich läuft ein Polizist vor mir auf die Straße und stoppt mich. Der uniformierte Mensch wünscht meine Papiere zu sehen, dreht sich hin und her blättert im Fahrzeugschein herum und reicht mir dann die Dokumente wieder zu. Danach ist die BMW GS 1150 Adventure dran. Zweimal um das Bike laufen, am Koffer wackeln, den Hauptständer kritisieren warum da was unten heraussteht, das was man bewegen kann. Die BMW stand zu dem Zeitpunkt auf dem Seitenständer. Geht's eigentlich noch. Der gelangweilt wirkende Polizeibeamte sucht weiter. Er versucht etwas zu finden, sicherlich hat er so ein Motorrad noch nie gesehen. Er fragt nach der Beleuchtung. Ok, ich schalte das Licht ein. Na ja, Licht geht, nichts defekt. Blinker, Bremslicht, hey was geht auch alles?! Der Polizist kommt zu mir und meint ich würde stinken! Habe ich doch am Morgen meine Zähne geputzt, oder stinken meine Klamotten? Ok, meine Gremium Kutte ist nicht gerade die sauberste, einige hundert tote Fliegen kleben an ihr. Aber so richtig stinken, nein. Ich muss in das kleine Büro an der Straße kommen. Hier wird der Verkehr mittels einer Videokamera überwacht, man hat mich also kommen sehen. Wie eine fette Fliege rollte ich direkt in das Spinnennetz der Polizei. Der ukrainische Beamte öffnet einen Koffer und hält mir ein Alkohol- Testgerät unter die Nase. Bitte hier hineinlasen, die Kommunikation führte man in einem sehr schlechten englisch gemixt mit zwei drei deutschen Worten. Da ich keinen Tropfen Alkohol zu mir genommen habe sah ich der Prozedur entspannt entgegen. Nach meiner Atemabgabe zeigte das Gerät einen Wert von 0,20 Promille an. *„Aha, Alkohol"*, sagt der freundliche Ukrainische Beamte. Was ist los das kann nicht sein. Von den zwei Bier am Vorabend habe ich jetzt nach fast vierundzwanzig Stunden doch keine 0,20 Promille?! Man behauptet ich hätte getrunken. Der Typ in Uniform hat einen Vogel, ich protestiere. Das Röhrchen in das ich hineingeblasen hatte war schon auf dem Gerät, ist nicht aus einer sterilen Verpackung gekommen. Kein Plan wer da schon alles herum genuckelt hat. Ich erkläre lautstark dass dieses Gerät nicht in Funktion sei. Verlange dass man mir Blut abnimmt. Der freundliche Beamte weigert sich, er will mir den Führerschein für eine Woche abnehmen, hat der einen Knall! Er will mich nicht verstehen, redet stetig von *„Straffee..."* Der freundliche Ukrainische Polizist welcher immer wieder *„Straffee"* erzählt läuft zu seinem Vorgesetzten. Dieser schläft im hinteren Teil des kleinen Gebäudes, vermutlich in der Arrestzelle. Genervt kommt er hinzu. Schaut sich das Messgerät an, erzählt was von Alkohol und Straffee, ich weigere mich verlange seinen Vorgesetzten zu sprechen denn ich erkenne den Test nicht an. Ich verlange dass man mir unter ärztlicher Aufsicht Blut abnehmen solle. Plötzlich verstehen die beiden kein Wort Englisch mehr und sprechen auch kein Deutsch mehr. Nach einigen Minuten fragt mich der Vorgesetzte ob ich regelmäßig Medizin nehme. Ich ziehe mein Asthmaspray aus der Tasche und schau mir das Teil an, hat das Zeugs Alkohol. Nein das kann nicht sein, das ist ein Pulver spray. Der Oberwachtmeister des Ukrainischen Polizeipostens reist mir das Spray aus der Hand, schaut es komisch an und meint dann *„Alkohol wägen Mädizin"*. Hey was geht, der Vorgesetzte zieht ab und legt sich vermutlich wieder zum schlafen hin. Daraufhin öffnet der Polizist welcher nun am Schreibtisch sitzt eine Schublade und sagt, *„Straffee in Euro"*. Ich ziehe ein 10 € Schein aus meinem Geldbeutel, er schüttelt den Kopf. Wohl zu wenig, ich zeige Ihm eine 20€ Note und er nickt mit dem Kopf. Es segelt eine 20 € Note in die Schublade des Polizeipostens, der Beamte hat ein breites Lächeln im Gesicht und geleitet mich zur Tür. Ich darf gehen. Heidewitschka, habe ich eine stink Wut im Bauch, könnte den Typen an den Hals gehen. ACAB = All Cops Are Bastards. Da ist was dran, die Polizei ist korrupt wie Sau. Es geht weiter, kann oder darf wieder weiterfahren. Voll der Hammer. Die haben mich abgezockt. Das kotzt mich schon an, habe keine Böcke mehr auf das beschissene Land. Während der Weiterfahrt fluche ich vor mich hin und beobachte sorgfältig weitere Polizeibewegungen auf der Straße. Ich habe eine Stinkwut im Bauch. Bei der nächsten Polizeistreife welche ich am Straßenrand und an Kreuzungen sehe rechne ich sofort wieder mit einer Geldeintreibaktion der Bullen. Die Bullen sehen zwar stetig anders aus als die welche mir Geld abgeknöpft haben. Kenne aber die Abteilungen nicht, wie auch immer Achtung ist angesagt, die Schießen mich möglicher weiße noch vom Motorrad.

Ich versuche mich wieder auf das Fahren zu konzentrieren. So langsam benötige ich auch eine Unterkunft. Um mich nicht zu verfahren, wegen auf der einen Seite mangelnde Beschilderung und auf der anderen Seite wegen der

100% kyrillische Beschilderung. *(Bild: Beschilderung in Kyrillisch).* Also frage ich immer wieder an jeder Kreuzung, an jedem Kreisverkehr oder Tankstelle nach dem Weg. Ich bin bis jetzt damit gut vorangekommen, die Menschen sind freundlich so lange sie keine Uniform anhaben, also sicherheitshalber noch einmal nach dem Weg fragen wohin ich fahren muss. So langsam komme ich wieder in die Bergregionen der Karpaten.

Die Landschaft hat sich in der Zwischenzeit zu einer schönen Abwechslungsreichen Region verwandelt. Dörfer mit typischen russischen Holzhäuser, ähnlich wie man sie auch im Baltikum sieht. Immer wieder jedoch auch sieht man Häuser gemauert aus Stein. Die Kirchen mit ihren orthodoxen Kuppelstiel ragen über den kleinen Häusern in den Dörfern heraus ab und an eine Holzkirche mit Stabturm. Recht interessant. Die BMW rollt über holprige alte Straßen, zerfurcht von den kalten Winterfrösten. Meine Gedanken haben sich fast gelöst von der Polizeiaktion. Ich muss mich auf die Navigation, den Verkehr und auf die Straßenverhältnisse konzentrieren. Ich komme durch kleinere Städte, fahre in der Zwischenzeit auf der T0719. Ich finde kein Hotel, keine Unterkunft es wird so langsam spät, wild Zelten möchte ich hier nicht unbedingt. Ich traue dann den Leuten nun doch nicht mehr, vor allem der Polizei, die würden mich noch verhaften wegen Landstreicherei. Also fahre ich weiter, bis sich mir eine Gelegenheit der Übernachtung bieten wird. Es ergibt sich immer etwas. In den Orten und Städten in den Bergen wird die Beschilderung nun Zweisprachig, doch die Suche nach einer Unterkunft erweist sich schwieriger als ich zunächst dachte. Hotels finde ich kaum, wenn ich eines sehe ist es geschlossen oder ich werde abgewiesen.

Es wird Abend, immer noch habe ich keine Unterkunft gefunden. Positiv ist allerdings, ich befinde mich in einer Touristenregion. Mein Weg wird begleitet von felsigen Berghängen mit tiefen Schluchten in denen wildes Wasser tobt. Rafting wird angeboten, hier und da sieht man russische Transporter mit einem Anhänger überladen von Schlauchbooten. Hier muss es doch ein Hotel geben, ah da ist ein Hotel, wieder fahre ich ein vermeintliches Machtlager an. Ich parke die BMW auf dem Parkplatz, laufe die Treppe hoch, die Tür ist verschlossen. Ich läute an der Klingel. Eine Frau öffnet die Tür, ich frage nach einem Zimmer, sie schaut mich von oben bis unten an, sie dreht sich um und schließt die Tür vor meiner Nase. Komische Sache hier, komme ich vom Mars? Gastfreundlich geht anders. Ich fahre zweihundert Meter weiter das nächste kleine Hotel. Gleiches Spiel, man Schaut mich seltsam von oben bis unten an und ich werde abgewiesen. Na sowas, alles klar, in der Ukraine sind keine Motorradtouristen erwünscht. Hey Putin fährt in Russland auch Harley und ist Mitglied in einem Motorradclub. Na ja Russen und Ukrainer verstehen sich nicht so. Wie dem auch sei. Auf der gegenüberliegenden Straßenseite sehe ich ein Schild, das müsste ein Hotel sein. Ich fahre in den Hof, parke die BMW, erklimme die Freitreppe des Gebäudes und trete in das Haus ein. Sieht nach Hotel aus. Ich bin jedoch zum Hintereingang eingetreten. Egal, eine Tür nach der anderen mit goldenen Zahlen an den Türen, ein roter Teppich, Marmorboden, das ist ein Hotel auf jeden Fall und es ist ein nobles Hotel wie mir scheint. An der Rezeption angekommen erkundigen sich gerade zwei Männer nach freien Zimmern. Die Beiden gehen wieder. Na prima, sicherlich sind keine Zimmer mehr frei. Also, jetzt komme ich und lasse mein Sprüchlein ab. Ich erkundige mich in englischer Sprache nach einem Zimmer. Der Mensch an der Rezeption fragt mich ob ich mir das denn leisten kann? Ich gebe zur Antwort; *„Ich habe sie gefragt ob Zimmer frei sind, nicht was ein Zimmer kostet"* Mein gegenüber ist etwas verwirrt und blickt mürrisch drein. Ich bekomme zur Antwort, *„Ja wir haben frei Zimmer..."*, eine Übernachtung kostet 400 UAH (der Kopijeka), das sind umgerechnet knapp über 40 €. Ha, ein Witz für ein solches Luxushotel. Meine Antwort; *„Kann ich mit Kreditkarte zahlen?"*

Mein gegenüber bekommt ein freundliches Grinsen im Gesicht. Man oh man, plötzlich war ich König, mein Motorrad bekam ein Sonderparkplatz vor dem Haus. Der Hotelbursche schleppt meine Koffer von der BMW ins Zimmer. Man erklärt mir die Räumlichkeiten, Kaminzimmer, Kamin- Bar, Billardzimmer, Sauna, Whirlpool, Schwimmbad..., genau das was ich jetzt brauche, so gefällt mir die Ukraine wieder. Ich ziehe einige Bahnen im Pool, danach Sauna und Dampfbad, jeep, der Tag ist gerettet.

Nachstehend ist Faulenzen und Spazierengehen im Hotelpark wie auch im nahe liegenden Wald angesagt. Ich beobachte aus dem Hotelpark dass mein Motorrad der Magnet für das Hotelpersonal und diverse Hotelgäste ist. Die Leute stehen um die BMW GS herum und bestaunen das große Motorrad. Na das gebe ich mir, ich komme durch den Hotelpark über den Rasen zum Motorrad heran. Sofort werde ich als Fahrer identifiziert. Einer aus der Gruppe spricht mich auf Englisch zum Motorrad und meiner Tour an. Woher ich komme, wie viele Kilometer ich bis jetzt gefahren bin, wie lange ich unterwegs bin, wie schwer das Motorrad ist, wo ich als nächstes hin möchte. Auf alle Fragen gebe ich gerne Auskunft. Ich bin mir sicher das hier noch nicht allzu viele Biker mit solch einem Motorrad hier durchgekommen sind, schon gar nicht einer welcher mit Kutte fährt. Weiterhin fragt man mich aus über mein T- Shirt was das bedeutet, Gremium M/C und 1%er Club, das ist den Ukrainern nicht klar, sei es drum, cooles Bike, Respekt für die Reise. Ich fühle mich wohl so im Rampenlicht zu stehen, nach so einem Tag mit Polizeiwillkür baut das auf. So und jetzt lecker essen im Hotelrestaurant. Werde bedient durch einen für mich bereitgestellten Kellner, danach entspannen bei einem Glas Wein in der Kaminbar des Hauses. So stelle ich mir das Leben vor, das ist Luxus.

Ich muss an den Abschied denken und ziehe mich in mein Zimmer zurück. Es tut nicht gut möglicherweise in der Bar zu versumpfen, so wäre meine hier gesammelte Relax- Energie verpufft. Der kommende Tag bringt wieder neue und weitere Abenteuer in Osteuropa. Gute Nacht, neuer Tag ich komme.

Was soll ich sagen, super Nacht im Hotel und ein gigantisches Frühstück. Ich checke aus, der Pagenjunge bringt meine beiden Koffer zum Motorrad. Ich sattle das Bike und breche auf. Eine kleine Abschiedsdelegation des Hotelpersonals steht auf der Freitreppe und schaut mir nach wie ich die Auffahrt herunter fahre. Was soll ich sagen, gut gelaunt starte ich auf die ukrainischen Landstraßen, Karpaten ich komme. In dieser Region sind keine Touristen zu sehen ich bin der alleinige Touri hier, der dazu noch mit dem Motorrad unterwegs ist. In den kommenden Stunden stoppt mich die Polizei ab und an, man will meine Papiere sehen, winkt mich dann aber wieder weiter. Es gibt sehr viel unterschiedliche uniformierte Polizisten in der Ukraine, kann die Zuständigkeiten nicht deuten. Auch das Militär kontrolliert auf den Straßen. Die Soldaten sind einfacher im Umgang, die fragen woher ich komme wohin ich gehe, wollen nur meinen Reisepass mit dem gültigen Einreisestempel sehen. Nach ein paar Kilometern kommt der zweite Militärposten, die wussten in der Regel schon dass da einer mit dem Motorrad kommt. Man stoppt mich begutachtet die große BMW Adventure, bestaunt meist den dreißig Liter Tank und lässt mich dann wieder weiter ziehen.

Die Landschaft in der ich mich bewege ist schön, sehr natürlich. Na ja, ich muss ehrlich zugeben das ich mich vor meiner Reise zu wenig mit der Ukraine beschäftigt habe. Na ja wie auch, bei uns gab es für das Land keinen Reiseführer, wenn überhaupt, dann für die Krim. Ich fahre vorbei an klaren sauberen Gebirgsflüssen, durchquere Wälder, Dörfer mit Obst und Gemüsemärkten, vor mir knattern alte Russische Fahrzeuge, kein Bauernhof in dessen Einfahrt ein alter russischer Militärlaster steht. Irgendwie scheint hier alles alt zu sein. Zerfallene Häuser, kaputte Brücken, notdürftig zusammengeflickte Holzbrücken, die originale sind wohl zusammengebrochen, oder vom Hochwasser weggespült worden. Das Behelfsmodell ist nun vor einigen Jahren zum Normal übergegangen. Der wilde Osten eben.

(Bild: BMW auf einer Holzbrücke in der Ukraine)

Ich fahre in der Zwischenzeit in der südwestlichen Region der Ukraine, auf der H 09. Ich bewege mich immer noch in den Karpaten. Links neben mir fließt wieder einmal beschaulich der Fluss. Nach meiner Karte zu folge müsste es sich um den Fluss Tissa handeln. Sein Flussbett ist mal wild, mal gemächlich, hier und da eine Fichte nahe dem Ufer, die Wälder grenzen fast an das Flussufer. Das stetig präsente Militär lässt darauf schließen dass die Rumänische Grenze nicht weit entfernt ist, auch die Landschaft ähnelt sehr derer in Rumänien. Die Militärkontrollen sind human, doch nerven mich so langsam die stetigen gezwungenen Stopps. Die Polizeipräsens nimmt wieder zu. Fast hat es den Anschein dass in Summe etwa siebzig Prozent der Ukrainischen Bevölkerung unter Waffen stehen, entweder bei der Polizei oder beim Militär. Wer verdient das Geld? Wo werden Güter erwirtschaftet? Die wenigen Fabrikhallen an denen ich vorbei komme sind kaputt, verfallen, kein Dach, da regnet es rein. Hier wird wohl kaum wer etwas produzieren möchten. Die Landwirtschaft ist hier gerade mal ausgelegt für den Eigenbedarf und dem regionalen Handel. Was Solls ich kann die Welt hier nicht retten, nehme meine Eindrücke auf und ziehe weiter.

Mein Weg führt mich durch kleine graue in graue bröckelnde Städte welche sich am Fluss beziehungsweise an den Hängen des Tals noch oben ziehen. In den Städten und Dörfer wurden die alten sowjetischen Heldendenkmäler zu Marktflächen umgewandelt, im Übrigen verkommt der sowjetische Stern in der Ukraine sehr. Nur wenn es sich um ein Ukrainisches Denkmal, Held oder wer auch immer handelt dann weht die Blaugelbe Fahne über ein Stück geflecktem Land.

Ich komme gerade von der M 23 / Vynohradiv. Vor mir auf der Straße ein Verkehrschaos, LKW und Transporter zirkeln auf den Straßen hin und her. Hier und da parken Autos wie wild am Straßenrand, ein gehupe von an und abfahrenden Fahrzeugen, da ein Radlader, dort ein Gabelstapler, hier Menschen welche die Straße überqueren. Was ist denn hier los? Ich kann nichts deuten was diesen Menschenauflauf verursachen könnte. Zu meiner Linken sehe ich lediglich vergammelte Fabrikhallen. Zwischen den alten Gemäuern der Industrieanlagen sehe ich plötzlich eine Freifläche mit bunten Zelten und unzähligen Menschen. Es ist ein Markt, oder eher eine Messe für gebrauchte landwirtschaftliche Fahrzeuge, Baumaschinen, Autos, ... Autos? Verrostete Schrotkarren, alte Militär- Fahrzeuge, Anhänger. Hier gibt es wohl alles. Ich suche einen sicheren Platz für die BMW und mische mich unter das Volk. Ein Schlosser zeigt auf der Pritsche seines blauen Transporters seine Arbeiten. Aus Profilrohren zusammengeschweißte Türen, Tore, Fenstergitter mit eingesetzten Schmiedearbeiten, ein aufwendig bearbeitetes Brunnenhäuschen. Schöne echte Handarbeit, Schlosserarbeiten. Ich schaute mir die Sachen genau an, die Schweißnähte waren nicht perfekt auch Schweißperlen in den Ecken, kalt verformte Radien und Geschnörkel in den Toren. Ich versuche mich mit dem Schlosser zu unterhalten, nicht einfach daher breche ich die Konversation ab und tauche ab in das quirlige Marktgeschehen mit dessen skurrilen Fabrikanlagen im Hintergrund. Es gibt hier einfach alles, wirklich alles was man braucht. Neben Gebrauchsgüter für Haus und Hof, Kleidung und Lebensmittel, wirklich alles. Ein Händler bietet getrockneten Fisch auf der Motorhaube seines Ladas an. Am Stand daneben Obst und Gemüse das direkt von der LKW Ladefläche herunter verkauft wird. Es gibt Melonen, Salat- Köpfe, Tomaten. Gegenüber bietet ein Händler Möbel auf der Pritsche seines LKW an. Ein paar Schritte weiter stehe ich in der Kleiderabteilung. Das Angebot hier, Kinder-Kleidung, Schuhe, Taschen, Schulmaterial wie Hefte, dann wieder Gemüse, nun ein Händler mit Eisenwahren, Schrauben, Kugellager, Werkzeug, Fässer, es gibt hier einfach alles zu finden, ein wildes Durcheinander. Ein Mütterchen gut weit über siebzig Jahren sitzt mit ihrem Kopftuch auf einem Schemel und bietet etwas frisches Gemüse und Zwiebeln zum Verkauf an welches auf einem Tuch ausgebreitet vor ihrem Schemel auf der Erde liegt. Zwischen hunderte von Fußgänger fahren in den Händlergängen immer wieder Autos durch.

Das ist Russland, nein die Ukraine. *(Bild: Markt).*
Ich habe mich ausgiebig auf dem Markt umgesehen. An den halb zerfallenen Fabrikhallen gab es dann selbst gebrannten Wodka und Frauen. Jo, gut, zu früh für Wodka, für Frauen, nee muss nicht sein, ich zieh weiter hinaus auf die Landstraße. Fahre nun auf der T0732 und der T 0719 so gelange in nach Zarichchja.

Ab hier wechsele ich auf die H 09.
Die Landschaft wird sanfter, mit leicht ansteigenden Hügeln. Im zwischen den grünen Wiesen mit den bunten Blumen befinden sich immer wieder Flachwas-

serseen. Die Bäuerliche Region ist geprägt von Getreidefeldern, saftigen Wiesen auf denen Kühe weiden aber auch Streuobstwiesen mit Apfel- oder Birnenbäumen. Nicht ganz so prägnant wie in der badischen Ortenau, doch annähernd. Meist sind die Streuobstbäume auf den Hügeln zu finden, dort wo die großen Landmaschinen nicht ohne weiteres eingesetzt werden können. Eine ausgezeichnete Spielwiese für das Motorrad, flache Hügel an denen lang gezogene Kurven dezent aufsteigen. Eine wunderbare Region, nicht nur für das Auge auch für Zweiräder. Die Straßen bieten für Zweiräder Abwechslung an. Kurzum, die Gegend macht Spaß um am Gasgriff des Mopeds zu drehen. Schnell geht es in eine Kurve, dann ein leichter Hügel der nach der Senke in eine Gerade über geht die zum Beschleunigen geradezu einlädt. Doch Achtung, Rasante Fahrt kann gefährlich werden, gerade hier in den Landwirtschaftlichen gebieten kann schon sein das hinter der Straßenkuppe ein Traktor oder ein Pferdefuhrwerk unterwegs ist. Die kleinen Dörfer und vereinzelten Bauernhöfe ziehen gerade so an mir vorbei. Der Verkehr hier auf den Nebenstraßen ist ruhig und gemächlich, genug Zeit die Landschaft und die kurvigen Straßen zu genießen.

Mein nächstes direktes Ziel ist Mukachevo. Die Stadt ist schon seit vielen Kilometern immer wieder angeschrieben, ich folge der Beschilderung und der unterschwelligen Einladung Mukachevo einen Besuch abzustatten. Bei der Einfahrt in die Stadt fallen mir die vielen Busse auf welche sich in das Zentrum drängen. Ich folge den Busen und gelange in ein malerisches Zentrum mit alten Häusern, beschaulichen Kirchen, Kopfsteinbepflasterten Straßen und Plätzen. Die Stadt hat auffällig breite Straßen und Plätze, die Menschen so scheint es sind stetig unterwegs und laufen die Straßen auf und ab. Kaum jemand gönnt sich eine Pause zu einem Gespräch oder einem Tratsch. Jeder geht seinen Besorgungen nach. Ich tauche ein in die Geschäftsstraßen, auch hier ist Markttag, na ja so etwas ähnliches. Die Marktstände deuten eher auf das nahende neue Schuljahr, den 90% der angebotenen Ware sind Dinge für den Schulalltag; Stifte, Hefte, Schulranzen und Schultüte für den ersten Schultag. Nun doch nicht so dass was ich brauche. Die Stadt mit Ihren alten ein bis zwei Etagenhäusern und den Alleenstraßen gefällt mir sehr gut. Ich überlege ob ich noch länger in der Ukraine bleiben soll, trotz der enormen Polizeipräsenz und der Geschichte mit der korrupten Polizei und den betrügerischen Strafzettel um deren persönliche Geldbörse aufzubessern. Ich wandele durch die Stadt und erkunde auch die naheliegenden Wehrbefestigungen der Stadt. Weiterhin besichtige ich die Burg Palanok. Majestätisch thront das alte Gemäuer aus dem 14. Jahrhundert über dem Fluss Latorica auf einem 68 m hohen Hügel aus Vulkangestein. Das imposante Bauwerk wacht über die Stadt.

Noch immer bin ich mir über den weiteren Verlauf meiner Tour noch nicht sicher, so bin ich doch schon der Slowakei sehr nahe. Wie geht es weiter? Entweder in Richtung Slowakei, das sind etwa 90 km zur Grenze, oder ein Stück nach Norden um dann in westlicher Richtung in die polnische Waldkarpaten einzutauchen. Dies wäre eine Entfernung von etwa 200 km. Ein weiterer Höhepunkt dieser Tour ist die Tatra, also Richtung Slowakei. So sei es, ich fahre also von der Burg hinab, biege links ab und erst mal in nördliche Richtung. Am Stadtausgang von Mukachevo komme ich an einen etwas seltsamen Kreisverkehr, eher ein Ovalverkehr mit einigen Einmündungen aus allen Richtungen, abgesehen von der vierspurigen Ein und Ausfallstraße. Ich fahre in die Kreuzung ein, orientiere mich auf den unzähligen Schildern, ups verfahren, zurück einmal im Oval herum, aha hier komme ich geradeaus und auf die M 06 Richtung Westen. Die Beschilderung führt mich nach Uzhhorod.

In inniger Harmonie mit mir und dem Motorrad fuhr ich die Ausfallstraße M 06 in nordwestlicher Richtung. Das Wetter ist perfekt, die Sonne am Himmel gab alles, ich mit leichter Motorradbekleidung bin ich auf einer wunderbaren Alleenstraße unterwegs. Meine weiteren Pläne möchte spontan bilden, es mal wieder Richtung Westen zur Grenze der Ukraine und der Slowakei. Relativ Grenznah soll es in der Slowakei einen Campingplatz geben, so sagt es mir meine Karte. Also fahr ich das nächste Etappenziel an. Keine allzu große Strecke, ich suche den Campingplatz und lass den Tag relaxt ausklingen. Auf geht's. Ich durchfahre einen etwas sehr seltsamen Kreisverkehr oder sagen mal ein Ei, na ja eher eine Ronde? Die Verkehrssituation ist etwas verwirrend, finde aber meine gewollte Richtung. In meinen Gedanken eins mit der Natur, Straße und dem Bike fuhr ich dahin weiter über durch die schattige Alleenstraße. Im Rückspiegel sehe ich wie in der Mitte der Straße ein Polizeiwagen mit rotem Rundum- Licht und heulender Sirene wie wild sich durch den Verkehr schlängelt. Etwa auf meiner Höhe fuhr ich rechts um den verrückten Fahrer des Polizeiwagens an mir vorbei zu lassen, dieser blockt mich, bremst mich aus und drängt mich von der Straße. Hey, was geht! Die Polizei zwingt mich zu einem wilden riskanten Bremsmanöver. Die schwere BMW GS Adventure schlingerst mit blockiertem Hinterrad über den Asphalt und rutsche auf den Fahrbahnrand. Nur mit Geschick und Kraft fange ich die BMW ab und komme am abschüssigen Straßenrand zum Stehen. Ich kann das schwere Motorrad an dem losen unförmigen Straßenrand nicht auf den Ständer stellen, ich fahre hoch auf die Asphaltdecke. Auf festen Boden kann ich das Bike stabil und sicher abstellen. Wollten die mich gerade bewusst von der Straße abschießen und mich sogar bewusst umbringen? Der Ukrainische Scheriff wird nervös und brüllt mich an. Ich verstehe kein Ukrainisch, doch hier läuft was schräg, das ist mir klar. Der Bulle will mich fertig machen, warum auch immer, zuerst provoziert er einen Unfall, er wollte mich von der Straße schießen und jetzt brüllt er wie am Spieß hier rum, der will, mich fertig machen. Er rückt seine Dienstwaffe zurecht und öffnet den Sicherungsgurt der Waffe. In einem schlechten englisch verlangt er meinen Führerschein, Fahrzeugschein und Personalausweis. Die Dokumente werden kurz gesichtet und beschlagnahmt, ich soll dem Streifenwagen zum Polizeiposten folgen. Ja prima kaum hatte ich mich vom letzten Korruptionsvergehen der Polizei erholt nun kommt der nächste Hammer. Während meiner Abfertigung auf der Straße dirigierte der zweite Polizist mit seinem Schlagstock den Verkehr, hierbei wurden mittels Trillerpfeife und Schlagstock zwei scheinbar zu schnelle Autofahrer gestoppt und kurzerhand zur Schnecke gemacht. Ich musste dem Polizeiwagen folgen, es ging zurück Richtung Stadt. Neben dem diffusen Rondenverkehr bog man rechts in einen Hof ab. Die BMW musste im Hof geparkt werden. Hinter mir schloss sich eine zwei Meter hohe Stahltür, das Tor rollt langsam in die Verriegelung. Man führte mich zunächst in das erste Obergeschoss der Verkehrsleitwarte. Hier saßen etwa sechs junge Polizeibeamten und schauten sich auf mehreren Monitoren den Verkehrsfluss dieser komplizierten Kreuzung an, nebenbei noch die Einfallstraße und Ausfallstraße.

Man zeigte mir auf einem Film wie ich im Kreisverkehr herumfahre, zunächst unschlüssig, dann wiederkommend. Scheiße, die hatten einen Kicker auf mich weil ich vor ihren Kameras herumfuhr. Bei einem Videoausschnitt sieht man meine Unentschlossenheit und Spontaneität in einem. Ich fuhr in den links Abbiege streifen ein, danach entschloss ich mich spontan geradeaus zu fahren. Ja ich musste doch die Schilder lesen. Als ich in diesem Oval auf der zum Linksabbiegen markierte Stelle fuhr und dann doch gerade aus gefahren bin. In dem Moment hatte ich eine durchgezogene weiße Linie auf der Straße überfahren. Oh je nichts weiteres, niemand behindert, abgedrängt oder sonstiges. Dieses Vergehen wurde mir zur Last gelegt.

Na ja, da so ein Aufstand machen, vorhin hätten die Bullen mich fast von der Straße geschossen. Hätte ich mein Motorrad nicht im Griff, ein ungeübter Fahrer wäre gestürzt. Das war ein vorsätzlich verursachter Unfall. Na ja also ich kenne ja die Nummer bereits, eine vermeintliche Alkoholfahrt kostet mich 20 €, also kann eine Durchgezogene Linie nicht so teuer ein. Ich gestand hier einen Fehler gemacht zu haben und entschuldigte mich. Ein kleiner dicker Polizist, vermutlich der Dienstälteste und Rangoberste hier, er hat vermutlich unter Stalin hier angefangen. Der Typ tobte im Raum herum, brüllte was seine Stimme hergab. Alle Polizeibeamten im Raum jüngerer Generation waren still und schauten mich an. Mir war klar dass jetzt eine Nummer lief, die Abzocke hieß. Die machen hier Theater, die ganz große Nummer mit einem deutschen. Ich verstand kein Wort von dem was der Kleine Dicke mit seiner Schirmmütze da für Reden vom Stapel lässt. Hätte ich jetzt die Sprache sprechen können hätte ich mich der Situation möglicherweise entschärfen können. Auf Englisch oder Deutsch sprach niemand mit mir. Man packte mich links und rechts und führt mich ab. Ich wurde in den hinteren Gebäudekomplex gebracht. Man geleitete mich vorbei an den vier Zellen der Polizeistation. Bewusst ließ man mir einen Einblick in die Inneneinrichtung gewähren. Das kleine Apartment hat etwa 3,75m² diese ergeben sich aus ungefähr 1,5m Breite und etwa einer Länge von etwa 2,5 m. Die Einrichtung besteht aus einer Holzpritsche zum schlafen ohne Decke, einen Holzschemel und einen grünen Blech Eimer in der Ecke. Nach den Zellen kommt ein Raum mit Regale, oben auf lagen olivgrüne Stahlhelme. Daneben diverse Elemente für Straßensperren und Reifenkrallen. Links muss es zur Waffenkammer gehen, Stahlschränke deuten auf einen gesicherten Inhalt. Ich werde geradeaus geleitet, man bringt mich in ein Verhörzimmer. Ein kleiner Holztisch, vier eckig, drei Holzstühle, eine Lampe an der Decke, gekalkte Wände, stickige Luft und tote Fliegen an den Fensterscheiben. Der kleine cholerische Oberbulle schreit seinen Kollegen an, dieser nimmt am Tisch Platz und spricht mit mir auf dünnstem englisch den Fall durch. Aus der Schublade am Tisch holt er ein Formular hervor und beginnt mit der Befragung. Er wünscht meine Papiere zu sehen, ich erkläre Ihm dass ich meine Papiere bereits auf der Straße von einem seiner Kollegen abgenommen bekommen habe. Er läuft los schreit durch die Korridore und kommt mit meinem Reisepass, Führerschein und Fahrzeugschein zurück. Meine Personalien werden aufgenommen, meine Einreise in die Ukraine wird überprüft, mein Motorrad wird überprüft, man lässt mich warten.

Der Beamte welcher mich verhört kommt wieder, er schreibt sein Formular weiter und zeigt anhand einer Skizze mein vergehen. Das überfahren der durchgezogenen Linie und dass hier hätte ein Unfall geschehen können wenn ein weiteres Fahrzeug gekommen wäre. Dieses Vergehen kostet „Strafe". Aha, jetzt kommen wir auf den Punkt. „*Wie hoch ist denn die Strafe?*" Frage ich mein gegenüber. Er erwidert mir 2500 ukrainische Griwna (UAH). „*Was! Das sind etwa 250 €!?*" Ob ich so viel Geld hätte, nein natürlich nicht! Wir können in die Stadt fahren an einen Geldautomaten gehen und das Geld holen. Ich gebe mein gegenüber klar zu verstehen dass ich dies nicht zahlen werde. Danach zerknüllt er das Formblatt und signalisiert mir eine inoffizielle Möglichkeit. In diesem Moment kommt wieder der cholerische Wachhabende und schreit erneut durch die Gänge und in den Verhörraum, „*offiziell, nix inoffiziell*". Eine abgeklapperte Sache, die zocken mich hier ab.

Der Wachhabende deutet auf die Zellen neben an und signalisiert mir ich komme da rein bis die Summe bezahlt wurde, meine Papiere bekomme ich nicht wieder. Das Land werde ich nicht verlassen können wenn der Vorgang nicht offiziell gemeldet würde. Wie dass, das liegt doch bei denen in der Hand ob es gemeldet wird und wie es gemeldet wird? Der Oberbulle verschwindet wieder, mein Gegenüber wird nervös, ich auch. Vergiss es zahlen tu ich nicht! Ich will jemand von der deutschen Botschaft sprechen. Mein entgegengesetzt sitzende Polizist wird immer nervöser. Wieder kommt sein Vorgesetzter und schreit ihn so was von an. Ich verstehe kein Wort. Er holt den Block mit dem Formular heraus und beginnt erneut meine Personalien zu notieren und schreibt etwas auf den Bogen, dann beginnt er die Skizze erneut zu zeichnen. Ich schlage meinen korrupten Polizisten, welcher mir gegenübersitzt einen Betrag von 50 € vor. Er lehnt ab. Mein Verhörleiter lässt sich auf ein inoffizielles Arrangement jedoch ein. Er flüstert mir 100 € zu, immer noch zu viel. Ist es jetzt ein Spiel oder ist das alles echt hier? Mein nervöser korrupter Polizeibeamter zittert und schwitzt. Mir jagt eine Blitzrechnung durch meinen Kopf; zwei korrupte Polizeibeamte welche mir eine Betrunkenheitsfahrt anlasteten 20 € je Bulle 10 €. Hier auf der Wache sind es gut und gerne acht oder zehn Bullen. Dann bekommt jeder 10 € der cholerische kleine Dicke möglicherweise 20 €, ein netter Nebenverdienst mit blöden Touris. Fuck, ACAB! Ich schiebe Ihm zwei 50 € Scheine über den Tisch, sofort schnappe ich mir im Gegenzug meine Dokumente welche vor ihm auf dem Tisch liegen. Er lässt mich gehen, die Verriegelung des Verhörraums werden geöffnet. Ich schleiche durch die Gänge runter in den Hof wo meine BMW steht, Helm auf, Motor an und los. Die große Stahltür steht gerade so weit offen dass ich mit der BMW durchkomme. Extra gemacht worden oder Glück gehabt? Egal nur weg hier, bloß nicht wieder durchzogene Linien überfahren. Hey die haben mich voll abgezockt, ich kotze ab, fluche wie wild unter meinem Helm vor mich hin. Die sehen mich jetzt in ihren Kameras wie ich davon fahre, lachen sich einen ab und teilen sich dabei die Kohle auf, 100€! Welch ein Fucking Land diese Ukraine, so was braucht die Welt nicht, Europa erst recht nicht. Es wundert mich gar nicht so ein kaputtes Land und so viel Korruption.

Ich schlug mich zielstrebend zur Grenze durch, keine Sondertouren mehr, bloß weg hier. Auf der Straße M 06 und M 08 fuhr ich nach Uzhhorod. Die restlichen 60 oder 80 km welche ich in der Ukraine fahre bin ich absolut vorsichtig. Ich beachte ich jedes Verkehrsschild, nicht 1km/h zu schnell, kein Stoppschild oder Vorfahrtachten übersehen. Wehe, eine Durchgezogene Linie taucht auf, nur nicht drüber fahren. Hinter jedem Schild, jedem Bushäuschen, jedem Strauch vermute ich Polizei welche mich wieder abzocken will. Ich traue keinem, niemanden, fahre extrem vorsichtig. Auf dem Weg zur Grenze will ich tanken mit den restlichen ukrainischen Kopeken kaufe ich Benzin, zu wenig für den dreißig Liter Tank der GS Adventure. Meine Kreditkarte will hier keine Tankstelle akzeptieren. Auch das noch. Dabei ist der Sprit so günstig hier, gerade mal 1 € kostet der Liter Super. Mit Reserve fahre ich zur Grenze, hoffentlich gibt es in der Slowakei bei Vyšné Nemecké an der Straße 50 eine Tankstelle. Auf geht's Richtung Slowakei ein richtiges Europäisches Land.

Als ich der Grenze näher komme sehe ich schon die Fahrzeugschlangen auf der Straße. LKW an LKW und immer wieder auch PKWs zwischen den großen Trucks. Der Grenzstau ist enorm, ich habe den Motorradfahrerbonus und fahre nach vorne, soweit es geht. Als ich zur eigentlichen Grenzanlage komme muss ich mich in die wartenden Fahrzeugreihen eingliedern. Da stehe ich nun und warte. Meine Gedanken sind wirr, ich komme nicht zur Ruhe die Sache mit dem ukrainischen Knast und der Polizeiwillkür lässt mich nicht locker. In meinem Kopf überschlagen sich die letzten Ereignisse. Was wird passieren wenn man mich hier nicht ausreisen lassen möchte? Möglicherweise hat die

Polizei eine Meldung an die Grenzstationen abgesetzt und man erwartet einen deutschen Motorradfahrer? Vielleicht will der Polizeiposten doch die noch fehlenden 150 €? Was ist wenn die Grenzer mich auch abzocken wollen? Möglicherweise verhaften mich die Ukrainer auch gleich. Dann hilft nur noch die Deutsche Botschaft. Ich werde sehen. Nein doch abhauen, über die Grenze, wie soll ich da durch, hohe Zäune mit Stacheldraht, Panzersperren! Vergiss es, geht gar nicht, einfach abwarten, mal sehen was passiert.

Die Nachmittagssonne brennt unerträglich auf mich herab. In den letzten Stunden in Polizeigewahrsam hatte ich nichts zu trinken bekommen. Mein Körper ist dehydriert. Meine Wasserreserven neigen sich so langsam dem Ende zu. Woher bekomme ich Wasser und wie lange muss ich hier noch stehen? An der Grenze bewegt sich nichts, außer ein paar „Diplomati, Diplomati..." dann fährt ein Auto durch. Die alten Säcke im Daimler, Audi und BMW rauschen auf Ihrer extra Fahrbahn an der Zollabfertigung vorbei. Da ein Hallo ein Händeschütteln, salutieren etwas zustecken und weg sind die. Die komplette Ukraine ist korrupt, da soll mir einer was anderes sagen oder erklären. Ha, von wegen Diplomaten, das ich nicht lache.
Ich stand an der ukrainischen Grenzabfertigung und beobachtete das Verhalten der Grenzer. Bevorzugt abgearbeitet wurden Busse, Fahrzeugführer mit beladenden PKW- Anhänger aus der Slowakei welche dem Grenzer Geld im Ausweis zusteckten. Dann lief der Uniformierte Mensch die Stationen ab und stempelt selbst die Dokumente durch. Der Ablauf dauerte dann nur wenige Minuten. Dies wiederholte sich sehr oft. Der Rest der Fahrer wartete. So wie ich, immerhin konnte ich mit dem Motorrad an dem kilometerlangen Grenzstau bis nach vorne durchfahren. Also geduldete ich mich und wartete bis ich an der Reihe war und zur Abfertigung aufgerufen wurde. Ab und an versuchte ich mich vorzuschieben doch das half nichts, die Grenzer hatten alle unter Beobachtung, also warten. Hier und da versuchte ich ein Gespräch mit anderen anzufangen, doch niemand sprach englisch oder deutsch. Ein paar Gesten mit den Händen, das war alles an Konversation. Dann endlich wurde ich aufgerufen. Papiere ausfüllen, Stempel abholen, Zettel von einem Büro zum anderen weitertragen. Daten werden im Computer abgeglichen, nächste Station. Hier wartet eine typische russische Soldatenfrau. Die typisch russische Art. Eine Mamutschka in Uniform, die Fettrollen Ihres Körpers konnte die viel zu enge Uniform nicht halten und unter ihren Armen ein Ring von Schweiß. Hier

musste ich stramm stehen und den Blick geradeaus richten. Mein Bild im Reisepass wurde verglichen, danach gab es einen Stempel. Ich durfte weiter. Ach, was für eine Erleichterung, keine weitere Abzocke, kein ukrainischer Knast. Ich stieg auf die BMW, streifte meinen schwarzen Crosshelm über den Kopf und startete den Boxermotor der GS. Freudestrahlend fuhr ich weiter dieses Land endlich verlassen zu können. Als ich nach nur 50 m um die Ecke bog, bekam ich einen Schrecken. Hier ist ja der zweite Stau und dieser ist länger als eben. Die Autos standen dicht an dicht zur slowakischen Grenzabfertigung in die Europäische Union. Die Außengrenzen der EU werden gesondert gesichert, aber warum den für mich? Wieder stand ich da und konnte es nicht glauben was noch vor mir lag. Meine Grenzabfertigungsgeplagten Leidensgenossen um mich herum machten mich auf eine winkende Soldatin aufmerksam. Die Frau stand etwa 200 m bei der nächsten Verteilerzone, sagen wir es mal Einfädelspur. Ich hatte den Motorradfahrerbonus und durfte vor fahren, jetzt aber legal. Die hübsche Ukrainerin war das absolute Gegenteil der Mamutschka von gerade eben. Blondes langes Haar mit Barrett auf dem Haupt. Schlanke Figur im grün gefleckten Kampfanzug und schwarze Springerstiefel. Hm nice. Jep, ich darf weiter vor. *„Gehen sie aber nicht über los und ziehen keine 120 € ein…"* , welche mir das Land abgezockt hatte. Mein Vorankommen an der zweiten Grenzstation war jedoch bescheiden, nun stand ich wieder und wartete. Es waren nur wenige Meter vor der Zollabfertigungshalle aber ich stand und stand und stand, eine Ewigkeit. Zur Abfertigung hatten Vorrang die großen Reisebusse und die sogenannten „Diplomaten". Als ich endlich aufgerufen wurde und man mich zur Abfertigungshalle schickte, betrat ich die Halle, man wies mich einem Schalter zu. In der Reihe vor mir stand noch eine Person welche gerade mit den Zollpapieren fertig war, man konnte es am entspannten Gesichtsausdruck erkennen. Ein Lächeln befand sich im Gesicht des jungen Mannes, er durfte nun endlich die Grenze passieren. Ich trat zur Glasscheibe der Schalterkabine vor. Ich schob mein Reisepass unter der Scheibe hindurch. Der Grenzer nahm meinem Pass, er schaute etwas verdutzt auf meinen Reisepass, blätterte darin hin und her. Dann schaute er mich erneut an und Fragte; *„EU- deutsch…?"* Ich nickte mit dem Kopf. Der Grenzbeamte war recht happy, er fragte mich woher ich komme was ich in der Ukraine gemacht habe und das alles mit dem tollen Motorrad was da draußen steht. Genau. Er fragte mich ob ich zu dem Motorradtreffen in Michalovce wollte? „Nein eigentlich nicht keine Ahnung dass es ein Motorradtreffen gibt".

Er gab mir die Ausreiseanträge und schickte mich zur nächsten Station. Auch hier schob ich meine Papiere dem Beamten über den Schalter. Dieser Grenzer nun schnappte sich all meine Dokumente und verschwand in einem Zimmer. Jo, jetzt stand ich da, schaute etwas verdutzt und wartete wieder, verschiedene Zollbeamte welche im Raum standen und sich vermutlich langweilten, fragten nach meinen Papieren. *„Die hat doch der junge Grenzbeamte mit der Brille schon mitgenommen ...“* Ach so, ja dann, *„wollen sie zum Motorradtreffen in Michalovce?“ „Nein, das habe ich nicht vor“* Ganz enttäuscht lassen die Beamten mich dann hier wieder stehen. Tja seltsam, man fragt mich schon zum wiederholten Male nach dem Motorradtreffen. Das muss ja hier schon ein Highlight sein. Aber eindeutig ist die Planung der Grenzer etwas seltsam. Draußen gibt es riesen Schlangen bei der Abfertigung und hier in den Büros scheint es so als würden sich die Beamten gar langweilen. Nun denn so sei es, ich wartete. Nach über dreieinhalb Stunden des Wartens und der Dokumentenprüfung, so wie auch einer kleine Stichprobenkontrolle in meinem Gepäck auf dem Motorrad. Man betrachtete das BMW, checkte die Rahmennummer mit den Papieren, durchwühlte mein Gepäck insbesondere schüttete man die Plastiktüte mit meiner benutzten Wäsche auf dem Grenzhof aus. Der Gaskocher wurde begutachtet, der Schlafsack wurde kontrolliert, dann verging wohl dem Grenzbeamten die Lust, er hat nichts Verwerfliches gefunden, so was auch. Man drückte mir meine Papier in die Hände gab den Kollegen ein Zeichen und winkte mich weiter. Jep, es ist es endlich geschafft, ich darf in der Slowakei einreisen.

Aber wo bin ich denn eigentlich und wo will ich hin? Nach all den Stunden an der Grenze und den Erlebten auf der Polizeistation habe ich mich nicht wirklich auf die weitere Reiseetappe vorbereitet. Also gut ich muss tanken und ich brauche vermutlich als bald eine Übernachtungsmöglichkeit. Ich Orientiere mich zunächst via GPS. Wo exakt bin ich und wo geht es weiter? Ich muss nach Westen, die nächste größere Stadt ist Michalovce.
Ich fahre auf der Landstraße mit der Straßennummer fünfzig nach Krcava. Von dort aus geht es weiter über Zaluzice nach Michalovce. Die Strecke ist gut ausgebaut. Es ist eine unglaubliche Veränderung von der Ukraine in die Slowakei zu kommen. Ich fühle mich erleichtert und irgendwie sicherer. Die Häuser in den Dörfern sind gepflegt, der Rasen im Vorgarten gemäht, kleine Mauern aus Stein um das Haus überall sind Zierblumen. Die Autos entspre-

chen einem aktuellen Stand, den Menschen hier scheint es rein optisch gesehen, doch gut zu gehen. Entsprechend der Ukraine auf jeden Fall. Hier gibt es gute gepflegte Straßen, es gibt eine funktionierende Infrastruktur. Industriehallen welche nicht verfallen sind, Einkaufsmöglichkeiten, große Supermärkte, alles da. Apropos Supermarkt da war doch was? Halt, erst mal einkaufen, was zu Essen für den Abend und etwas zu trinken. Wasser für jetzt und Bier für später. Einfach großartig, gestärkt fahre ich weiter durch das grüne flache leicht hügelige Land.

Mein primäres Ziel ist es bei der nun doch schon leicht fortgeschrittenen Stunde eine Unterkunft oder eine Zeltmöglichkeit zu finden. Nach der Region und meiner Karte zu urteilen werde ich in Michalovce ein Hotel finden und am See bei Kaluza ist ein Campingplatz auf meiner Karte eingezeichnet. Mir ist nach Campen am See. Ich erreiche die Peripherie der Stadt Michalovce. Die Randzonen der Stadt sind industriell strukturiert. Die Stadt an sich weist kein allzu üppiges historisches Zentrum auf. Hier und da ein paar alte Gebäude, große breite Straßen, mit vielen kleineren Grünflächen und Rasenanlagen durchzogen. Das wohl schönste Gebäude in der Stadt ist die barocke Kirche und das Schloss mit umgebendem Park am Ufer des Flusses Laborec. Es wurde als rechteckiger Renaissance-Bau angelegt, vermutlich war es früher einmal eine Burg oder ein Kloster. Schlösser sieht man seltener hier, eher Burgen. Ich fahre etwas planlos durch die Stadt um mir einen Überblick zu verschaffen, auch schaue ich nach Hotels falls es mit dem Campen doch nichts wird. Auf den Straßen fallen mir sofort die vielen Motorradfahrer auf, überall winkt man mir zu, überall hört man dröhnende Motoren. Ach da war doch was, man fragte mich doch an der Grenze immer ob ich auf das Motorradtreffen möchte.

An den Einkaufszentren, den Bars und Cafés hängen überall Biker ab. Die meisten Abzeichen dieser Kuttenträger kenne ich nicht, eigentlich kenne ich keines dieser bunten Jacken. Soll ich auf das Treffen gehen, nach dem heutigen Tag will ich echt meine Ruhe oder soll ich mich betrinken…? Krach schepper, Schlidder. Metall kratzt auf dem Asphalt berstende Kunststoffteile fliegen durch die Luft. Vor mir fuhr eine Gruppe Biker, einer von Ihnen ist über einen Zebrastreifen geflogen. Die Zebrastreifen sind leichte Erhöhungen, in Mexico sogenannte „Bumpers". Der Fahrer mit Der Harley Davidson V-Rod stürzte und flog vorne über weg. Alle Biker stoppten sofort und helfen an der Unfallstelle. Dem Fahrer und dem Bike ist nicht viel passiert, Kratzer, kaputter Spiegel, verbogener Lenker, angeflatterte Seitendeckel der Maschine, zerrissene Jeans und er hat lediglich eine Platzwunde am Arm. Die Harley ist zu tief und mit dem Bugspoiler streifte er am Winkel dieser Zebrastreifenkuppe, ich meine diese Sprungschanze. Meine BMW GS hat reichlich Bodenfreiheit, mit meiner Shovel hätte ich auch Schwierigkeiten bekommen. So bauen nun mal Verkehrsplaner Straßen und Hindernisse für Biker. Man holt jetzt erst mal das Motorrad von der Straße und schiebt dies an den Straßenrand. Soweit alles gut und nicht wirklich schlimmes passiert. Man bedankt sich für die Unterstützung. Ist doch selbstverständlich zu helfen. Einige Biker winken mir zu grüßen mich. Ich kenn die gar nicht, möglicherweise ist mein Gremium Abzeichen hier wieder bekannt?

Ich verlasse den Unfallort, schwinge mich auf die GS und fahre weiter. Beim großen Kreisverkehr halb rechts auf die 582 Richtung Kaluza, dort muss der Campingplatz sein. Auf meinem Weg dorthin suchte halte ich Ausschau nach potentiellen Unterkünften. Es gibt ein paar kleinere Hotels, ich frage nach Zimmer, alles belegt wegen dem Motorradtreffen. Ok, das Treffen muss wohl doch was größeres sein. Ich fahre nun auf der 582 am Stausee Zemplínska šírava vorbei. Der See wurde in den 1960er Jahren angelegt und ist heute ein beliebtes Ausflugsziel, genau dort gibt es viele Hotels, Campingplätze und das Motorradtreffen. Ich mache einen kleinen Abstecher zum Partygelände des Motorradtreffens. Es liegt ja auf dem Weg. Überall Motorradfahrer, hier ist die Hölle los. Am Zugang zum Platz lässt man mich nicht rein fahren, ich muss erst Eintritt bezahlen, Was muss ich, Eintritt zahlen? Hat der einen Knall? Ich hier Motorradfahrer und Kuttenträger, ich zahl doch keinen Eintritt! Ich park mal eben die GS auf einem der Bike- Parkplätze, möchte mich mal eben kurz umschauen. Der Parkplatz ist überfüllt mit Bikes, ich schätze mal auf dem Hauptplatz vorne stehen alleine schon etwa 5000 Motorräder, mir ist es hier zu laut, unglaubliche Aktion wie auf dem Rummelplatz. Eins ist klar schlafen will ich bei dem Lärm, der hektischen Musik auf dem Partygelände nicht. Ich fahre weiter suche mir einen ruhigen Platz, diesen finde ich etwa drei Kilometer nach dem Event- Gelände direkt am See. Die Pension hat keine Zimmer mehr frei, aber auf der Wiese unten am See kann ich mein Zelt aufschlagen. Prima, dann trinke ich erst mal ein Bier auf der Terrasse der Pension und schaue auf das Wasser. Um mich herum fast nur Motorradfahrer, hier ein komischer Club aus den USA, da ein Club aus, hm..? kein Plan, hier Holländer, gut dass ich den Gremium M/C Deutschland vertrete. Jetzt chillen, der Tag hatte es in sich.

Ein paar routinierte Handgriffe meiner Person und das Zelt sind binnen wenigen Minuten aufgebaut. Jetzt noch meine Lagermatratze, mein aufblasbares Kissen, Schlafsack rein und fertig. Während des Aufbaus bin ich in Kontakt mit meinen holländischen Campingnachbarn getreten, wir hielten einen Plausch zunächst in Englisch bis sie merkten das ich deutscher bin da sagte er, Hey las uns doch auf Deutsch weiterreden das ist besser, ja gut. Sie luden mich zum Bier und zum gemeinsamen Essen ein, inklusive Eis- Dessert, ja mit dem Wohnwagen hat man eben alles dabei, erfahrene Weltenbummler, schon vor über vierzig Jahren mit dem Roller über Marokko nach Zentralafrika, cool.

Bild: Zelten auf dem Campingplatz.

Es ist Abend geworden, einige Biker verlassen den Strand und pilgerten zum Treffen, außer einer dem sein dreirädriges Motorrad, zwei Räder vorne, eins hinten am Wasser stehen lassen musste. Dieses neumodische Fahrzeug Streikte, die Elektronik, kein Plan. Eine derartige Mischung aus Auto und Motorrad ist nicht meins. Die Besitzer meinten wir sollen einen Blick darauf werfen, morgen würde es abgeholt werden, jo klar, machen wir. Es wurde so langsam spät, mit meinen niederländischen Reisebekanntschaften führte ich ein sehr interessantes Gespräch zu Reiserlebnisse aus aller Welt. Insbesondere zu meinem jüngsten speziellen Abenteuer aus der Ukraine. So und jetzt geht es zum Motorradtreffen. Da ich schon einige Biere getrunken hatte fand ich es günstiger zu laufen. Die BMW musste in den letzten Tagen schon genug arbeiten, die GS hat jetzt Pause.

An der Straße oberhalb des Sees führt ein Fußgängerweg vorbei. Die vielen Betrunkenen welche mir torkelnd und lustig Entgegenkommen zeigen mir das ich hier auf dem richtigen Weg zum Motorradtreffen bin. Auch werden die Musik und die Geräusche des Events zunehmend lauter. Als ich an dem kleinen Ort ankomme wo das Event ausgetragen wird empfängt mich eine ausgelassenen Partystimmung. In jeder Bar, in jedem zweiten Haus und in jeder Pension, ist Party angesagt. Die Menschen sitzen draußen feiern bei guter Laune, überall viel Bier und laute Musik. Links und rechts der Straße stehen Motorräder. Fast könnte man meinen ich bin im slowakischen Daytona Beach angekommen. In mitten auf der Main Road hat die slowakische Polizei eine Straßensperre aufgebaut und stoppt alles was mobil daherkommt. Die Polizei kontrolliert wirklich alles, selbst die Radfahrer werden kontrolliert. Wer zu viel getrunken hat lässt sein Fahrzeug stehen. Der Führerschein nun, der ist dann möglicherweise weg. Ich passiere die Straßensperre ohne kontrolliert zu werden. Gut das ich mir die Beine vertrete.

Am Festivalgelände des Motorradevents Zemplinska Sirava vom Intruder Club angekommen schlenderte ich zunächst über den riesigen Bike- Parkplatz. Hier ist echt alles vertreten was man sich unter motorisierten Zweirädern so vorstellen kann. Von den extremsten Umbauten, der Kategorie Chopper und Streetfighter bis hin zu den neusten und modernsten Bikes. Von der Reiseenduro zum Vollcross- Bike, dann eine alte Java, hier eine Avo und die gute alte MZ der ehemaligen DDR. An den Kennzeichen der Motorräder erkannte ich nur Fahrzeuge aus dem Osten; Slowakei, Tschechien, Ukraine, Ungarn und Polen. Die Polen begrüßten mich unbekannter weise, sahen aber meine Zugehörigkeit zum Gremium M/C. In Polen ist der Motorradclub Gremium sehr stark vertreten. Na vielleicht finde ich ja ein paar Jungs aus meinem Verein hier? Ich lies mich durch die Reihen der geparkten Motorräder gleiten.

Bild: Umgebaute Suzuki Intruder auf dem Motoradtreffen.

An jeder Ecke drehten einige Leute die Motoren der Rennmaschinen hoch, das Jaulen der Motoren schmerzte in meinen Ohren. In einer anderen Ecke des Events erwidert der nächste das hochdrehen des Motors bis hin zu dem Punkt als der Drehzahlbegrenzer einsetzt und der Motor mit einer Anzahl von Fehlzündungen das Ende seiner Leistungskurve erreicht hat. Das Knallen der Motoren ist in jeder Himmelsrichtung des Events zu hören. Vor mir bildet sich eine Menschentraube, einer der Drezahlkiller hat sein Fahrzeug so hochgedreht das die Krümmer bereits rot glühen. Dieser Pilot legt gleich noch einen Burnout obendrein. Zu Freude des Publikums. Man klatscht und kreischt, während der vom Hinterreifen sich lösende Gummi des Reifens durch die Luft geschleudert wird. Der Qualm des verbrannten Gummis wird immer dichter. Oh je das arme Bike, der Reifen hin, der Motor geschunden die Kupplung vergewaltigt, na ja nicht meine Karre. Ich ziehe weiter, verlasse den Bike – Showplatz. Ich wandle über das Gelände und verliere den Überblick. Um mich herum Bierzelte, Stände noch und noch. Wo bin ich, wo will ich hin? In der Nähe sehe ich einen kleinen Hügel welchen ich hinaufsteigen möchte um mir einen Überblick zu verschaffen. Wohw, was geht? Mein Blick führt hinweg über tausende von tobenden Leuten, auf der Hauptbühne werden gerade Preise verteilt, längste Anfahrt, ältester Biker und Miss. Wet-T-Shirt. Eine regionale Band heizt der Gemeinde mächtig ein. Links neben mir steht das große Bierzelt. Alles da wunderbar, ich bin mitten drin. Es ist dunkel, ich stolpere über gespannte Zeltschnüre auf den Campingplätzen des Partygeländes. Mein Ziel ist es ich umher zu streifen um möglicherweise Kameraden aus dem Gremium Polen zu finden, oder Clubs die ich kenne. Es ist nahezu sinnlos. Wo würden sich meine Clubkammeraden aus Polen aufhalten...? Klar da wo es Wodka gibt. Also zurück zu den Getränkestände bei der Hauptbühne und dem großen Bierzelt. So sei es, ich finde niemand vom Gremium M/C hier. Nebenbei versuche ich Kontakte zu knüpfen, man kommt ins Gespräch bei einem Bier. Üblicher Smalltalk mit geringen Sprachkenntnissen. Mit ein paar Bier gelingt der Kontakt jedoch immer. Das Übliche, woher kommst, was machst du hier? Was für ein Motorrad fährst du? So was halt. Wie immer eben wenn man auf eine Reise geht. An den Bierständen ist man recht angetan einem Deutschen zu treffen. Der dann auch noch in einem großen bekannten Motorradclub ist. Ja den Gremium M/C kennt man hier bei den Gästen. Immerhin, als ich vor einigen Jahren in Skandinavien unterwegs war und unter anderem das Polartreffen in Alta besuchte, da kannte damals niemand den Gremium M/C. Heute ist das anders, heute gibt es Chapter in Skandinavien.

Bei meinen weiteren Streifzügen über das Gelände fällt mir erst richtig auf wie riesig das Gelände hier ist und wie weitläufig. Ich bin fast der Meinung dass hier weit über zehntausend Menschen auf dem Platz sind. Die Zeltplätze haben enormes Ausmaß. Dazwischen Stände mit Getränken, da ein alter englischer Doppeldeckerbus als Bar, hier ein Grillstand, dort wieder ein Bierstand, hier ein Restaurant. In den alten Betongebäuden sind weitere Shops integriert. Neben Spielhallen mit Geldautomaten, Kicker und Flipper, einen Tattoladen, hier ein Klamottenladen, da ein Stand mit Motorradteilen, einfach unglaublich, mir gefällt es gut. Die Party rockt ab, komme wieder mit ein paar Bikern aus der Slowakei in Kontakt, wir trinken Bier im großen Bierzelt. Die Konversation ist schwierig, limitiertes Englisch, kein Deutsch und zu viele Biere. Die

Typen in meiner Runde freuen sich des Lebens, stellen mir einige Biere hin, wir prosten uns zu und „alla hep". Nun ja, wie dem auch sei, ich mache von den Jungs erstmals rechtzeitig die Biege sonst endet dieses Event doch noch recht übel für mich. Das Bier fließt einfach zu schnell und die lauwarme Sommernacht sorgt zusätzlich für eine ausgelassene Hammerstimmung auf diesem Bikerevent. Ich ziehe mich vom großen Rummel des Events auf dem Hautplatz zurück. Draußen auf den Straßen an den Bierbunden neben dem Kinderkarussell und dem Autoskooter hämmert die Musik ebenso lautstark wie auf dem Platz. Was erheblicher ist sind die Alkoholleichen. Ich entscheide mich das Event zu verlassen, noch habe ich einen einigermaßen klaren Kopf der nicht zu sehr von Alkohol vernebelt ist. Mich freut es den Tag so abschließen zu können und letztendlich nicht in einer ukrainischen Zelle verbracht zu haben. Durch die Nacht laufe ich zu meinem Zelt und schlafe den „Schlaf der Gerechten".

Am frühen Morgen wachte ich auf, den „Schlaf der Gerechten" fand ich leider nur zu Anfangs. Auf dem Zeltplatz fanden einige Sonderpartys des Bikertreffens statt. Lagerfeuer und Gitarrenmusik war ja noch ok, aber am frühen Morgen drehten auch hier die Motoren hoch. Musik aus dem Autoradio, Gegröle aus den Kehlen der Betrunkenen, Männlein wie Weiblein. Das ganze hatte zur Folge dass ich um 05:00 Uhr in der Früh wach wurde, an schlafen war nicht mehr zu denken. Ich blinzelte aus dem Zelt und schaute in die gerade aufgehende Sonne. Das hat auch was, ein paar Meter weiter stolperten die betrunkenen Krachmacher über den Platz. Der Ein oder Andere fiel auf seine Luftmatratze und schlief vor dem Zelt ein. Erst jetzt wurde es richtig ruhig, nur die Vögel übernahmen jetzt die Ansagen das der frische Tag begonnen hat.
Da ich jetzt wach bin, kann es doch los gehen, also zusammenpacken. Ein kleines Frühstück auf dem Zeltplatz, belegtes Brot und Kaffee von auf dem mitgebrachten Kocher und dann ab auf die Straße. Die „sonntägliche Ruhe" und die herrliche Morgenluft gaben mir den nötigen Antrieb.

Auf dem Bike ist es kühl heute Morgen, zwar scheint die Sonne, dennoch vor 07:00 Uhr hat diese noch nicht die Kraft um die entsprechenden wärmenden Strahlen auszusenden. Wenn man dann noch bedenkt wie kurz die Nacht war. Zwei drei Biere hatte ich ja auch intus, also Vorsicht, immer gemütlich. Von meinem Zeltplatz am See bei Michalovce führt mich mein Weg zunächst auf der 582 am See entlang in Richtung Jovsa. Von hier aus wähle ich via GPS eine nicht ganz eindeutige Nebenstraße mit dem primären Ziel Humenné. Es geht vorbei an Wiesen und durch ein Waldgebiet. Auf die umliegenden Höhenzüge sehe ich immer wieder Burgruinen, ich schaue mir eine dieser alten Bollwerke genauer an. Das Hinkommen nicht ganz einfach, die Burgruinen sind kaum für Touristen vorbereitet. Ich fahre weiter durch den Wald. Fast scheint es mir, diese Straße könnte ein Privatstraße sein. An Brücken welche eine Eisenbahnlinie überquert wird arbeiten Leute, es ist Sonntag, Hm komisch, nun ja sei's drum, auch die Ampel welche den einspurigen Verkehr regeln soll steht hinter Gitter und ist mit diversen Ketten gesichert. Wer klaut den eine Ampelanlage, ok Beleuchtung für die Kellerdisse. Ich bewege mich in der Ost Slowakei, wieder fallen mir alte Burgruinen auf, diese sind Burg Jasenov und die Burg Brekov, ich verweile nicht lange und fahre weiter, immer noch habe ich den Drive nicht raus und fahre etwas unkoordiniert in der Region hin und her. Ist die Beschilderung bescheiden oder liegt es an der kurzen Nacht? Ich orientiere mich nun nach Presov und wähle hierzu die Landstraße 18. Mein Ziel ist das Gebirge der hohen Tatra.

Ab der Stadt Presov welche das Scharoscher Bergland einläutet bin ich wieder absolut auf Kurs. Nun fahre ich durch die Šarišský Region. Das Landschaftsbild wird hügeliger, wieder fallen mir hier Burgen auf, diese Mal sind die Ruinen größer. Ich bringe in Erfahrung das die Sachsen sich hier Niederliesen, deutsche Könige bauten die Burgen und siedelten hier Menschen an. Der Landstrich war im Mittelalter nur dünn besiedelt. Durch Mongoleneinfälle war der Landstrich fast entvölkert. Der Deutsche Orden errichtete Burgen um die Wege in das osmanische Reich zu festigen so dass die Kreuzfahrer entsprechend gesichert waren und versorgt wurden.

Auf der 18 fahre ich weiter Richtung Westen, mit dem Ziel Levoča. Die Landschaft ist durchzogen von saftigen grünen Wiesen, kleinen Wäldern. Immer wieder schlängeln sich die Straßen über Hügel hinweg. Zu meiner Rechten sehe ich eine große Burganlage welche ich mir etwas genauer anschauen möchte. Ich fahre den Hügel hinauf und parke die BMW am unteren Parkplatz. Den Rest gehe ich zu Fuß. Ich bin auf der Burganlage der Ruine Spišsky hrad. Übersetzt ins Deutsche bedeutet das Zipser Burg. Diese Anlage zählt zu den größten Burganlagen in Mitteleuropa. Die Burg räumt eine Fläche von etwa bis zu 41430m² ein. Die Anlage thront auf einem 634m hohen felsigen Travertinkegel, der aus einer zwischen den umliegenden Bergen gelegenen Ebene emporragt.

Bild: Burgruine - Spišsky hrad.

Die Burganlage muss auf Grund von Funden seit der Jungsteinzeit besiedelt sein. Der Burgberg war ein Zentrum der Kelten, dies wurde vermutlich Ende des 2. Jahrhunderts zugunsten eines benachbarten Hügelzuges aufgegeben. In den späteren Jahrhunderten wurde die Anlage immer weiter ausgebaut. Ab dem Mittelalter, um das 12 Jahrhundert hielt die Anlage den Mongoleneinfällen stand. Ab dieser Bewährungsprobe wurde die Birg von Jahrhundert zu

Jahrhundert sukzessive ausgebaut. Erst zum großen Brand 1710 und später um 1780 wurde die Burg schließlich aufgegeben. Die Zeit der Burgen war vorbei. Ich erklimme die Anlage über den steilen Zugangsweg, sofort fällt mir auf dass es sich hier um eine besondere Burg handelt, nicht nur weil die ersten Busse auf den Parkplatz rollen, sondern die Ausmaße der Anlage sind einfach gewältig. Im Innenhof gibt es Museen zur Frühgeschichte um der Entstehung der Burg. Dort herrscht reges Treiben. Fast hat es den Anschein man durchschreitet beim betreten des letzten Tores zum Burghof eine Zeitschleuse in die Vergangenheit. Karren mit Stroh beladen, Feuer brennen, Schwerter klappern, Ritter laufen über den Burghof, der Schmied bearbeitet glühenden Stahl. Die Burgfräuleins geleiten den Besucher durch die Anlage und erklären deren Geschichte. Hoppla alles Fans des Mittelalters, ich bin doch in der Real World.

Nach meinem Ausflug zu mittelalterlichen Festungsanlagen fahre ich in die nahegelegene Stadt Levoča (Leutschau). Auch hier spürt man das Mittelalter, ich durchfahre die alte Stadtmauer durch eines der prächtigen Tore. Ich lenke die BMW auf den Hauptplatz mit den vielen bunten Bürgerhäusern, dem imposanten Rathaus mit den Arkaden und der beeindruckenden Kirche des Hl. Jakobus aus dem 14. Jahrhundert. Diese beherbergt einen beeindruckenden hölzernen Altar. Es gefällt mir hier so gut dass ich an einem der Cafés ein wenig in der Sonne sitze und ein Kaffee trinke.

Die Stadt Leutschau befindet sich am Nordrand des Kessels von Hornádska kotlina, am Fuße der nördlich gelegenen Leutschauer Berge. Das Städtchen wurde auf Grund seines gut erhaltenen Stadtkerns zum UNESCO Weltkulturerbe ernannt, absolut richtig. Die Besiedlung geht bis auf die Steinzeit zurück und ist eng mit den Herrschern der Burg Spišsky hrad verbunden.

Wenige Kilometer nach Levoča biege ich rechts auf die 536 ab und rolle durch den kleinen Ort Abrahamovce. Von dort aus weiter nach Lubica und bis Kezmaroh auf der 67. Noch vor Kezmaroh steuere ich die BMW auf eine Wiese neben der Straße und bewundere das vor mir liegende Gebirge, die Tatra.

Die Tatra

Tatra das kleine Hochgebirge der Slowakei. Die Hohe Tatra auf Slowakisch nennt das Gebirge„Vysoké Tatry", auf Polnisch „Tatry Wysokie". Ein Teilgebirge der Tatra, ist einer der höchsten Teile der Karpaten und gehört zu zwei Dritteln zur Slowakei und zu einem Drittel zu Polen. In beiden Ländern steht sie als Nationalpark unter besonderem Schutz und gehört zum Biosphärenreservat der UNESCO. Auf slowakischer Seite gehört die Hohe Tatra ganz überwiegend zur Region Zips. Lediglich der äußerste Südwesten gehört zur Region Liptau.

Die Hohe Tatra bietet ein Alpenähnliches Panorama mit Hochgebirgsrelief und vereinzelten Schneefeldern. Ungewöhnlich ist die Anordnung der höchsten Gipfel am (südlichen) Außenrand entgegen dem Alpenpanorama. Sie wird oft, obwohl es sich eigentlich nur um ein Teilgebirge handelt als das (flächenmäßig, keineswegs jedoch höhenmäßig) „kleinste Hochgebirge der Welt" bezeichnet. Der Hauptkamm der Hohen Tatra ist „nur" 27km lang. Das Gebirge bietet dennoch eine Fülle an Naturschönheiten und touristischen Möglichkeiten (Wanderungen, Klettertouren, Skihochtouren, Pistenstandorte, zahlreiche Kur- und Erholungsorte).

Bild: Tatra- Gebirge.

Einfach beeindruckend, dieses imposante Gebirge welches sich so enorm aus der Ebene hervorhebt. Ganz anders als die Alpen, gleichwohl gewaltig. So einzeln und frei ragt dieses Gebirge empor. Diesen Eindruck lasse ich in mitten auf der grünen Wiese neben der Straße auf mich wirken, ganz entspannt und relaxt, sitze ich auf der Wiese und schaue in die Ferne, grandios. Meine Faszination dieses Anblicks war nach einiger Zeit gesättigt, ich startete die GS und fuhr zurück zur Straße. Das kleinste Hochgebirge dieser Welt, Tatra ich komme. Auf der 76 fahre ich bis zur kleinen Ortschaft Verfka Lomnica, in diesem kleinen Ort biege ich rechts ab auf die 540 und folge der Tatranska Straße Bergwerts. Mir fallen sofort die kleinen Unterkünfte auf welche es hier gibt, kleine Hotels, größere Hotelanlagen, Golfplatz, Wintersport, Bergwanderungen, Quadtouren. Es wird einiges geboten, die Region ist absolut auf den Tourismus ausgelegt. der Anstieg zur Homy Smokovec, der Ringstraße um das Tatramasiv / 537 ist einfach. keine extremen Kurven, sanft steigt die Straße durch niedrigen Baumbewuchs an. Die Straßen an sich sind echt gut ausgebaut und weisen keine Beschädigungen auf. Oben angekommen biege ich auf die parallel des Gebirge verlaufende Straße ab. Nun folge ich einfach dieser wunderbaren Panoramastraße in dieser wunderschönen Region. Rechts von mir steigt das Gebirge auf, links von mir fällt der Blick ab auf die Ebene. Ich fahre etwa bis Kezmarské Zlaby dort parke ich das Motorrad an einem der großen Parkplätze. Von hier aus möchte ich die Region zu Fuß zu erkunden. Ein Ranger notiert die Zugänge im Nationalpark TANAP, dem Tatra-Nationalpark welcher zum UNESCO Biosphärenreservat erklärt wurde. Der Park hat eine Gesamtfläche von 113000 Hektar, diese ergibt sich aus den beiden Ländern Polen und Slowakei. Beim Zugang in den Naturpark will man wissen wie viele Leute im Park sind, sowie das Ziel der Wanderungen. Ich erkläre Ihm dass ich lediglich einen kleinen Spaziergang tätige und keine Kletterausrüstung bzw. einen Bergführer benötige.

Es ist im Übrigen möglich zum Beispiel ab Strba mit der Zahnradbahn das auf etwa 1300 Meter hohe gelegene Stbske pleso zu gelangen. Oder man läuft ganz einfach. Die Wege sind mittels Farbkennzeichnungen markiert, man soll diese nicht verlassen und auf dem ausgeschilderten Pfade bleiben. Man kann den höchsten begehbaren Bergpass der Slowakei, wie auch den höchsten Berg Polens, den Berg Rysy auf Wanderwege und Pfade ergehen. Auf etwa einer Höhe von 2500 Meter liegt die Grenze zu Polen, ohne Grenzstation, jedoch ab und an mit Ranger zu rechnen ist, kann man die Grenze ohne Passkontrolle passieren. Die höchste Erhebung der Tatra ist die *Gerlsdorfer Spitze mit* etwa 2655 Meter über Normal Null. Soweit bin ich nicht gelaufen, ich bewegte mich einige hundert Meter tiefer. Die Sonne stand hoch am Himmel und brannte erbarmungslos auf mich herab. Der Baumbestand hier ist etwas bescheiden, viel Jungwald wenig starke Schattenspender. Es gab zwei große Orkane welche die Wälder im Ostteil der Tatra stark dezimierten.

Ein Orkan hat am 19. November 2004 fast die Hälfte aller Bäume auf der slowakischen Seite der Hohen Tatra zerstört. Die Schneise der Verwüstung ist 3 Kilometer breit und 50 Kilometer lang. Man schätzt die Größe der zerstörten Fläche auf 12.000 Hektar. Durch die ungewollte „Abholzung" droht nun nach Regenfällen und Schneeschmelzen Überschwemmungen und Erdrutsche sowie in den noch nicht bereinigten bzw. geschädigten Flächen eine starke Vermehrung von Borkenkäfern. Zunächst wurden diese Orkanschäden als eine nationale Katastrophe empfunden. Nach 2006 setzte sich allmählich die Erkenntnis durch, dass dieses Ereignis auch als Chance für einen beschleunigten Umbau der Fichtenmonokulturen zu natürlichem Mischwald zu sehen ist.

Die Wälder sind somit noch jung und wachsen nach, der Westteil der Tatra ist hier noch typischer mit seinen Kiefernwäldern. Wie dem auch sei, meine kleine Wanderung wurde daher nicht übermäßig ausführlich, ich sehnte mich schon nach dem Fahrtwind auf dem Motorrad. die Region hier oben ähnelt sehr der des Schwarzwaldes, zumindest an der Ringstraße, große Hotels teilweise aus der Jahrhundertwende von 1890 bis etwa um 1910, einige auch jünger. Der Naturpark wurde in der Slowakei um 1949 gegründet, aus dieser Zeit stammen ebenso einige Ferienhäuser und Hotels. *(Bild: im Tatra- Gebirge).* In der Zwischenzeit bin ich auf der 537 in westlicher Richtung unterwegs, vorbei an Touristenorten wie derer am Strbské Pleso, was so viel bedeutet wie Tschirmer See. Vorbei an einigen Gebirgsbächen und kleineren Wasserfällen. Weiter im Westen mache ich noch einmal eine Pause um die Beine zu vertreten überall parken Autos, die Menschen wandern in den Wäldern und den Bergwanderwege der Tatra. Der Parkplatzwächter wünscht von mir das ich mit dem Bike einen Parkschein löse und das Motorrad auf ein freies feld des PKW Platzes stelle. Hey was geht? Ich kann meine GS doch hier an der Seite parken? Da passt immer noch ein gut zahlender PKW- Fahrer auf den Platz. Nein das geht nicht ich muss bezahlen. Nein dann parke ich hier nicht, sorry sehe ich als Motorradfahrer als abzocke. Einige hundert Meter tiefer halte ich unter einem Baum mit Sitzbank und Gebirgsbach an. Niemand stört es wenn mein Motorrad da an der Seite steht. Ab hier wandere ich noch einmal durch den Wald. Es ist sehr angenehm hier zu verweilen. Ich komme mir vor wie im Schwarzwald, wenn da nicht dieses Granitgebirge wäre.

Es geht weiter, so langsam verlasse ich die Hohe Tatra, immer wieder kommen mir Gruppen von Motorradfahrer entgegen, man winkt und grüßt, hey bin ich hier auf der Schwarzwaldhochstraße? Ich folge der 536 welche nun parallel des Flusses Bela bis zum Ort Liptovsky. Am Ortsanfang teilt sich die Straße am Restaurant neben den Mauerresten der Burg mache ich eine Pause und plane den weiteren Streckenverlauf in die niedere Tatra oder auch klein Tatra genannt.

Niedrige oder kleine Tatra.

Die Niedere Tatra (Nízke Tatry) ist ein Gebirgszug des geologischen Fatra-Tatra-Gebiets in den Karpaten in der Slowakei. Sie liegt südwestlich gegenüber der Hohen Tatra. Die kleine Tatra ist an den meisten Stellen dicht bewaldet, abgesehen von den höher gelegenen Arealen. Die Forstwirtschaft siedelte an der Nordseite Nadel- und auf der Südseite Mischwälder an. Die höchste Erhebung ist der Dumbier mit 2043 Meter Höhe, die Gipfel ragen von 1.500 bis 1.800 Meter aus der Waldregion empor. Die Gipfel kann man geologisch unterteilen. Der Hauptkamm und seine südlichen Seitenkämme aus kristallinem Gestein, wobei im Westen des Gebirges Granit, im Osten Gneis dominiert. Im Bereich der nördlichen Seitenkämme und Täler befindet sich ein ausgedehntes Höhlensystem, welches in Kalkstein und Dolomit der Trias liegt und von seiner geologischen Entwicklung her außerordentlich interessant ist. Zwei der Höhlen sind der Öffentlichkeit zugänglich: Die Demänovská jaskyòa

Slobody (Demänováer Tropfsteinhöhle, wörtlich: Höhle der Freiheit) und die Demänovská µadová jaskyòa (Demänováer Eishöhle). Weitere bedeutende Karsthöhlen sind die Demänovská jaskyòa Mieru (Demänováer Friedenshöhle) und die Bystrianska jaskyòa. Die kleine Tatra wird sehr stark durch die Forstwirtschaft geprägt. im Übrigen sind auch viele kleinere Wintersportareale zu finden. Dementsprechend auch viele Wintersporthotels, doch nicht zu sehr übertrieben, man passt sich der Region baulich an.

Bild: Die kleine Wald Tatra.

Die BMW steigt die Höhenzüge der kleinen Tatra empor, im Rückspiegel sehe ich wie das Felsmassiv der großen Tatra verschwindet. Die ersten Serpentinen, eine links rechts Kombination und ich tauche ein in die Nadelwälder, oben auf dem Pass angekommen ein Skilift. Wieder habe ich das Gefühl im heimischen Schwarzwald oder in den Elsässischen Vogesen unterwegs zu sein. Der Streckenverlauf ist herrlich, wenig Verkehr, ab und an mal ein LKW mit Langholz, hier und da ein paar Biker. Durch kleine beschauliche Dörfer. Die Orte sind klein, die Bevölkerungsdichte gering. Meine Tour führt mich vorbei an Bergwiesen und immer wieder Wald, Wald. und noch mehr Wald. Ich bewege mich Talwärts, an kleinen klaren Gebirgsbächen geht es hinunter ins Tal. Irgendwo stoße ich auf die 66 und folge dieser in westlicher Richtung, der Beschilderung nach bis Banska Bystrica. In dieser mittelalterlichen Stadt inklusiver Stadtburg möchte ich etwas länger bleiben. Die Stadt wurde durch den Bergbau reich. Vor allem Gold brachte den Reichtum. Die kleine überschaubare Stadt hat einige Higlights an Gebäuden zu bieten. Im Übrigen findet gerade ein Event auf dem "Platz des slowakischen Nationalaufstandes" statt.

Viel Geschichte um mich herum. Jakob Fucker von Augsburg hatte mit den ansässigen Grafen schon um 1495 ein Handelsabkommen gegründet. Ich strebe ein Handelsabkommen mit einer Kneipe an. Am Abend auf dem Platz wie auf der Dachterrasse einer Bar lässt sich der Abend wunderbar ausklingen.

Meine letzte Etappe führt mich über Zvolen und Nitra zurück nach Bratislava wo alles begann. Noch einmal quartiere ich mich im Hotel Tatra ein verbringe den Abend mit Freunden. Denisa ist ganz vernarrt darauf die Bilder auf meiner Digicam der wilden Natur zu sehen. Am Brunnen vor dem Palast der Regierung gehe ich mit Landkarten die Tour durch, ich erzähle Denisa die Geschichten und meine Erlebnisse. *"Wenn meine Kawa wieder fitt ist mache ich auch eine Tour in die Karpaten".* Klar nur los, meine zweite Tour wird sich mehr in den Süden der Karpaten wie die Rumänischen Höhenzüge der Karpaten einbinden. *"Oh, so wie Du unterwegs bist ist meine kleine Kawa nicht ausgerüstet". "Dann musst Du Dir doch eine Reiseenduro zulegen." "Ah schauen wir mal"*

Denisa und ich ziehen durch das Nachtleben von Bratislava erzählen Benzingeschichten und träumen von zukünftigen Unternehmungen mit den Bikes. Über Wien fahre ich am nächsten Tag zurück nach Deutschland / Baden-Baden und beende hiermit den Teil 1 der Karpaten Tour.

Extra Tour- Empfehlungen zu Teil 1

Slowakei.

In und um die Große Tatra und Kleine Tatra

Rundkurs um die große Tatra und kleine Tatra. Die Straßen sind in guten Zustand, alle asphaltiert. Dauer zwei Tage, Unterkünfte sind einfach auf der Strecke zu finden, Campingplätze nicht direkt auf der Route gelegen, eher im östlichen Teil der Tatra zu finden.

Ich empfehle diesen Rundkurs in Poprad zu beginnen. Die Tour führt zunächst hinauf nach Norden, über die 67 und die 77, durch Kezmarok (Campingplatz außerhalb der Stadt) bis nach Spisska Bela. Zur linken erhebt sich das Gebirge der Hohen Tatra. Ab hier folge ich der kleinen etwas holprigen Nebenstraße, dem Aufstieg zur Tatraumrundung. Von Spisska Bela geht es weiter über Lendak. An der 537 angekommen folgt man dieser und biegt dann links ab. Das Tatragebirge ist nun zur Rechten. Man folgt der „Panorama-Straße" über Strbske Pleso bis Liotovsky Hradock. Dort angekommen verlässt man nun die Hohe Tara und es geht weiter in die Region der kleinen Tatra. Ab hier fährt man über die Landstraße 18 und 72 bis nach Valaska. Hier biegt man rechts ab auf die Landstraße 66 und folgt dieser bis über Zavadka nach Hronom und zurück nach Poprad. (Rundkurs etwa 218 km).

Nordrumänien

Durch die Waldkarpaten

Wer Pisten und einfache Waldregionen mag dem wird diese kleine Rundtour gefallen. Überwiegend Schotterpisten und Erdstraßen, Enduros empfohlen, kann aber auch mit einer Straßenmaschine gefahren werden. Für den Rundkurs sollten je nach Zustand der Erdstraßen und Pisten etwa zwei bis drei Tage eingeplant werden. bei Regenfällen sind die Erdstraßen sehr schlecht zu befahren, mit Erdrutschen und versperrten Straßen ist durchaus zu rechnen. Wenn es zu kritisch werden sollte, muss möglicherweise ein Abbruch der Tour und / oder eine Umkehr bedacht werden. Dies vor Ort klären. Hierzu empfehle ich eine Auskunft bei den regional lebenden Bewohnern einzuholen. Unterkünfte sind einfacher in größeren Orten oder direkt an Hauptrouten zu bekommen. In den Bergen findet man nur teilweise Übernachtungsmöglichkeiten. In der Regel einfache Hütten, wildes Zelten jedoch möglich, Achtung Bären und Wölfe bedenken. Bei einem Bergbauern fragen ob hier auf einer Weide übernachtet werden kann. Die Menschen sagen in der Regel nicht nein. Der Zeltplatz sollte jedoch sauber wieder verlassen werden.

Ich starte diesen Rundkurs in Beclean. Ich umfahre den Nationalpark Muntii Rodbei. Auf der 17 D fährt man über Chiuza nach Salva. In Salva biegt man rechts ab und folgt weiter der 17 D über Nasaud und Rebrisoara. Wenige Kilometer hinter Rebrisoara bringt uns die Straße links weg ins Gebirge. Man folgt der Beschilderung nach Parva. Die umgebenen Quellen speisen den Fluss Rebra dessen Verlauf man in die Berge folgt. Die Straße führt weit hinein in den Nationalpark. Der Streckenverlauf geht durch den Wald und ist teilweise sehr schmal. Die Straßen sind hier schlecht, starke Regenfälle, Eis und Schnee setzen den Straßen hier enorm zu.
Unterhalb von Telciu kommt man auf die 17 C. Man folgt dieser Straße und biegt dann rechts ab. Die Beschilderung deutet den Weg nach Sacel / Borsa. Zur Rechten sieht man die Erhebungen des 2300 Meter hohen Berg Pietrosul. Die Straße windet sich über der Minenstadt Borsa den Berg hinauf. Man überquert den 1416m gelegenen Prislop- Pass. Es geht wieder hinunter in die tiefen bewaldeten Täler. Unten angekommen gelangt man über eine kleine Schotterstraße rechts ab in Richtung Sant. Nun folgt man der Beschilderung

Bistrita. Die Straße schlängelt sich durch das schmale Tal. Man fährt hier durch die Orte Sant, Rodna, Maieru bis nach Sangeroz-Bai. Die 17 D wird nun breiter, auch der Straßenbelag ist nun wieder besser. Zwischen Sangeroz-Bai und Feldru führt links eine kleine Straße nach Ilva Mica. Von Ilva Mica führt die Strecke nach Josenii-Bargaului. Ab hier kommt man auf die Landstraße 17 welche über Bistrita nach Beclean zurück führt. In der etwas größeren Stadt Bistrita findet man gute Übernachtungsmöglichkeiten, auch ein Campingplatz. (Rundkurs etwa 180 km).

Von Bistrita folgt man wieder der Landstraße 17 in Richtung Botosani. Allerdings empfehle ich nur bis Vatra Dornei. Der Streckenverlauf führt nun inmitten zweier Nationalparks hindurch. Zur Linken der Nationalpark Muntii Rodbei und zur Rechten der Nationalpark Calimani. Wir folgen der Straße welche die beiden Nationalparks geografisch trennt, eine sehr gut ausgebaute Nationalstraße. Diese verlassen wir nun um eine grandiose Motorradstrecke zu befahren. Über den Ort Cozanesti geht es nun hinein in den Naturpark Calimani. Auf dem Weg nach Ranaci fährt man an einem Campingplatz vorbei. Die Straße steigt an und windet sich in das Gebirge. Man gelangt nun in die höher gelegenen Waldregionen vor. Über Erdstraßen gelangt man nach Brosteni. Für wenige Kilometer fährt man auf der 17 B in Richtung Norden. Man verlässt die Straße zur Rechten in Richtung Ostra, Stulpicani bis nach Frasin an der N 17. Diese Straße ist ebenfalls eine geschotterte Erdstraße und führt durch den Wald. Der Weg steigt schon nach wenigen Kilometern steil an ist aber gut zu fahren. Von Frasin aus lassen sich gut einige Klöster besichtigen Unter anderem das Kloster Voronet in den Bergen. Der Rundkurs schließt mit der Rückfahrt auf der N 17 in Richtung Vatra Dornei und Bistrita ab. (Rundkurs etwa. 300 km).

Bilder Reise- Impressionen zur Tour 1

Nachfolgend Bilder - Impressionen aus dem ersten Reiseabschnitt.

Unterwegs in Österreich.

Einfahrt nach Bratislava.

Burg nahe Kosice.

Russischer Panzer aus dem II. Weltkriek - Kriegerdenkmal in der Slowakei.

Wehrkirche

Gute Piste.

Pferde auf der Straße.

Dorfstraße mit Pferdefuhrwerk im Hintergrund.

Ziehbrunnen auf dem Feld.

Straße durch den Wald.

Waldhaus.

Mann mit geschultertem Sack.

Typische regionale Hoftore mit Schnitzereien.

Unterwegs auf der Landstraße.

Die noch gut befahrbare Piste, vor dem Treffen mit dem Ranger nahe der Grenze.

In der Ukraine.

Blick von der Burg Spišsky hrad.

Im Tatra- Gebirge.

Teil 2

Vertikale Karpaten Region

Ein Jahr später, dasselbe Bike.

Die BMW GS ist am Vorabend der Reise gesattelt, alle Koffer gepackt und der Tank mit dreißig Liter Volumen ist voll. Es könnte zur Tour losgehen. Die BMW GS 1150 Adventure hat jedoch noch Pause. Zunächst geht es noch auf eine Club- Party des Gremium Chapters. Diese kleine Extratour vor der Reise unternehme ich mit der alten Harley Davidson, meiner Shovelhead.

Bild: Harley Davidson FX 1200 Bj. 1971 – Shovelhead Motor.

Am frühen darauffolgenden Morgen nach der Jubiläums Party des Gremium M/C Karlsruhe startetet ich zum zweiten Teil meiner Karpaten Tour. Am Abend vorher knüpfte ich noch einmal Kontakte zu Chaptern welche ich in Serbien und Bosnien besuchen möchte. Mit Sven vom Chapter Styria in Österreich verabredete ich mich auf der Strecke in Österreich. Ich war mir nicht sicher wann wir oder ich nach der Party in die Gänge kommen würden. Es lässt bei solchen Events gut versumpfen. Ich muss gestehen dass ich am Morgen nach der Party nicht ganz ausgeschlafen war. Die Party war doch etwas ausgelassener als ich es mir eigentlich vor einem Start zu dieser Reise wünschte. Das Wetter war durchwachsen nicht wirklich sehr sommerlich, eher wie ein Frühlingstag, graue Wolken welche sich über dem badischen Himmel formatierten. Ab und an durfte die Sonne auf Badens Landschaft schauen. Den Temperaturen entsprechend entschloss ich mich kurzfristig doch meine Winter- Motorradjacke anzuziehen, das Innenfutter der Jacke lies ich jedoch im Koffer. Und los ging es über die A 5 nach Karlsruhe, dann über die A 8 Richtung München. Langweilige monotone Autobahnkilometer lagen vor mir. Es galt einfach nur Kilometer zu machen, vorwärts zu kommen, aus diesem Grund nahm ich die Autobahn. Kurz nach dem ich Stuttgart passiert hatte begann es zu regen. Ich schlüpfte in meine Regenkleidung welche ich im Topcase der BMW ganz oben platziert hatte. Einfach schnell bereit für den Ernstfall Regen, welcher jetzt eingetroffen ist. Mit guter Motorradkleidung und dementsprechend geschützt vor dem Wetter fuhr ich weiter. Hinter München rückte ich einem Harley Fahrer immer näher auf, mit zunehmender Abstandsverringerung fällt mir auf das dieser vor mir fahrende Biker die gleichen Farben trägt wie ich. Ein Bruder meines Motorradclubs vom Chapter München auf dem Rückweg von der Party in Karlsruhe. Wir fuhren einige Kilometer zusammen bis sich unsere Wege trennten. Er ist in der Heimat angekommen meine Reise befand sich gerade am Anfang. Bei Salzburg fuhr ich in Österreich Richtung Wien. Der Regen wurde immer heftiger und die Temperaturen vielen. Es wird kälter, mein Körper fühlte sich müde an. Nässe und Kälte durchdrangen mich. Ich freute mich meiner Entscheidung zur Winterjacke, dennoch suchte ich vor Wien einen trockenen Parkplatz und fügte das Innenfutter meiner Jacke zu. Zusammen mit anderen Motorradfahrern stand ich bei St. Pöllen auf einem Parkplatz um einen Kaffeeautomaten herum Wir alle frieren und schimpften über das üble Wetter. Etwas Biker Smalltalk, trinken dabei den übelsten Automatenkaffee den ich je getrunken hatte. Der Himmel öffnete sich und gab all das Wasser wieder was sich in den grauen bis tief schwarzen Wolken gesammelt hatte. Ich versuchte die Jungs von Styria telefonisch zu kontaktieren was aber zunächst nicht so recht funktionierte. Nach einigen wiederholten Versuchen meldete sich Sven. Ich gab Ihm meine Position durch, dann sagte er zu mir. Warte noch bis der Regen nachgelassen hat, wir sind hinter Dir und kommen bei Dir durch. Ja Super, den Rest des Weges machten wir gemeinsam. Ein paar Autobahnkilometer dann über die A1 Abzweigung zur A 21 bis Alland von der A 21 ab, Tristingtal. Weiter über Ascher auf der 21 und der 16 bis Puchberg. Eine wunderbare Motorradtour durch Niederösterreich in der Staiermark. Wir fahren über sehr schöne kurvige Strecken durch bewaldete sanfte Berge. Ein Nachteil hatte das Ganze, alles war grau in grau. Wir fahren im Regen, die Wolken verschleierten die Schönheit dieser Region. Dennoch war die Tour auf den kleinen Straßen Richtung Schneeberg ausgesprochen perfekt. Eine Einstimmung zu den Karpaten.

Österreich - Steiermark

Die Steiermark ist ein Bundesland in Österreich. Landeshauptstadt ist Graz. Die Steiermark ist der Fläche nach das zweitgrößte, der Einwohnerzahl nach das viertgrößte Bundesland von Österreich. Es grenzt an Kärnten, das Land Salzburg, Oberösterreich, Niederösterreich und das Burgenland sowie im Süden an Slowenien. Die Bewohner nennen sich Steirer. Die 1180 zum Herzogtum erhobene Steiermark war bis zum Ende des Ersten Weltkrieges im Jahr 1918 ein Kronland der österreichisch-ungarischen Monarchie, diese umfasste außer dem heutigen österreichischen Bundesland auch die nun zu Slowenien gehörende Untersteiermark.

Den Abend verbrachte ich bei Freunden, Simone und Sven gaben mir Asyl für die Nacht. Es regnete ununterbrochen, die umliegenden Berge waren nicht zu sehen, schade möglicherweise wird das Wetter morgen besser. Wir sitzen zusammen und quatschen über dies und das, schön eine Reise bei Freunden starten zu können.
Der Morgen begann früh, ich bin bei einer Drehung vom Sofa gefallen. Erst mal kein Plan was los ist, warum lieg ich auf dem Boden? Ok, wo bin ich aha unter dem Wohnzimmertisch, draußen ist es hell, aber grau. Wo ist meine Uhr, 06:45 Uhr, woh. Nun denn jetzt bin ich wach. Packe mein Lager zusammen gehe ins Bad und mach mich frisch. Die Frühaufsteher des Hauses sind auch schon unterwegs. Kleines Frühstück, es regnet schon wieder oder immer noch…? Ich verabschiede mich von den beiden. Simone und Sven stehen am Hauseingang und winken mir zum Abschied zu. Ich lasse die BMW die steile Hofauffahrt hinunterrollen und entschwinde im Regen. Wieder fahre ich in der

Steiermark durch eine wunderschöne Landschaft welche sich in tief hängenden Wolken und ausgiebigen Regen versteckt. Der Weg führt mich aus den Bergen hinaus, Richtung Wien, genauer Richtung Wiener Neustadt. Meine Motorradbrille läuft an, fahre im halben Blindflug, das ist echt schlecht. Die Temperaturen im Regen sind frisch bis sehr frisch, gefühlte 10°C. Die Straßen hier sind sehr rutschig, immer wieder rutsche ich in den Kurven weg. Vorsicht ist angesagt, muss nicht nur auf mich aufpassen sondern auch auf die Andern. Ich bilde mir ein dass es auf der Autobahn Richtung Eisenstadt besser wird. Besser, weil ich schneller vorankomme und die Berge hinter mir lasse. Meine Idee ging nur halbwegs auf, von wegen besser die vorbeifahrenden LKWs wirbeln Wasserwolken auf. Ich steuere im Halbblindflug durch die Wassergischt der LKWs. Teilweise sind die Spurrinnen der Autobahn so tief das mir Aquaplaning droht, na wunderbar. Bei Eisenstadt folge ich der Beschilderung Richtung Sopron / Ungarn. Über die 84 fahre ich an Györ vorbei und es geht weiter auf der 85 und M1 bis nach Budapest. Es regnet bis Budapest. Als ich in die Stadt fahre hört es endlich auf zu regnen, Hey ich komme! Erst mal raus aus den Regenklamotten und die Stadt entdecken. Ich fahre die Straßen auf und ab von Buda nach Pest und wieder zurück. Erkunde Heldenplatz, Freiheitsbrücke, Parlamentsgebäude, das Burgviertel usw. Das Motorrad einigermaßen sicher parken ist Pflicht. Hier ist verdammt viel Polizei auf den Straßen unterwegs sicherlich Jemand sehr wichtiges in der Stadt. Ich kann es ja nicht sein warum man so viel Polizeipräsens zeigt. Ich schlendere durch die Straßen und Gassen, an der Donau entlang. Hier und da ein paar recht alte Häuser welche kurz vor dem Zerfall sind. Die Fenster zugemauert. Der Putz ist schon vor Jahren abgefallen. Der letzte Stuck hängt nur noch am Staub der Jahrzehnte und wird von den Moosflechten zusammengehalten. Andere Häuser sind wiederum wunderschön hergerichtet. Dann wieder moderne Gebäuden und restaurierte edle alte Stadtvillen. In den großen mondänen renovierten alten Kaffeehäusern spielt man am Nachmittag Jazzmusik am Flügel. Ich komme mir mit meinen Motorradklamotten hierzu nicht elegant genug vor. Daher nehme ich die Klänge der Musik und das Ambiente nur flüchtig mit. Ziehe lieber über den Buchmarkt, leider ist für mich kein Buch dabei. Ich kann kein ungarisch und es gibt keine Bücher in deutscher Sprache. Am Nachmittag kommt sogar die Sonne zum Vorschein, man habe ich ein Glück, endlich ist die Regenzeit zu ende. Zurück am Motorrad hänge ich die Regenkleidung über dem Bike erst zum trocknen aus. Während der Trocknungszeit am Bike mache ich mir erst mal ein Plan wie es weitergehen soll. Die Stadt Budapest gefällt mir, eine wirklich sehr schöne Stadt.

Bild: Das trocknen der Regenkleidung.

Budapest

Budapest ist die Hauptstadt und zugleich größte Stadt Ungarns. Mit etwas mehr als 1,8 Millionen Einwohnern ist Budapest die achtgrößte Stadt der Europäischen Union. Die Einheitsgemeinde Budapest entstand 1873 durch die Zusammenlegung der zuvor selbständigen Städte Buda (deutsch Ofen), Óbuda (Alt-Ofen) und Pest. Der Name Budapest selbst tauchte zuvor nicht auf, üblich im Sprachgebrauch war Pest-Buda. Budapest liegt an der Donau, die an dieser

Stelle das ungarische Mittelgebirge verlässt und in das ungarische Tiefland fließt. Die höchste Erhebung in Budapest ist der zu den Budaer Bergen zählende 527 Meter hohe János-Berg. Die ungarische Königsstadt hat eine bewegte Geschichte welche, von der Gründung eines römischen Militärlager an der Donau über die Belagerung und Besetzung der Osmanen, über die Verbindung der K und K Monarchie - Österreich - Ungarn bis zur Sowjetischen Besatzung nach dem zweiten Weltkrieg und dem ungarischen Volksaufstand, dem EU Beitritt in 2004 und der aktuellen Gegenwart.

Bild: Das Parlamentsgebäude von Budapest.

Genauer beschrieben ist es eigentlich das Parlamentsgebäude von Buda. Das drittgröste Parlamentsgebäude, das gröte Gebäude von Ungarn. Im Hintergrund rechts, kann man ein Stück der Kettenbrücke sehen welche die Donauufer verbindet.

(Bild: Straße bzw. Straßenbahn in Budapest).
Da ich kein Geschichtsbuch und auch kein Städteführer schreiben möchte unterlasse ich weiter Erläuterungen zu Geschichte und Sehenswertes dieser so schönen Stadt an der Donau. Budapest verlasse ich in Südöstlicher Richtung über die M5. Danach über die M4 via Pilis, und Cegled. Ab hier beginnt mein Abenteuer auf der Landstraße denn ich verlasse die Schnellstraßen. Ich suche die kleinen verwickelten Straßen, winzige Dörfer neben den Hauptstrecken. Mein Weg geleitet mich vorbei an kleinen Siedlungen und aufgereihten Häusern an den Nebenstraßen. Die Region wird zunehmend von der Landwirtschaft bestimmt. Zunächst Waldgebiet dann immer flacher werdendes Land mit großen Ackerflächen. Ich fahre über Abony und Szolnok, komme immer wieder auf noch kleinere Nebenstraßen. Immer löchriger wird der Asphalt und schmäler wird die Fahrbahn. Nach meiner Karte zu urteilen fahre ich bis Toszeg dann über Tiszajeno. Ich bin im Grasland unterwegs. Bei Martú geht es mit einer beschaulichen Fähre über den Fluss Theiß. Ich bin der einzige welcher übergesetzt wird, die beiden Männer auf der Fähre legen sofort ab. Die Strömung bringt uns und die am Stahlseil hängende Fähre über den Fluss. Sehr langsam und beschaulich geht dieser Vorgang von statten. Auf der anderen Seite angekommen wird ein kleiner Außenbordmotor dazu eingesetzt die Fähre in Anlegeposition zu bringen. Der Bug der Fähre schiebt sich die Böschung hoch. Das Boot wird verzurrt, ich kann die Fähre fahrend verlassen, die BMW fährt die steile Uferböschung hinauf und verschwindet in den Uferwäldern. Weiter geht es über extrem schmale Straßen welche stark ausgefahren sind. Achtung bei Gegenverkehr muss eine geeignete Lücke zum Ausweichen im Schilf gesucht werden. Vorsicht ist angesagt, das Schilf ist extrem hoch und die kleine Straße windet sich durch das hohe Gras, Gegenverkehr ist erst spät zu erkennen. Weiter orientiere ich mich über die vorhandene Beschilderung nach Mezöhek. Von dort aus geht es via Mezötúr auf der 46 nach Békés und weiter bis ich über die 47 nach Békéscsaba komme.

Bild: Auf der Fähre.

Hier übernachte ich im einzigen geöffneten Hotel der Stadt. Békéscsaba ist ein sehr kleines Städtchen, überaus überschaubar. Am Abend fast wie ausgestorben. Ich schlendere durch die Stadt, schnell habe ich alle Ecken abgelaufen. Ein typisches ungarisches Dorf, wenn die Autos aus der Gegenwart nicht wären könnte man meinen eine Zeitreise gemacht zu haben. Am Stadtrand bauen fahrende Leute ihr Lager auf. Auch der Rummel / Fahrgeschäfte werden an einer nahen Wiese am Stadtrand aufgebaut. Den Abend verbringe ich im Hotel bei lecker Essen, ein großes Bier, oder waren es auch zwei? Ich studiere mein Kartenmaterial und erstelle mein Roadbook für die nächste Etappe am darauffolgenden Tag. Am nächsten Morgen werde ich die nahe liegende rumänische Grenze erreichen. Den Karpaten komme ich immer näher, Rumänien ich komme.

Über Gyula auf der 44 geht es weiter nach Osten zur nahegelegenen rumänischen Grenze, welche ich bei Gyulavari übertreten werde. Die Grenzkontrollen sind beschaulich, überwiegend Schwerlastverkehr welcher von Rumänien nach Ungarn will. Ich werde kurz kontrolliert, Reisepass, man schaut mir in die Augen, wirft ein staunenden Blick auf das Motorrad und dem deutschen Kennzeichen, bekomme in Rumänien einen Stempel in den Reisepass, dann winkt man mich durch.

Vorbei an einer LKW Warteschlange fährt die BMW GS nun auf rumänischen Boden. Meine erste Aktion hier wird sein eine Tankstelle zu suchen und die ist auch schon sichtbar. Der Kraftstoff ist etwas günstiger als in Ungarn. Auch hier das gleiche Bild LKW an LKW werden betankt. Zwei Frauen welche an der Tankstelle als Personal fungieren wirken mit Ihrem Blaumann und den Mützen wie aus einer seit langem vergangenen Zeit. Irgendwie ist es ja auch so in Osteuropa, ein Zeitsprung in die Vergangenheit. Mit vollem Tank gleite ich gemütlich über die Landstraße. Vor mir taucht ein Pferdefuhrwerk auf, ich setze zum Überholen an, der Kutscher winkt mir lächelnd zu. Ich drehe am Gasgriff und brause durch die Landschaft. Das Motorrad rollt über die 79 A, in mitten einer Ebenen, Felder, Wiesen mit Schafherden, mit weidenden Kühe und Pferden welche über Weiten der Wiesen galoppieren. Am Wegrand einen mit Schilf und Weiden gebauter Unterstand des Schafhirten. In der Ferne ragen bläulich die Karpatenberge empor. Mein Tagesziel, oder besser gesagt mein Tourenspielwiese ist in greifbarer Nähe gerückt. Noch ragen die Berge bläulich am Horizont auf, mit jedem Kilometer und jeder Kurve, jedem kleinen Hügel komme ich den Karpaten näher. Ich bleibe auf der 79 A bis Chisineu Cris, danach weiter bis Värfurile. Ich wechsle auf der 76 bis Brad, ab hier geht es auf der 74 in das schmale Tal hinein Richtung Barza / Criscior. In Brad fällt mir sofort ein imposantes Gebäude auf, ein paar Schrottautos stehen davor, eine Straße mit Kopfsteinpflaster führt dorthin. Ich fahre über den Hof, es handelt sich um einen Bahnhof. Ein wirklich imposantes Gebäude, ein historischer Bahnhof, etwa gebaut um 1880. Ich will vom Bike absteigen und das Gebäude näher zu erkunden, es schein verlassen zu sein, das Haupttor steht offen. Ups, schon kommen mir uniformierte Polizisten entgegen und positionieren sich an den Türen, die Hand am Pistolenhalfter. Hoppla, der Bahnhof ist doch nicht verlassen, scheint wohl ein wichtiger Posten zu sein. Mir scheint es, als sei meine Erkundung hier nicht erwünscht. ich ziehe schnell weiter und blicke nicht mehr zurück. Ein wirklich schöner Bahnhof, ohne Züge mit verrosteten und zugewachsenen Bahnanlagen.

Nun, ich widme mich lieber der Tour zu, als ärger mit der regionalen Ortspolizei zu bekommen. Es gibt schöneres, zum Beispiel den ersten rumänischen

Gebirgspass mit der GS zu erklimmen. Mein Weg führt mich in das Bihor-Gebirge. Dieser Gebirgszug befindet sich an der Westgrenze von Siebenbürgen und ist ein Bestandteil des Apuseni- Gebirge. Das Apuseni- Gebirge erreicht Gipfelhöhen von etwa 1100 bis 1800 Meter Höhe. Damit bildet es den nördlichen Abschnitt der westrumänischen Karpaten in Rumänien. Das in sich alleine stehende Gebirge ist mit einer Hügellandschaft im Norden wie auch im Süden mit dem vertikalen- Karpatenbogen verbunden. Ich steige auf der Straße mit der Nummer 74 langsam dem hellen Kalksteingebirge entgegen, dem Varful Vulcan. Der Straßenbelag ist übel, aufgeplatzter Asphalt und immer wieder lose Steine auf der Straße. Langsam fahre ich die Kehren hinauf, die Strecke ist echt tückisch. Nicht nur die Straße an sich hat es in sich, auch das was sich auf der Straße alles ereignet. Hinter einer Kurve trotten eine Herde Rinder gemächlich von den Hängen herunter um zu dem unten im Tal fliesenden Fluss zu gelangen. Eine der großen Vierbeiner stellt sich direkt auf die Fahrbahn, die anderen Rinder ziehen gemächlich ihres Weges, zur Wasserstelle wo reichlich frisches Gras zu finden ist. Ich warte bis die Straße wieder frei ist mache ein Bild der Blockade-Kuh, diese schaut mich kauend an bevor sie schließlich die Straße wieder frei gibt. Hm, ist doch was dran mit der BMW und der Gunnikuh?

Ich komme auf dieser Straße nur sehr langsam voran. Der Straßenbelag ist teilweise vom Winter so aufgeplatzt, dass tiefe Löcher entstanden sind. Der Kies und grobe Steine aus der Unterschicht des Straßenaufbaus liegen offen da und das über einige Kilometer am Aufstieg hinweg. Es ist uneingeschränkte Vorsicht angebracht. Schon schlagen die Steine an den unteren Motorschutz und dem Schutzblech am Hauptständer, es prasselt regelrecht. Ein Stein schlägt mir an den Fuß, kurz zucke ich zusammen und reduziere noch einmal die Geschwindigkeit. Ein weiterer Stein, etwa die Größe eines Tennisballs verklemmt sich zwischen Seitenständer und Schaltgabel. Mit dem linken Fuß kratze ich unten an der Schaltgabel herum, der Fremdling fällt ab, ich kann mich wieder zu einhundert Prozent auf den Streckenverlauf konzentrieren. Weiter oben werden die Kurven enger, Serpentinen schrauben sich Bergwerts, in den Kehren liegt Sand welcher von den letzten Regenfällen die Straße hinunter gespült wurde. Allerdings ist der Straßenbelag am oberen Drittel deutlich besser geworden. Die Passhöhe (Pasul Buces ~ 750 m) ist bald erreicht. Mein Blick öffnet sich auf Rinderweiden, dort ein Bauernhof, ein paar Scheunen und Unterstände für das Vieh. Kurz nach der Passhöhe wird die Straße schmaler und der Abstieg führt durch den Wald nach Abrud und weiter das Tal hinunter bis Zlatna. Bei Alba-Iulia öffnet sich das Tal in einer Ebene und ich wechsle rechter Hand auf die 1 bis Sebes.

Die Stadt Sebes mit Ihren etwa 30000 Einwohnern liegt im sogenannten Unterwald auf einer Ebene im südlichen Teil der Region von Alba. In der Nähe der Mündung des gleichnamigen Flusses Sebes, welcher hier in die Mures mündet. Ab Sebes folge ich dem Flusslauf parallel der 67 C in die Berge. Ich folge der Transalpina, die DN 67 C, man nennt sie auch die Königs Straße. Grund der Namensgebung liegt darin dass die Straße von König Carol II (Hohenzollern Abstammung, Regentschaft von 1930 – 1940) erbaut wurde und in Zeiten des 2. Weltkriegs von deutschen Truppen fertig gestellt wurde. Das Interesse lag hier an den Erdölvorkommen in Rumänien sowie auch den Goldvorkommen in den Bergen.
Ein hölzernes Tor signalisiert mir den Beginn der Region Sugag, der Einstieg in das Höhengebiet der Karpaten. Zunächst führt mich die Transalpina, die 67 C über eine gut ausgebaute kurvige Straße. Mir kommen hier zum ersten Mal mehrere Motorradgruppen entgegen, das bevorzugte Bike ist hier eine Enduro oder eine Reiseenduro. Perfekt, ich spüre dass mein Spaßfaktor beim Motorradfahren ansteigt. Eine Kurve jagt die andere, tief liegt die BMW GS in den Kurven. Das vor mir liegende Tal wird schmaler, der Anstieg steiler. Felswände ragen links und rechts vor mir auf. Zur Linken steil abfallender Fels in den unten tief rauschenden Fluss. Zur Rechten fast senkrecht aufragender heller Fels welcher im Sonnenlicht ein behaglich, fast freundlich wirkendes Euphorie verstreut. Ein Gefühl der Harmonie das in mir wächst, Spaßfaktor pur auf zwei Rädern. Die tiefen Schluchten mit den Felsformationen wirken imposant und anmutig zugleich. Keine überfüllte Straße, keine Löcher im Asphalt, Kurve an Kurve inmitten einer wunderbaren Landschaft. Ab und an überhole ich nun große Lastkraftwagen welche Kies und Beton transportieren, ein Zeichen dass an der Straße gebaut wird. Durch dichte Tannenwälder schraubt sich die Transalpina immer weiter den Berg hinauf. Hinter einer Kurve wechselt urplötzlich ohne eine Vorwarnung der Straßenbelag, vom sauberen Asphalt in eine Schotterpiste. Rums, ohne Vorwarnung fahre ich mit der schweren BMW voll in ein Loch. Der Straßenübergang ist abrupt, fest umklammere ich den Lenker um den Stoß abzufangen. Vom Asphalt zur Piste gibt es einen sehr

stark abfallenden Höhenunterschied, dieser ist gut und gerne etwa einen halben Meter. Sofort drossle ich die Geschwindigkeit und komme dabei auf die Gegenüberliegende Fahrbahn da ich im Geradeauslauf die BMW auf dem losen Kies nicht sicher abbremsen kann. Der Fahrbahnabsatz inklusiven Belag wechselt inmitten einer Kurve. Über die Schotterpiste fahre ich mit Bedacht weiter. Zu meiner Linken sehe ich eine Staumauer, dahinter ein angestauter See. Erst mal Pause um den noch tief in mir sitzenden Schock zu verdauen. Auf einen Sturz oder einen Unfall will ich hier oben verzichten. Wer will mir hier auch helfen, ich bin alleine unterwegs.

Einige Kilometer weiter wird die Straße noch einmal enger, dann sogar Einspurig durch einen Baustellenbereich. Ich fahre über eine Erdstraße, rechts werden Leitungen verlegt. Vor mir sehe ich eine Staubwolke, ein moderner Stadtgeländewagen kommt mir auf der Straße entgegen. Der Fahrer hält ohne abzubremsen auf der einspurigen Strecke auf mich Kurs. Verdammt was macht der wo soll ich ausweichen? Ich versuche die BMW auf den losen Steinen und Sand auf Kurs zu halten. Die ausgefahrenen Spuren dieser Piste machen es mir nicht leicht, ich suche unbeirrt meinen Weg. Der Geländewagen ist nun nur noch wenige Meter vor mir. Wer gibt nach? Wenn ich anhalte könnte ich in die rechts neben mir tief abfallende Baugrube abrutschen, links geht es steil ab in den See. Nur mit wenigen Millimeter Platz zwischen den Spiegel und den Koffern der BMW passiere ich den Geländewagen. Woh, das war knapp. Die ausgefahrene Piste lässt mir keine stabile Fahrt zu, ich drehe am Gasgriff um aus der Randzone der Piste herauszukommen. Jetzt prasseln Steine von meinem Hinterrad herausgeschleudert auf die Heckklappe des Geländewagens. Der Fahrer des Geländewagens stoppt, haben wir uns gestreift? Bin mir nicht sicher um sicheren Halt zu finden fahre ich weiter. Hinter der nächsten Kurve unter einem Felsmassiv halte ich an und schaue mir dabei mein Motorrad genauer an. Spiegel ist noch fest, am Koffer sind keine Kratzer oder Lack vom Geländewagen zu sehen, alles gut. Man so ein Irrer, der Typ hat vier Räder ich nur zwei, was denkt der sich?!

Ich mache eine kleine Pause, schaue über den See, mein Blick läuft über den in der Sonne blau - golden glänzenden See, ferner über die weitläufigen Waldflächen, Tannenwälder so weit das Auge reicht. Ein alter Toyota Geländewagen reißt mich aus meiner Beobachtungsphase, Steine prasseln und ich stehe in einer Staubwolke. Mein Blick fällt auf einen Mann mit Hut der just in dem Moment als der Toyota über die Piste bretterte den Daumen hob. Er blickte der

Staubwolke des Geländewagens hinterher dann zu mir herüber. Ich verstehe, ein langer Fußweg sicherlich schon hinter sich und ein weiterer langer Fußmarsch stehen ihm noch bevor. Ich frage Ihn ob ich Ihn ein Stück auf dem Motorrad des Weges mitnehmen soll, dabei deute auf das Motorrad, er nickt mir zu. In Afrika hatte ich ab und an trampende Kinder welche auf dem Heimweg von der Schule waren mitgenommen, nun ein Mann aus den Rumänischen Bergen. Er ist sich nicht sicher wie er auf die BMW aufsteigen soll, versucht es zunächst wie beim aufsetzen auf ein Pferd, ich kann die BMW so nicht halten und beginne zu kippen. Stopp, so nicht. Ich erkläre Ihm wie man auf ein Motorrad aufsteigt. Es klappt. Auf geht's, ich signalisiere meinem Mitfahrer dass er seinen Hut festhalten soll. Ich spüre dass mein Sozius sich nicht wohl fühlt auf dem Motorrad, er ist unruhig. Nicht gut auf der Piste einen wackeligen Sozius zu haben. Mit der Zeit wird es besser.

Bild: Tramper nach dem Ritt auf der BMW.

Die Straße führt durch den Wald, der Straßenbelag wechselt immer wieder zwischen Asphalt, Piste und Sandstraße. Die Steine prasseln unter dem Reifen weg, immer wieder komme ich ins Schlingern. war es eine gute Entscheidung den Tramper mitzunehmen? Mein Mitfahrer hält mit einer Hand seinen Hut fest damit er diesen nicht verliert. Immer wieder schaut er mir über die Schultern und beobachtet die Fahrt. Geniest er auch den Ritt auf der GS? Ich bin mir nicht sicher. Schauen wir mal wie es weitergehen wird. Die Straße wechselt zu einer Baustelle, grober Kies, das Fahren mit Gepäck und Sozius ist nicht einfach. Wir fahren einige Kilometer so über die Höhenzüge und dann wieder durch den Wald. Irgendwann, an einer Weggabelung klopft mein Sozius auf meine Schulter, er will absteigen. Wir verabschieden uns, sichtlich erleichtert stehet er mit beiden Beinen auf der Erde, ich frage ob ich ein Bild machen darf. Mit stolzer Brust, ein sanftes Lächeln und geschultertem Rucksack posiert er neben meiner BMW.

Der Straßenbelag ist nun wieder neu, noch einmal steigt die Transalpina an. Der Weg führt mich in erster Linie immer noch durch Wälder, dann komme ich zur Passhöhe, nun windet sich die Straße in Serpentinen das Tal hinab. Menschen kommen mir zu Fuß entgegen, die ersten Behausungen am Straßenrand werden sichtbar. Wieder fahre ich auf einer Schotterpiste, vermutlich das letzte Teilstück welches noch nicht instandgesetzt wurde. Eine hellgraue Staubwolke ziehe ich hinter mir her, zu meiner Linken fließt ein kleiner wilder Bach. Als ich während der Fahrt in den Bachlauf schaue, fällt mein Blick auf eine Gruppe Motorradfahrer. Einer winkt mir zu. Ich wende das Motorrad und fahre zu Ihnen rüber. Um zu der Motorradgruppe zu gelangen muss ich eine kleine schmale Brücke über einen Bach überqueren. Einige Felsbrocken versperren den Weg, meine GS ist hinten zu breit, ein Koffer droht am Fels zu streifen. Die Biker winken mich ein, links der offene Bach und rechts einen Zentimeter Luft vom Koffer zum Fels, es passt, ich drehe am Gasgriff und habe die schmale Brücke überwunden. Ich bin umringt von den Motorradfahreren, man begrüßt mich herzlich und reicht mir einen kleinen Becher Schnaps. Ich stehe auf einem Campingplatz. Ich bin am Ende der 76 C angekommen, in einem Ort mit etwa vier bis fünf Häuser inklusive Steinbruch für die Straßeninstandhaltung in den Bergen. Der Ort nennt sich Obärsia Lotrului. Die Gruppe aus Tschechien hat sich hier in den kleinen Holzhütten für die Nacht einquartiert. Überwiegend fährt man BMW GS, eine KTM Adventure und eine

Suzuki DR - Big, doch die BMW GS Modelle dominieren auf dem Platz. Wir kommen sofort ins Gespräch, mir ist klar hier bleibe ich für die anstehende Nacht. Ich melde mich an der Rezeption auf der anderen Straßenseite an und wünsche ein kleines Holzhaus in der Nachbarschaft der anderen Motorradfahrer. Eine größere Gruppe von Offroad- Fahrer ist ebenfalls im Camp, die Fahrzeuge haben deutsche Nummernschilder, alles Münchner Kennzeichen. Man beobachtet mich, mit meiner Jacke, dem Rückenabzeichen des Gremium M/C wie auch die Symbole mit dem Siderocker meiner Heimatstadt. Ich spüre die Blicke und das Flüstern. *„Ein Rocker...".*

Bild: Holzhäuser auf dem Campingplatz.

Die tschechischen Kollegen sitzen zu Tisch und winken mir zu dass ich bei Ihnen Platz nehme, aber gerne doch. Erst mal ein Bier, das muss sein. Wir stoßen zusammen an. *„Prost",* wir reden und lachen. Was für eine gesellige

Runde. Man empfiehlt mir das Schnitzel mit Kartoffel oder Pommes, es sei riesen groß. *„Ok, gut, woher wisst ihr das, seid Ihr schon mal hier gewesen, ja auch im letzten Jahr, aber wir hatten es gerade gegessen"*. *„Hey du isst doch gerade die Suppe?"* *„Ja das ist Rumänien, die Vorspeise kommt zum Schluss"* Die ganze Mannschaft verfällt in ein herzhaftes lachen, wir haben einen enormen Spaß. Etwas später treffen weitere Motorradfahrer ein. Auch diese zwei Biker kommen aus der Tschechischen Republik. Man fährt ebenfalls BMW GS, und noch zwei Biker aus Tschechien kommen hinzu, ich bin der einzige deutsche am Tisch, aber alle sind wir Biker mit den gleichen Interessen, Motorradfahren. Die Kneipe schließt so langsam, jeder nimmt noch einmal seinen persönlichen Biervorrat aus der Küche und wir ziehen rüber zu unserem Nachtlager, nun kommt der ausgelassene Teil. Benzingespräche, Erfahrungen mit der BMW und anderen Bikes, Touren, Fernreisegeschichten, Erlebnisse. Einer der Gruppe flickt mit Nadel und Faden seine geschundenen Hosen. Erneut wird der selbst gebrannte und hochprozentige Schnaps gereicht. Die Flasche dreht Runde um Runde, hm der Sliguvice ist echt lecker. Eine Männerrunde wie sie nicht schöner sein kann. Zu später Stunde finden ein paar Geländewagenfahrer zu uns herüber. *„Ach du kommst aus Baden-Baden?"* *Ja steht auf meiner Kutte".* *„Ist das deine BMW, mit dem BAD- Kennzeichen, ja".* *„Ich habe einmal in Baden-Baden gewohnt".* *„Was, echt"?* *„Ja vor ein paar Jahren".* Zwei Baden-Badener in den Karpaten, das gibt es ja fast gar nicht. Auch einer der tschechischen Biker hat eine Verbindung nach Baden-Baden, er kaufte dort einen Oldtimer, seinen Austin-Martin. Witzig wie klein doch die Welt ist, das bei einer so kleinen Stadt wie Baden-Baden.

Jeder schöne Abend findet einmal ein Ende, bei uns wurde es früh, es beginnt gerade zu regnen, doch einfach genial schön, nach so einigen Einsamen Abenden. Am frühen Morgen herrscht schon Aufbruchsstimmung. Ich vernehme in meiner Holzhütte Stimmen und das Geklapper von Geschirr. Als ich die Tür meiner kleinen Holzbehausung öffne sind meine direkten Nachbarn noch am schlafen, doch auf der anderen Seite herrscht Betriebsamkeit. Ich werde von der allgemeinen Aufbruchsstimmung angesteckt, ich räume das Nachtlager und packe ebenfalls mein Motorrad. Waschen und Zähneputzen am Bach, booh ist das Wasser kalt. Wir frühstücken gemeinsam, auch die Geländewagentruppe sitzt an der großen Tafel und bespricht die Tagestour. Nun allgemeine Verabschiedung, dann brummen die Motoren der Bikes. Schön war es hier. Wir winken uns zu und los geht's. Ich fahre in die entgegengesetzte Richtung, auf der 7 A Richtung Brezoi. Meine Biker Bekannten gehen Richtung Ungarn an den Plattensee. Ich fahre ein paar Kilometer auf der 7 A in Richtung Osten, neben mir windet sich ein klarer Gebirgsfluss parallel zur Straße. Der Asphalt wird wieder einmal schlechter und ist vom Winterfrost extrem aufgeplatzt, loser Kies und tiefe Löcher welche mit Wasser gefüllt sind dominieren nun die Straße. Wieder ist enorme Vorsicht angesagt, mein Vorderrad könnte in eines der Löcher eintauchen und ich würde einen Abflug vom Bike machen. Teilweise fahre ich wieder im stehen um so einen besseren Vorausblick zu bekommen. An einer Abzweigung biege ich links in den Wald ab, ich erkunde die Richtung wie auch die allgemeine Wegemöglichkeiten und orientiere mich zunächst am Fluss. Auf meiner Karte vergleiche ich die geografische Darstellung von Bergen und Fluss. Ebenso einem See welcher bald auf meinen jetzigen Weg in Sichtweite kommen müsste. Ich bewege mich auf einer kleinen Parallelstraße im Wald. Ich bediene mich jetzt der Orientierung mittels Kompass. Ich umfahre den Stausee „Lacul Vidra" auf Waldpisten. Die ersten Kreuzungen und Abzweigungen sind durch forstwirtschaftliche Fahrzeuge enorm ausgefahren.

Bild: Abzweigung auf Parallelstraßen im Wald.

Über teilweise sehr schlammige, ausgefahrene und matschige Wege suche ich mir die optimale Fahrspur. Wenn der Weg nicht zu schlammig ist, dann liegen lose Steine auf dem Weg. Bei Steigungen holpert die GS über die lose Steine hinweg. Ich muss den Fluss durchqueren, die Furt ist ausgefahren. Halte mich an den Spuren der vorausgegangenen Fahrzeuge. Sicherlich hatten die durch ihre vier Räder einen besseren halt als ich. Das Wasser ist nicht sonderlich tief, zum Glück hatte es in der letzten Nacht nicht zu sehr geregnet. Wieder holpert die BMW über grobe Steine, auf der anderen Seite fahre ich die Uferböschung hinauf und stehe an einer Weggabelung. Ich entschließe mich dem Fluss zu folgen und fahre rechts ab. Der Fluss müsste laut meiner Karte dann in den Stausee münden. Der Weg ist nun schmaler aber festgefahren, ich komme nun gut voran. Die morgendlichen Sonnenstrahlen fallen durch den Wald. Ich fahre meist im stehen um die Schlaglöcher oder andere Hindernisse sofort sehen zu können. Unbeirrt folgt das Motorrad den Erdstraßen welche vom Forstbetrieb so enorm ausgefahrenen sind, ich fahre schneller. Zu meiner rechten sehe ich nun das Wasser des Sees welches in der Morgensonne silbern durch die Bäume glitzert. Vor mir rennt ein Hase aus dem Wald kommend auf den Weg. Er hoppelt vor mir her, dann rechts in den Wald hinunter, Hasenjagd.

Durch das rütteln auf den Waldpisten löst sich meine Schlafmatte. Ich verliere die Matte welche ich zu einer Rolle gebunden hatte und an der Reling des Topcase befestigt war. Ich spüre noch wie ich im Stehen fahre und die Rolle gegen meine Beine schlägt und abfällt. Glück gehabt das ich das noch bemerke und hier nichts von meinem Reiseequipment ungewollt im Wald zurücklasse. Erneut verzurre ich meine Schlafrolle und setze den Weg fort. Die Erdstraße ist nun gut zu befahren, in meinem Gedanken bin ich bei mir und im Wald. Die Monotonie des Waldes nimmt mich ein. Ich fahre dahin und genieße diese Extratour. Ich nehme Kurve um Kurve. Plötzlich kommt mir ein Fahrzeug entgegen. Ein alter Lada Niva Geländewagen kommt mir in der Kurve entgegen. Der Fahrer des Ladas zuckt zusammen und bremst, ich ebenfalls. Keiner von uns hat mit Gegenverkehr gerechnet. Nichts passiert, alles gut. Nach einigen Kilometern komme ich wieder auf die Hauptstraße der 7 A in Richtung Voineasa.

Die Strecke ist hier wieder sehr gut ausgebaut, sehr kurvig und es macht Spaß wieder eine breite und gut befestigte Fahrbahn unter den Rädern zu haben. Die Kurven auf der neuen Straße reize ich voll aus. Der Wald rauscht links und rechts an mir vorbei. Der Duft der Wälder, die klare Luft, die angenehmen

Sonnenstrahlen in der Höhe der Berge. Hin und wieder begegne ich einigen Forstarbeiter, diese ziehen mit ihren schweren Holzrücke- Maschinen große Stämme aus dem Wald. Die Baumstämme werden mittels Kran auf die am Straßenrand bereitstehenden LKW verladen. Die Wälder werden für neue Skiliftbetriebe gerodet, eine neue Liftanlage nach der anderen entsteht hier oben. Schade eigentlich dass man die Region so für den Massentourismus im Winter vorbereitet. Es sind die letzten großen zusammenhängenden Waldgebiete in Europa.

Bild: Holzwirtschaft mit schweren Forstmaschinen.

Ich gelange nun in die Region des Parcul Nationalpark Cozia, durchfahre die Lotru Berge. Bei Brezoi steuere ich das Motorrad auf die 7. Ah, eine Tankstelle zu meiner linken Hand an der Kreuzung 7 A und 7. Ich fahre über auf das Tankstellengelände, oh hier an der Tankstelle gibt es auch Übernachtungsmöglichkeiten. Ich bin wieder auf einer Hauptstraße, es gibt reichlich Hotels, Restaurants und Tankstellen. Die 7 ist auch gleich die Europastraße E 81. Ich nutze natürlich die Gelegenheit und fülle meine Treibstoffvorräte wieder einmal auf. Der 30 Liter Tank war ziemlich leer, ich bin sehr froh so einen großen Tank zu haben. Andererseits diesen Tank auf der Strecke immer wieder füllen zu können.

Zunächst folge ich dem Fluss Olt, Flussabwärts. Nur wenige Kilometer bis zum kleinen Ort Racovita. Die Europastraße ist mir zu belebt, zu viele LKW, zu viele nervige Autofahrer. Es zieht mich in die kleinen Dörfer, das unbekannte, nicht stark frequentierte Hinterland, die echten Landstraßen eben. Ab hier geht es wieder über die kleinen von mir bevorzugten Nebenstraßen. Die nächste Abzweigung ist mein neues Abenteuer Landstraße. Als ich einige hundert Meter des Weges fuhr, so war ich mir gar nicht mehr sicher ob dies eine Straße zum Kieswerk ist, oder ein Landwirtschaftlicher Weg? Ich fahr einfach mal weiter. Vorbei an Feldern und Streuobstwiesen kann ich ein kleines Dorf sehen. Also es geht weiter, hoffentlich ist es keine Sackgasse oder irgendeine kleine Parallelstraße. Ah hier eine Beschilderung am Straßenrand, na ja die Beschilderung ist etwas abenteuerlich. Sofern etwas auf den Schildern noch lesbar ist. Sicherheitshalber schreibe ich die Nummer der Straßen in mein Tagebuch auf. Ich komme durch einige Dörfer ohne Namen, zumindest ist nichts angeschrieben. Ich bewege mich auf der 783. Der Straßenbelag ist neu und riecht noch nach Teer. In dem größeren Ort Titestiauf wechsle ich auf die 703 P. Bauarbeiter liegen auf den Wiesen und machen Pause, es wird hier wohl gerade die erste Asphaltdecke aufgetragen welche diese Dorfstraße jemals gesehen hat. Nach ein paar Metern gutem frischem Teer fahre ich wieder auf Pisten. Hier oben in den

Bergen wird gerade ein Markt aufgebaut *(Bild: Markt an der Dorfstraße)*. Ich stelle die BMW ab. Männer und Frauen sitzen am zentralen Platz des Dorfes

inklusiver Bushaltestelle. Die Menschen stehen auf der Straße und sprechen Lautstark miteinander. Vermutlich wird der neuste Klatsch verbreitet. Die Marktfrauen lachen und winken mich herbei. *„Willkommen auf dem China Markt"*
Ich sehe mich um, überwiegend unnützes Zeugs, zumindest aus meinem Blickwinkel. Angeboten werden Schuhe, Handtaschen, Sonnenbrillen, Socken, Hemden T-.Shirts, Jeans und vor allem Kinderkleidung. Ich setze mich auf die Bank der Bushaltestelle beobachte das Treiben und studiere meine Landkarte. Nach einigen Minuten verabschiede ich mich von den Dorfbewohnern und

ziehe weiter. Ich folge dem rostigen Hinweisschild nach Sibiu. Die Dorfstraße geht steil den bergauf. Lose Steine und tiefe Rinnen der Regenfälle machen den Anstieg nicht leicht. Ich beschleunige um den Berg mit mehr Schwung hinauf zu fahren oder zu rasen? Steine Prasseln hinter mir weg. Über Pisten fahre ich über diverse Berghänge hinweg. Bauern bewirtschaften die Felder oder schauen nach dem Vieh. Enten, Gänse, Hühner, Schweine, Kühe, Pferde, alles ist hier oben auf den Straßen unterwegs, alles nur keine Motorbetriebene Fahrzeuge. Die Piste ist anstrengend, nicht einfach hier zu fahren, stetig den Blick auf den Weg und die Hindernissen gerichtet.

(Bild: Bäuerin auf der Dorfstraße). Eine Frau kommt mir mit geschulterter Hacke entgegen. Zunächst schaut sie mich etwas neugierig, befremdet an, dann ein Lächeln und ein Gruß zum Tage. Wieder fahre ich durch ein Dorf das vermutlich noch nie ein Motorradfahrer gesehen hat. So kommt es mir vor, die Menschen schauen mich an als käme ich vom Mond. Mir fallen die Blicke der Bauern auf welche auf den Feldern mit der Sense das Gras der Weiden abmähen. Sie beladen die Pferdewagen mit dem frisch gemähten Gras, Winterfutter für die Tiere.

Die Piste zieht sich das Tal hinab, die Straße ist extrem schlecht, ich muss wieder einmal extrem aufpassen. Selbst die Brücken welche ich überquere haben keine betonierte oder asphaltierte Fläche, einfache Holzbrücken. Ich komme in ein kleines Dorf mit bunten Häusern, Greblesti. Ab hier ist im Zentrum des Dorfes die Hauptstraße wieder asphaltiert. Ich fahre das Tal hinunter und gelange bei Gäimenti Mici wieder auf die 7, die Hauptstraße. Diese Tour war alles andere als eine Abkürzung, ein Umweg in das Hinterland. Ja klar das wollte ich so, jedoch schön und einzigartig. Noch einmal hier und da ein kleine Pause in den Bergen, am Wasser und dann wieder weiter. Es geht nun über die 105 B bis Avrig. Ab hier etwa 25 km auf der 1 Richtung Brasov, vorbei an

der ein oder anderen Burg, dann bei Parcul rechts ab auf die 7 C der berühmten Transfagarasan. Eine Straße welche als Muss für Rumänienreisende sein sollte, aber nicht jeder kommt durch. Die Straße ist nur wenige Monate im Sommer geöffnet, Motorradfahrer haben bessere Chancen den Pass zu überqueren. *(Bild: Auffahrt zur Transfagarasan)*.

Siebenbürgen oder auch Transsilvanien, das Land der Burgen, Berge, Vampire, letzteres eher weniger. Wörtlich übersetzt bedeutet Transsilvanien oder Transilvania in etwa „Gebiet jenseits der Wälder". Jenseits der Wälder gibt es Berge, hohe Berge, wie zum Beispiel die Fagaras. Das Făgăraș-Gebirge, auch benannt unter dem Namen Fogarascher Gebirge liegt in der Gebirgsgruppe der Südkarpaten in Rumänien. Es wird von der Transfogaraschen Hochstraße durchzogen. Der Gebirgskamm hat eine Länge von etwa 70km und eine Breite von 40km. Innerhalb des Gebirges liegt westlich von Kronstadt der Berg Moldoveanu. Dieser ist mit 2544m die höchste Erhebung des Gebirges wie auch ganz Rumäniens. In dieses Gebirge führt eine reizvolle Strecke welche ich hier allen Motorradfahrer unbedingt empfehlen möchte, die Transfagarasan.

Die Drumul Transfăgărăşan, in deutscher Sprache; die Transfogarascher Hochstraße. Diese spektakuläre Straße überquert als hochalpine Gebirgsstraße des Făgăraş-Gebirges in den Transsilvanischen Alpen. Sie verläuft in einer Süd-Nord- oder Nord-Süd- Ausrichtung und verbindet das Argeş-Tal in der großen Walachei mit dem Olt-Tal. Nur zur Information und Orientierung, ich befinde mich immer noch in der Region in Siebenbürgen / Transsilvanien. Diese Verbindungsstraße ist die höchstgelegene Nationalstraße Rumäniens, sie ist Bestandteil der 152 Kilometer langen Nationalstraße DN 7C auch kurz Drum Naţional 7C genannt. Höchst gelegener Punkt der Straße ist der 2042m hohe Bâlea-Pass. Der Pasul Bâlea ist der höchste asphaltierte Punkt im rumänischen Straßennetz. Dies ist auch eine der höchst gelegenen Straßen in den Karpaten ohnehin. Es kommt hinzu die so genannten Transalpina mit einer maximalen Höhe von Pasul Urdele bei einer relativen Gesamthöhe der Straße von etwa 2.145 Meter über Normal-Null.

Die Transfogarascher Hochstraße wurde im Auftrag des kommunistischen Diktators und Staatspräsidenten Nicolae Ceauşescu gebaut. Die Straße hatte wohl neben einem touristischen Nutzen auch einen militärischen Zweck zu erfüllen. Es sollte durch diese Straßenverbindung, welche das Hochgebirge durchquert, eine schnelle Truppenbewegung ermöglicht werden. Nach einer viereinhalb jähriger Bauzeit wurde die Straße am 20. September 1974 final eröffnet. Am Bau beteiligt waren unter anderem Soldaten der rumänischen Armee wie auch Bergleute für den Tunnelbau und Felsbewegungen. Weiterhin waren Straßenbauarbeiter und Bautechniker an diesem Projekt beschäftigt.

Man berichtete dass der Bau dieser Straße zahlreiche Menschenleben forderte. Zur Feier des 35. Jahrestags wurde von offizieller Seite eine Zahl von 40 Todesopfern erwähnt. Dagegen wurde von Zeitzeugen die Zahl von 400 Toten am Bau genannt. Diese Zahlen sind nicht belegt und bieten Raum für Spekulationen. Meine Datenquelle hierzu ist das World-Wide Web, genauer stammen die Infos aus Wikipedia.

Die Transfogarasche Hochstraße ist nur vier Monate im Jahr befahrbar. Dies ist in etwa im Zeitraum von Juli bis Oktober, je nach Witterungsbedingungen und Schneelage. In der übrigen Zeit ist die Straße unpassierbar. Maximal für

Fußgänger, Radfahrer und Motorradfahrer welche um die nicht geräumten Geröllmassen oder den Schneebergen, sowie durch das Schutztor, mit schmalen separatem Tor des Tunnels zu kommen durchaus möglich ist. Achtung ein Gespann passt nicht durch die kleine Tür der Tunnelschutzwand.

Der auf der Passhöhe gelegene Bâlea-See kann während der bestehenden Wintersperre nur von Norden her und zwar vom Bâlea-Wasserfall aus per Seilbahn oder zu Fuß (u.a. Kletternd - Wandernd) erreicht werden.

(Bild: Auf dem Fels, eine Burg von Vlad Dracul). Im Süden beginnt die Nationalstraße DN 7C in der Gemeinde Bascov im Kreis Argeș. Es sind etwa sieben Kilometer nordwestlich der Stadt Pitești, wo sie von ihrer Stammstrecke, der Verbindungsstraße DN 7, abzweigt. Über Curtea de Argeș führt die Straße weiter nach Arefu, hier befinden wir uns ebenfalls im Gemeindegebiet von Argeș. Nach etwa 61 Kilometern der eigentliche Transfogarascher Hochstraße folgend beginnt hier das Hochalpine Specktakel für Biker. Von Arefu aus führt die DN 7C durch das Dorf Căpățânenii

Ungureni und erreicht anschließend. nach ungefähr zwei Kilometer die Burgruine Poenari. Diese Burg liegt etwa 200 Meter oberhalb der Straße. Es handelt sich um eine ehemalige Festung von Vlad III. Dräculea. Viele sprechen bei dieser Burg um eine der echten Dracula Burgen. Eine, weil Vlad Dracula mehrere Burgen bauen ließ. Diese jedoch hat noch die alte Form und wurde nicht von Burg zu Schlossumbauten betroffen. Kurz darauf überquert die Straße eine Staumauer des Vidraru- Stausees, an dessen Ostufer die Straße auf den nächsten 18 Kilometern weiter nach Norden verläuft und sich dann in die Niederungen ergibt.

Dracula als eine Roman-Figur von Bram Stocker aus dem Jahre 1897. Hier wird eine Blutsaugende Person beschrieben, ein sogenannter Vampir.
Auszug aus der Zusammenfassung der Romangeschichte: *Der Londoner Rechtsanwalt Jonathan Harker reist auf Wunsch des Grafen Dracula nach Siebenbürgen, da dieser zuvor in London ein Haus erworben hatte und nun den Kauf und die bevorstehende Überfahrt durch seinen Anwalt abklären lassen möchte. Auf der Hinfahrt bemerkt Harker einige für ihn wunderliche Dinge und eine Anwohnerin übergibt Harker einen Rosenkranz, um ihn zu schützen. In Bistritz nimmt er eine Postkutsche und an einem Pass wird er von einem Kutscher abgeholt und zum Wohnsitz des Grafen begleitet. Die ersten Tage verlaufen ruhig, doch Harker wird gebeten, einige Räume nicht zu betreten, er verspricht, sich daran zu halten. Er bemerkt, dass der Graf kein Spiegelbild hat und einen gierigen Gesichtsausdruck beim Anblick von Blut bekommt, als er sich bei der Rasur schneidet. Bald wird der Graf dem jungen Engländer unheimlich, schon allein seine äußerliche Erscheinung ist seltsam: lange, sehr weiße, spitze Zähne und auffällig rote Lippen.*
Harker darf das Schloss nicht verlassen und wird des Nachts Zeuge, wie Dracula eine Wand herabklettert, als sei er eine Eidechse. Außerdem wird er gewarnt, er dürfe in keinem anderen Zimmer einschlafen, als in seinem eigenen. Eines Tages betritt er ein neues Zimmer, schläft ein und wird von drei sehr hübschen jungen Frauen entdeckt, die wie der Graf ungewöhnlich rote Lippen und spitze, leuchtende Zähne haben. Harker stellt sich schlafend und wird von einer der Frauen fast gebissen, doch Dracula erscheint plötzlich und hält die Frau davon ab. Der Graf lässt erkennen, dass er den jungen Harker für sich haben will, und wirft den Damen einen Sack mit einem darin gefangenen wimmernden Kind vor, auf das sie sich hungrig stürzen. ...

Der echte Dracula.

Vlad III., alias Draculea, er ist um 1431 geboren, wahrscheinlich in Schäßburg (Sighișoara), gestorben ist der „Graf" etwa um die Jahreswende 1476 zu 1477 bei Bukarest. Er war um 1448 und oder vermutlich um bis 1456–1462 und 1476 Woiwode des Fürstentums Walachei. (So genau gab es keine Zahlen und Fakten zu recherchieren). Gemäß der These, die unter Historikern die größte Akzeptanz gefunden hat, leitet sich sein Beiname – *Drăculea*, zu Deutsch „Der Sohn des Drachen" vom lateinischen draco was so viel wie „Drache" bedeutet ab. Dieses wiederum leitet sich von der Mitgliedschaft seines Vaters Vlad II. Dracul im Drachenorden des Sigismunds von Luxemburg ab. Der Drache wurde auch im Woiwodensiegel geführt. Dieser Beiname wurde bisweilen auch als „Sohn des Teufels" verstanden, da das rumänische Wort *„drac"* auch als Teufel bezeichnet wird.

Seine historische Bekanntheit erlangte Vlad III. zum einen durch seinen Widerstand gegen das Osmanische Reich und dessen Expansion auf dem Balkan, und zum anderen wegen seiner Vorliebe für Hinrichtungen durch Pfählung, weswegen ihm postum ein weiterer Beiname *Țepeș* erbrachte. Dies bedeutet übersetzt „Der Pfähler".

Aus dieser historischen Überlieferung schaffte Bram Stocker die Roman-Figur Dracula. Das Pfählen, die Abgeschiedenheit der Region, mögliche nicht historisch bestätigten Vorlieben Vlads des dritten, schufen ein besonderes nun weltweit bekanntes Fantasiebild von Dracula. Der blutsüchtige Vampir mit den langen Eckzähnen, welcher mit dem Symbol des christlichen Kreuzes, Knoblauch und dem Tageslicht nicht sonderlich frohlockend zugänglich ist. Dazu dann noch das es sich ein Vampir durch Pfählen töten lässt, mitten durch das Herz wohlgemerkt.

Hollywood hat dies in unzähligen Filmen dargestellt. Der erste und bis heute bekannteste Film ist wohl der britische Horrorfilm von 1958 mit Christopher Lee als Graf und Peter Cushing als sein Widersacher Van Helsing. Dieser Film basiert auf den Romangesichten von Bram Stocker.

Es folgen unzählige weitere Vampir- Filme, neben Comics und Billigproduktionen ist so ziemlich alles dabei. Einer der letzten großen Romanverfilmungen ist der Film „Twighlight Saga" des Autors Stephenie Meyer, Erstverfilmung in den USA in 2009, weitere Filme folgen. In den Hauptrollen der neusten bzw. Aktuellsten Verfilmungen sind; Kristen Stewart als Isabella "Bella"

Swan, Robert Pattinson als Edward Cullen und Taylor Lautner als Jacob Black.

Doch nun wieder zurück zur Motorradtour durch eine der landschaftlichen genialsten Regionen, oder Straßenzügen Rumäniens. Vom Nordende des Vidraru- Stausee beginnt die Straße im Capra-Tal zunächst sanft, später kurvenreich und steil ansteigend. Auf einer Höhe von 2042 Meter über dem Normal Null unterquert die Transfogarascher Hochstraße den Gebirgskamm der Karpaten in einem 887 Meter langen Tunnel, mit den Balkonüberhängen hat der Tunnel eine Länge von fast einem Kilometer. Damit wird der höchste Punkt der Strecke passiert. Einige Kilometer weiter unten im Tal erreicht man nach der Nord-Süd- Durchquerung des Tunnels den Bâlea-See, ein Gletschersee, an dem die Bâlea-Hütte (*Cabana Bâlea Lac*) liegt.

Ab dem Bâlea-See windet sich die Straße teilweise sehr steil in vielen Serpentinen hinunter in die Niederungen Siebenbürgens. An dieser Stelle wird die Transfogarascher Hochstraße auch als „Straße in die Wolken" bezeichnet, weil sie im Bâlea- Tal in die gelegentlich über Siebenbürgen hängenden Wolken zu führen scheint. Nach dem Passieren der beiden Felsdurchbrüche Poarta Geniştilor (*Tor der Pioniere*) und Poarta Întâlnirii (*Tor der Begegnung*) erreicht die Straße die Pension Bâlea Cascada am Bâlea- Wasserfall, etwa 1234 Meter über NN. Mit Erreichen der Ortschaft Cârţişoara im Kreis Sibiu und weiteren vier Kilometern endet die Transfogarascher Hochstraße nach ungefähren 90 km an der Einmündung in die Nationalstraße DN 1 im Norden. Dieser Streckenabschnitt ist an den Straßen als Europastraße „E" gekennzeichnet. So die E 68 als DN 1 und die DN 7C im Süden bei Pitesti, in die 7 (E 81) oder dann auch in die 73 (E 574) mündet.

Doch nach so viel grober Beschreibung zu Ort, Lage und Bau der Strecke, Nummerierung der Straßen wieder zurück zu den Impressionen und Empfindungen beim Fahren mit dem Motorrad auf dieser Traumstraße.

Bei der Zufahrt zur Passstraße signalisiert das Schild unten im Tal freie Zufahrt, lediglich ein Einbahnverkehr wird an einem zusätzlichen Schild kurz angedeutet. Für mich steht eines fest, egal was kommen mag, ich versuche die BMW über den Pass beziehungsweise durch den Tunnel auf die andere Seite der Berge zu steuern. Auf geht's, Attacke. Ich bewege mich Richtung Berge zunächst durch die Ebene, entlang an Feldern und unter einer Alleenstraße hindurch. Von der Ferne kann ich die Gipfel der Făgăraş Berge deutlich sehen. Die Gipfel sind mit weißen Schneeflecken fast greifbar in meiner fokussierenden Front deutlich zu sehen. Etwas bedrohlich schieben sich immer wieder Wolken vor die Gipfel. Das Wetter macht mir Sorge, hoffentlich fahre ich in kein Unwetter. Unwillkürlich drehe ich am Gasgriff und die GS schraubt sich dem Gipfel entgegen. Weiter immer weiter nach oben. Die Straße windet sich in die Berge hinein, mir kommen zwei Sattelzüge entgegen. Ich frage mich wo die LKW herkommen, vom Pass etwa? Möglicherweise mussten die LKWs wenden oder die Fahrer hatten eine andere Abladestelle? Was Solls, mit dem Motorrad werde ich schon durchkommen. Mir fällt auf das mir kein Fahrzeug entgegen kommt, seltsam. Alleine folge ich der Landstraße Bergwärts.

Wenn sich die Wolken lichten kann ich die Schneebedecken Gipfel sehen, schön und respektvoll zu gleich. Nach kurzer Zeit schieben sich auch schon wieder Wolken vor die Gipfel und der Blick wird mir verwehrt. Schon nach wenigen Kilometern ist es ohnehin nicht mehr möglich den Gipfel zu sehen, die Straße windet sich nun in einem immer enger werdenden Tal nach oben. *(Bild: Auf der Passstraße).* Immer wieder mache ich mir Gedanken was mich da oben erwarten wird. Schlechtes Wetter. Schnee und eisbedeckten Straßen? Möglicherweise komme ich mit der schweren BMW nicht durch den Schnee? Ich werde es sehen und konzentriere mich

auf die Straße mit ihren immer engeren Kurven und steilen Kehren. Die letzten Häuser auf der rechten Seite, dann eine Haarnadelkurve nach links und auf geht es in die dicht bewaldeten Hänge der Făgăraş Berge hinauf. Immer steiler steigt der Weg an, die Kurven werden immer enger, teilweise muss ich die Kehren im ersten Gang einfahren. Weit kann man nun schon über die Nadelbäume in die Ebene blicken, zur Rechten der steil aufragende blanke Fels. Die Kehren immer noch sehr eng, rechts neben der Straße ein einsam stehendes Felsgebilde, als würde es mahnend den Finger heben und den Menschen den Respekt der Natur mahnungsvoll mit erhobenem Finger zeigen. Hinter der Linkskurve liegen große Felsbrocken sowie unzählige Steine und Erde auf der Straße. Die linke Fahrbahn ist komplett mit Geröll versperrt, langsam taste ich mich um die Hindernisse herum. Immer wieder liegt Geröll auf der Fahrbahn welches der Berg von sich gibt. Als wolle der Berg damit ausdrücken das es ihm nicht recht ist das hier eine Straße gebaut wurde. Immer wieder umfahre ich langsam die auf der Straße liegenden Barrieren. Meine Gedanken sind nun immer auf Sicherheit ausgerichtet. Hoffentlich komme ich hier mit dem Motorrad gut durch. Ein nachfolgender PKW hat da schon seine Schwierigkeiten, ich sehe noch im Rückspiegel wie Fahrer und Beifahrer Handanlegen müssen um die Fahrbahn passieren zu können. Nach einigen Metern ist die Fahrbahn wieder frei und ich kann etwas zügiger weiterfahren. Immer weiter und weiter windet sich die mir vorliegende Straße in den Fels hinein. Manchmal ist es mir nicht möglich den Verlauf der Straße zu deuten, es geht einfach nur höher und höher. Steil und majestätisch ragt nun der Berg vor mir auf. Wasserfälle stürzen in die Tiefe, Schneefelder hier und da, einfach eine grandiose Naturdarbietung. Die Enge des Tals der Anstieg in den Berg, die Haarnadelkehren, das alles erinnert mich sehr stark an die Trollstigen in Norwegen, nur ein vielfaches wilder. An manchen Stellen ist der Berg abgerutscht, ein Stück der Straße fehlt gänzlich, nur einspurig kann man diese Lücken in den Straßen passieren. Vorsichtig taste ich mich an dieser Engstelle vorbei, nur loser Sand und Steine geben eine Passage nach ober frei. Nun genieße ich die grandiose Weitsicht, ich parke die BMW GS an einer sicheren, stabilen Stelle. Gerademal so das andere Fahrzeuge ohne Probleme an mir vorbeikommen können. Ich setze mich auf einen Felsen und schaue in die Ferne. Ein BMW Fahrer mit einer gelben GS 1200 Stoppt neben mir. Ein kurzes Hallo und er beginnt von dieser Strecke zu schwärmen, ein Kollege von Ihm Stoppt ebenfalls. Auch er fährt eine BMW GS 1200 Adventure. Wir unterhalten uns auf Englisch. Die zwei

134

Motorradfahrer kommen aus Griechenland, die beiden reden unentwegt von der Schönheit dieser Motorradstrecke. Die zwei griechischen Motorradfahrer sind so von der Landschaft fasziniert, vor allem der Fahrer der gelben GS ist ohne Luft zu holen nur am reden. Auch ich bin fasziniert, allerdings versuche ich dieses Erlebnis mehr durch meine Eindrücke und die Blicke in die Natur in mich aufzunehmen. Nun läuft unser Gesprächsthema auf die Motorräder hinaus, wir reden vom Bikern, den BMWs, der Technik, meinem Motorradclub, dem Gremium M/C, von dem einstigen Gremium- Chapter in Griechenland – Thessaloniki. Dann wieder über die Strecke und wohin die Reise geht. Benzingespräche eben unter Motorradfahrern. In der Zeit als wir am Straßenrand stehen fahren viele Motorradfahrer an uns vorbei, zum ersten Mal sehe ich in Rumänien Motorradfahrer in größeren Reisegruppen. Jorges, der Pilot der gelben GS macht von mir und meiner GS ein paar Bilder, dann verabschieden wir uns und wir ziehen unsere Wege. Die beiden Talwärts ich weiter zur Passhöhe. Schmelzwasser rinnt die Straße hinab und sammelt sich zu einem Bach. Immer wieder stürzen sich Wasserfälle den Berg hinab, gespießt von Schneefeldern aus dem Berg.

Bild: Kehren auf der Transfogarascher Hochstraße.

Oben auf der Passhöhe angekommen stellt sich mir das Bild der Zerstörung ein. Was ist hier los? Holzbuden von Händlern sind zerfetzt und überall liegen Trümmerteile. *(Bild: Zerstörte Buden).* Hier ein Grill, dort die Dunstabzugshaube, da ein Dach, dort eine Tür. An den Buden nebenan wird aufgeräumt, geschweißt, gehämmert. Alles Mögliche liegt auf der Straße herum. Ein großer Rad- Lader schiebt Schneefelder zur Seite. Ich stelle die BMW beim Tunnel in mitten vom Schnee ab. Ich frage einen Passanten welcher gerade interessiert meine GS begutachtet was hier los ist. Er sagt zu mir das eine Lawine abgegangen ist und die gesamten Buden zerstört hat. Man hat die Buden erst vor wenigen Tagen aufgebaut, jetzt sind alle kaputt. Oh, ja das kommt meinem Gesamteindruck näher. Der Tunnel ist noch geschlossen, ein Schneeberg liegt davor. Der Schneeberg wird gerade mit den Radladern abgetragen, Mit dem Motorrad kann ich den Tunnel jedoch passieren. Für kleine PKW ging es möglicherweise auch. Jedoch ist es unmöglich mit LKW oder gar für einen Bus den Tunnel zu passieren.

Mein Gesprächspartner entpuppt sich als Busfahrer, dessen Bus auf der anderen Seite des Tunnels steht, er wollte die Lage prüfen. Na ja Pech gehabt, die Stahltür des Tunnels auf der anderen Seite ist verschlossen, Im inneren des Tunnels liegen noch Schneehaufen und Eisflächen und hier liegen ebenfalls noch Schneeaufhäufungen wie Reste des Lawinenabgangs auf der Straße. Zu einer allgemeinen Zeitangabe, wir haben Ende Juni, der Tunnel ist geöffnet von Juli bis maximal September.

Der Busfahrer fragt mich ob ich ihn zu seinem Iveco- Bus auf die anderen Seite bringe, ob er mitfahren darf, Ja klar doch, wenn Du ein Bild von mir und meinem Motorrad machst, hier vor dem Tunnel, sicher doch.

Bild: Ich mit der BMW vor der Tunneleinfahrt.

Mit meinem Sozius fahre ich zur Tunnelöffnung, mit dem Motorrad kann ich das nur teilweise geöffnete Haupttor passieren. Mein Blick richtet sich in eine schwarze dunkle Röhre. Eiskalt ist die Luft, der Boden von einer Eis und Schneeschicht überzogen. Ich fahre ein paar Meter hinein, soweit bis sich die Dunkelheit komplett um mich legt. Ich bleibe kurze Zeit stehen bis sich meine Augen an die Dunkelheit gewöhnt haben. Danach schalte ich alle Lampen ein welche mir die BMW GS zur Verfügung stellt. Abblendlicht, Fernlicht und die Zusatzscheinwerfer. Das sonst recht gute Licht der BMW scheint die Dunkelheit nur mäßig auszuleuchten. Der dunkle Beton absorbiert mein künstliches Licht. Ich fahre langsam in die Dunkelheit. Die Fahrbahn ist nun Nass, das Licht der GS spiegelt sich im stehenden Wasser der Fahrbahn. Bedächtig fahre ich mit der BMW dahin und gleitet durch die Dunkelheit des Tunnels. In der Ferne sehe ich Taschenlampenlicht, jemand winkt mir mit der Taschenlampe

und macht auf sich Aufmerksam. Das dröhnen des Motors wird in der Tunnel-röhre um ein vielfaches verstärkt. Das Ganze wirkt sehr gespenstisch. Der Schall des Motors wird von den Wänden wiedergegeben, je schneller ich fahre um so lauter wird es. Wir sind komplett von der Dunkelheit eingenommen. Mein Sozius gibt mir Tipps wo ich zu fahren habe. Immer wieder signalisiert er mir ich soll mich rechts oder links halten. Er hat recht, es tauchen Schnee-hügel im Tunnel auf, auch Eisplatten auf der Fahrbahn. Ich habe wohl den richtigen Lotsen bei mir. Ich rausche an drei Schatten vorbei, dies waren die Fußgänger mit der Taschenlampe. Der Tunnel macht einen leichten knick nach links, ein Luftzug ist spürbar. Licht, ich kann das Ende des Tunnels sehen. Es wird heller am Ende des Tunnels. Hier ist nun die Fahrbahn frei, keine Eisplat-ten, keine Schneehügel, nur dunkler grauer Fahrbahnbelag. Ich habe das ande-re Ende des Tunnels erreicht. Ein großes verrostetes Tor aus Stahl hängt etwas schief in den Angeln. Vermutlich haben es Autofahrer wohl mit Gewalt geöff-net, man kann die Spuren der gewaltsamen Öffnung am Tor erkennen. Mögli-cherweise war es ja sogar mein Sozius der den Tunnel mit dem Bus durchfah-ren wollte. Ich komme mit dem Motorrad gut durch das Tor, die Öffnung ist breit genug. Am Tunneleingang sehe ich den Bus stehen. Ich halte mit der BMW an und lasse meinen Sozius absteigen. Der Busfahrer bedankt sich für die Passage, sein Bus steht neben der Tunneleinfahrt, klar er kommt nicht durch, auch LKWs haben keine Möglichkeit den halb verschlossenen Tunnel-eingang zu passieren. Er muss den Rückweg antreten und die Berge umfahren. Die große Stahltür schützt den Tunnel vor Schneeeinfall im Winter. Durch Schneeverwehungen würde regelmäßig der Tunneleingang, wie auch die Fahrbahn der Tunnelröhre mit Schnee zugeweht.
Ich trete die Abfahrt an, wieder ein Steinschlag, die Straße ist mit großen Fels-blöcken überzogen, langsam umfahre ich die Hindernisse. Zu meiner Linken ist ein Schutzhaus, dieses beherbergt auch eine Polizeistation. Nachdem ich die Polizeistation passiert habe öffnet sich die Straße und fällt in Serpentinen steil ab. Ab hier ist die Fahrbahn gut zu befahren, der Weg ist geräumt und einzelne Straßenabbrüche sind bereits wieder für die drei Monate Nutzung instandgesetzt worden. Die Kurven ziehen sich nun wieder eng zusammen, steil führt die Straße hinab in das Tal, Ein paar Pferde stehen am Straßenrand und beobachten mich. Ich sehe einen Brunnen, an dieser Wasserquelle hole ich mir frisches Trinkwasser. Keine Sorge, es gibt hier oben keine Kuhweiden, das Wasser ist sauber und Frisch.

Ich folge der Straße in das Tal hinab. Nun fahre ich am großen Stausee vorbei und überquere die Staumauer. Auf der linken Seite, oberhalb der Staumauer thront steil auf dem Fels eine der Burgen des berühmten Draculas (Bild auf Seite 129). Ein schmaler Fußpfad windet sich den Berg hinauf umso zu der alten Festungsanlage zu gelangen. Die Burg klebt wahrlich oben am Fels und lässt nur wenige Blicke zu. Hinter der Staumauer geht die Felswand fast senkrecht in die Tiefe, ihr dunkler Stein ist kaum von der dunkelgrauen Farbe des Fels zu unterscheiden.

Es folgen kleinere Tunnels nach dem Stausee. Immer weiter schrauben sich die Kehren nach unten in die Tiefe des Tals. Wieder fahre ich an einem Stausee entlang, LKWs gondeln vor mir her. Meine Überholvorgänge oder mehr versuchte Ansätze sind bescheiden, zu kurvig und unübersichtlich ist die Stra-

ße. Mir kommt die Idee dass wenn ich schon so langsam vorankomme und diesen alten klapprigen LKWs folgen muss. So könnte ich doch auch mit etwas mehr Fahrfreude einen Parallelweg durch den Wald suchen. Voller Tatendrang ergründe ich eine Möglichkeit im Wald eine Nebenstraße zu finden und diese zu nutzen. An einer denkbaren Kreuzung biege ich links in den Wald und lasse den Langholztransporter mit den wackeligen Reifen im Nachlauf des Sattelzugaufliegers vor mir ziehen. Ich starte mein erstes Fahrexperiment in den Wald. Nach einigen hundert Metern stehe ich vor einem Haus eines Waldbauers. Hm, falscher Weg, also Kehrtwende und unten rechts den Waldweg hoch, nach ein paar Kehren scheine ich die richtige Richtung zu haben. Mein Gefühl beruht daraufhin dass ich unten die Wasseroberfläche des Sees sehen kann. Der Weg wird etwas schmaler und die Fahrspuren wilder. Der Wald ist dennoch lichter und Sonnendurchflutet. Nach der nächsten Kurve liegen ein paar Baumstämme am Wegrand beziehungsweise ragen vom Hang auf meine Fahrspur *(Bild: Baumstämme liegen immer wieder über dem Weg)*. Hundert Meter weiter muss ich schon ein paar kleinere Baumstämme vom Weg ziehen um leichter mit dem Boxermotor vorbeizukommen. Die Zylinder würden sonst an den Baumstämmen streifen. Auf eine mögliche Beschädigung der Ventildeckel habe ich keine Lust. Noch einmal einhundert oder zweihundert Meter weiter liegen auf einer breiteren stelle des Weges schon mehrere Baumstämme kreuz und quer. Diese Stämme sind so gewaltig dass man diese nicht mehr mit bloßer Manneskraft bewegen kann. Das Umfahren wird ebenfalls schwieriger da der Waldweg von den Forstfahrzeugen so zerfurcht ist dass ich meine Aktion abbreche und ich wieder umkehre. Ich fahre zurück zur Hauptstraße und muss wohl oder übel den langsamen LKWs folgen. Na ja, war nichts mit meiner Idee wieder eine tolle Waldstrecke zu finden. Dennoch Glück gehabt, ich hätte hier auch hängen bleiben können oder die BMW wäre den Abhang hinab gerutscht als ich die Baumstämme umfuhr. In den Höheren Lagen ist dies wohl doch einfacher, oder nicht? Sei es drum, eine nette kleine Fahrgeschichte. Auf jeden Fall hat mir dieser kleine Abstecher ein weiteres Abenteurer gebracht. Zurück zur ursprünglichen Route und weiter auf der Asphaltstraße, der 7C- die Transfägarsan.

Ich durchfahre den kleinen Ort Bran, etwa 30 km von Brasov entfernt. Der Blick fällt sofort auf die Burg welche auf einer Anhöhe inmitten des kleinen Städtchens liegt. Die unteren Gebäude der Burg wie die kleine Kuppelkirch auf der gegenüberliegenden Fußleiste bilden einen mittelalterlichen Eindruck dass zum Gesamtbild dieser Burg- Anlage sehr gut passt. *(Bild links Kuppelkirche).*
Diese Burg wird den Touristen oft als Burg von Dracula beschrieben, dabei handelt es sich um eine Marktstrategie der Touristischen Betriebe in dieser Region. Die Burg ist sehr gut erhalten, ein stereotype Vorstellung einer Burg schlechthin. Sie passt mit ihrem Aussehen in jeden Fall zur Idealburg schlecht-

hin. Doch vermutlich hat der echte Dracula diese Burg nie betreten, schon gar nicht so wie sie heute zu sehen ist. Es mag sein, das damals hier eine andere Burg stand. Der Graf Vlad Dracul lebte im 15 Jahrhundert. Das passt mit den Bauabschnitten dieser Burg, so wie sie heute zu sehen ist nicht zu hundert Prozent überein.

Kurz zur Geschichte dieser Burganlage. Der Ort Törzburg wurde 1357 erstmals urkundlich erwähnt. Am 19. November 1377 erhielten die Bewohner von Kronstadt (dem heutigen Brasov) vom ungarischen König Ludwig dem Großen, die Genehmigung auf dem Dietrichstein am Berg Königstein eine Grenz- und Zollburg zu errichten, eben die Törzburg.

Bild: Die Törzburg.

Somit war der Urkundliche Grundstein der Törzburg gelegt. Burgen gab es in der Region viele, der deutsche Orden sicherte im ausgehenden Mittelalter die Wege der Kreuzritter, nach Jerusalem. Die Burg blieb bis 1427 unter ungarischer Herrschaft. Im Jahre 1436 kam es zur ersten Belagerung der Anlage durch türkische Truppen. Die Stadt Kronstadt erhielt im Jahre 1498 die Burg. Im Jahre 1529 wurde die Burg von einem walachischen Heer belagert. Die Burg überstand jedoch die Belagerung und wurde nicht eingenommen. In den Jahren danach wurde die Anlage immer wieder ausgebaut und durch weitere Generationen immer wieder umgebaut.

Im Jahre 1593 zerstörte selbstentzündendes Schießpulver den Pulverturm. Zwei Jahre später zog der siebenbürgische Fürst Sigismund Báthory mit einer 40.000 Mann starken Armee durch den Ort Törzburg, um Mihai Viteazul (Michael dem Tapferen) gegen die Türken zu Hilfe zu kommen.

Um 1600 gab es eine erneute erfolglose Belagerung der Törzburg durch Nicolae Pătrașcu. Die Burg wurde nun im Jahr 1612 an Fürst Gabriel Báthory kampflos übergeben. Nach 48 Jahren um 1660 wurde die Burg durch General Mikes Mihaly erobert.

Im Jahre 1789 kam es zur dritten erfolglosen Belagerung der Törzburg durch ein 5000 Mann starkes türkisches Heer. Die Bedeutung der Burg nahm im 19. Jahrhundert ab. In den Europäischen Kriegsjahren des Ersten Weltkriegs eroberten 1916 rumänische Truppen in Siebenbürgen eine militärische Anlage nach der anderen, somit auch diese Burg. Das König-Kaiserliche Österreich & Ungarn mit seinen deutschstämmigen Siedlern, vor allem in Brasov, verlor seine dortige Position und somit die Vorherrschaft. Nach dem Anschluss Siebenbürgens an Rumänien schenkte Kronstadt am 1. Dezember 1920 das Schloss Königin Maria, der Gattin von König Ferdinand. Deren Tochter, Prinzessin Ileana, erbte die Burg welche in der Zwischenzeit zu einem Schloss umgebaut wurde.

Nach dem Zweiten Weltkrieg wurde Schloss Bran vom kommunistischen Rumänien übernommen. Am 26. Mai 2006 erfolgte die Rückgabe des Schlosses an Dominic von Habsburg und an seine Schwestern Maria Magdalena und Elisabeth, den Kindern und Erben von Prinzessin Ileana und Anton von Habsburg (aus toskanischer Linie). Dominic von Habsburg bot die Törzburg für 80 Millionen US-Dollar dem rumänischen Staat an. Da der rumänische Staat dazu nicht bereit war, hatte Dominic von Habsburg die Törzburg gemeinsam mit seinen Schwestern Maria Magdalena Holzhausen und Elisabeth Sandhofer am

1. Juni 2009 als Museum wiedereröffnet. Ausgestellt werden Dinge der Königlichen – Habsburgerischen Familie. Ein Teil der ursprünglichen Exponate welche im Staatsbesitz übergingen und in Kronberg gelagert wurden. Diese sind vom Kulturministerium in ein neues Museum im benachbarten unteren Zoll-Haus ausgestellt. Das Zoll-Haus war die Grenzstation der ehemaligen Grenze zwischen Österreich-Ungarn und dem damaligen Rumänien, vor 1918 / 1920.

Nach dem kleinen Geschichtsausflug zurück zur Motorradreise. Ich komme immer tiefer ins Tal und lasse das Făgăraşgebirge hinter mir. Meine Tour bringt mich schließlich bis Pitesti, dort biege ich auf die 73 bzw. die 73 C ab. Ich muss gestehen, dass ich mich auf Grund von Baustellen und Umleitungen etwas verfahren habe. Dies macht aber nichts, da die Landschaft sehr schön ist. Über die Straßen 73 C und 73 D gelange ich nach Mioveni. Danach wieder über Nebenstraßen auf die 73 über Campulung Richtung Brasov. An diesem Abend fuhr ich viel zu weit, nicht wegen der landschaftlich reizvollen Region ich suchte ein passendes Nachtlager. Der Streckenverlauf ist grandios, ausschweifende Kurven, Steigungen, faszinierende Aussichten über Berge, Hügel, weite Täler. Ich fand einfach keine Unterkunft. Auf der Strecke befanden sich unzählige Hotels und Pensionen, doch die Hotels waren geschlossen oder noch im Bau. Wenn ich ein Schild zu einer Privatunterkunft sah freute ich mich, super endlich eine Übernachtungsmöglichkeit. Man gab mir jedoch zu verstehen dass keine Zimmer vermietet werden, warum? Die Antwort habe ich nicht verstanden. Die nächste Pension oder das nächste Hotel auf der Strecke wird zum Verkauf angeboten. So lange es hell ist fahre ich weiter, mache mir Gedanken wo ich ein Zelt aufbauen könnte. Das Problem zum wilden Zelten sehe ich hier in erster Linie bei den wilden Hunden. Fährt man durch ein Dorf oder an einer Siedlung vorbei ist die Wahrscheinlichkeit groß das man von Hunden angegriffen wird. Das ist kein Witz, es gibt unzählige wild lebende Hunde hier welche sich zu Rudeln zusammenschließen. Es ist mir schon passiert dass ein Rudel oder ein verrückter Hund auf mich und mein Motorrad zu rennt und dann wie irre während der Fahrt zum Motorrad springt. Das ist sehr gefährlich, für den Hund und für mich, verrückte Hunde in Rumänien. Aus diesem Grund möchte ich die Nacht nicht im Zelt von einem wilden Hunderudel angegriffen werden. Wenn schon Zelten, dann auf einem sicheren Platz. Andere wilde Tiere sind Wölfe und Bären, hier ist es ratsam keine Lebensmittel am Zeltplatz zu haben. Bären durchwühlen alles auf der Suche nach Futter. Ein Zelt bietet da nur wenig Schutz.

Kaum habe ich meine Gedanken zu Ende gebracht steht rechter Hand an der Straße ein Schild, Restaurant – Hotel. Von außen sieht das Haus bewohnt aus, auch brennt in der Gaststätte Licht. Ich stoppe mein Bike vor der Tür und betrete die Gaststätte, niemand da. Ich mache mich bemerkbar und rufe *„Hallo, Hallo ist da wer...“*. Eine Frau kommt lächelnd aus der Küche, ich frage ob Zimmer frei sind und ob es etwas zum Essen gibt. Sie antwortet mir mit einem heftigen Kopfnicken, *„Yes“*. Jetzt ein Bier und der Tag kann nun endlich ausklingen. Es scheint so als sei ich wohl der einzige Gast hier. Etwas später gesellt sich ein LKW- Fahrer hinzu, wir trinken Bier und schauen Fernsehen, mich interniert das Wetter, verstehe sonst eh kein Wort. Die Nachrichten zeigen die Wetterkarte, es sieht gut aus, am kommenden Tag wieder 35°C mit viel Sonnenschein, wunderbar.

Bild: Landschaft aus beschriebener Strecke.

Der nachfolgende Morgen verspricht tatsächlich wieder ein herrlicher Tag zu werden, mein Blick aus dem Fenster zeigt mir die gegenüberliegenden Berge im klaren Glanz der Morgensonne. Die hellen Felsblöcke welche aus den Hängen der gegenüberliegenden Berge heraus blitzen strahlen hell im sanften Licht der Sonne. Ich belade das Motorrad, nehme ein kleines Frühstück zu mir und starte frisch und gestärkt in den klaren sonnigen Morgen. Die Hunde schlafen noch am Straßenrand, keine Lust mir oder dem Motorrad laut kläffend hinterher zu rennen, nur ein leichtes Kopfheben ist bei den Hunden angesagt. Mir soll es recht sein. Die Menschen der Region laufen zu ihrer Arbeitsstädte, oder auf die Felder, andere warten an den Bushaltestellen auf den ersten Bus. Ich genieße diese herrliche Landschaft und die Morgenluft. Die BMW schnurrt dahin, über sanfte Gebirgskämme und geschmeidigen Kurven hinweg. Ich bewege mich nun auf der N 73 / E 574 durch das Burzenland im Südosten Siebenbürgens. An mir ziehen weidende Kühe auf saftigen Wiesen vorbei. Wälder, kleine Dörfer, historische Holzkirchen. *(Bild unten)*.

Links und rechts von mir sind die Ausläufer der Karpaten deutlich zu sehen. Vor mir ragen die Berge dominant auf, der blanke Fels der letzten östlichen Erhebungen der Karpaten wirkt respektvoll. Ich fahre vorbei am Bucegi-Gebirge und dem Piatra-Craiului-Gebirge. Hier und da stehen Burgen auf den Bergkämmen und bewachen die Zugänge zu den Tälern.
Ich komme nun nach Brasov, zu Deutsch Kronstadt. Biege rechts ab auf die Hauptstraße und folge dieser ins Zentrum. Vor mir erhebt sich der 967 Meter hohe Berg Tampa welcher am Fuße der Stadt liegt. Mit einer Seilbahn kann man den Hausberg leicht

erklimmen, mich interessiert zunächst das Zentrum dieser schönen mittelalterlichen Stadt. Der Verkehrsfluss in die Stadt, wie auch wieder zurück ist mit einigen Einbahnstraßen geregelt. Vorbei am Marktplatz umrunde diesen und komme wieder durch das alte Stadttor in das historische Zentrum der Stadt. Die BMW parke ich nahe der alten, sehr schön hergerichteten jüdischen Synagoge. Von hier aus lässt sich die Stadt gut zu Fuß erkunden, weiterhin bekomme ich so kein Knöllchen wegen Falschparkens auf dem Marktplatz. Die ortsansässige Polizei bewacht den Platz mit kritischen Augen.

Kronstadt wurde von Ritterbrüdern des Deutschen Ordens im frühen 13. Jahrhundert als südöstlichste deutsche Stadt in Siebenbürgen unter dem Namen Corona gegründet. Später wechselte die Herrschaft von Tataren und Türken. Kronstadt war im 17. Jahrhundert, Grenzregion zum Osmanischen Reich. Später gehörte die Stadt zum Königreich Ungarn, dann zum Zusammenschluss des königlichen / Kaiserlichen Reichs – Österreich und Ungarn. Nach dem ersten Weltkrieg und somit durch den Zerfall der K&K Monarchie ging Brasov im Jahre 1920 durch den Vertrag von Trianon an Rumänien über.

Durch die kleinen schmalen Gassen und engen Straßen wandere ich durch die historische Stadt. Auf dem dreieckigen Marktplatz steht frei stehend das barocke Rathaus *(Bild: Rathaus von Kronstadt).* . Ganz in der Nähe steht die im 14.bzw. im 15. Jahrhundert erbaute Biserica Neagra, die schwarze Kirche. Dieses alte Kirchengemäuer ist das Wahrzeichen von Kronstadt. In der dreischiffigen gotischen Kirche ist die mit 4000 Pfeifen und 76 Registern größte Orgel Siebenbürgens. Das ist durchaus erwähnenswert finde ich. Weiterhin gibt es eine Sammlung von anatolischen Gebetsteppichen. Neben unzähligen

alten Gebäuden, Reste von Stadtmauern und Toren gibt es weitere Sehenswürdigkeiten wie die gotische Bartholomäuskirche oder die orthodoxe Biserica Sf.
Nicolae / Nikolauskirche. Ich lasse mich von der Stadt treiben welche keinesfalls von Touristenströmen durchflutet wird, genau das genieße ich hier sehr.
Das Stadtleben mit der einheimischen Bevölkerung ist deutlich zu spüren, dies
macht wahrlich Freude und gibt Anlass zum längeren Verweilen.

Von Kronstadt aus kann man viele Tagestouren starten, es ist eine zu empfeh-
lende Ausgangssituation diverser Rundstrecken mit dem Motorrad. Ich Befinde mich nun im östlichen Teil der Karpaten und befasse mich mit dem Gedanken meine Tour etwas auszuweiten. Ich möchte die Region der Karpaten verlassen. Ich will zum Donaudelta sowie zur Schwarzmeerküste. Der Gedanke
das Deltagebiet des gewaltigen Donaustroms, der im Schwarzwald entspringt,
lässt mich nicht mehr los.

Bild: Obsthändler in Brasov.

Donaudelta und Schwarzmeerküste

Es wird Zeit Brasov oder Kronstadt zu verlassen, meine Tour wähle ich in Nord-Östlicher Richtung. Das Land wird nun flacher, die Berge lasse ich hinter mir. Eine große Ebene umgibt mich nun, die östlichen Ausläufer der Karpaten lasse ich hinter mir. Nur noch schemenhaft lassen sich die Berge am Horizont ausmachen. Ich folge der N 11 über Onesti im Trotustal, bis Adjud in der Moldau- Region über die 11A. Nach Adjud folge ich nun der N2 bis kurz hinter der Stadt Mărășești. Ab hier wechsle ich rechts auf die 2 A und folge dieser über den Fluss Siret. Eine imposante Stahlkonstruktion von Brücke überspannt den Fluss. Der Verkehr staut sich, LKW an LKW schiebt sich über die Brücke in Richtung Tecuci. Nach dem Verlassen der Brücke wird der Grund schnell klar warum es sich hier staut. Die Polizei macht Verkehrskontrollen, vorwiegend der Schwerlastverkehr wird an den Straßenrand gebeten. Die Polizei schaut mir hinterher als ich die Brücke verlasse, alles gut, ich wurde nicht kontrolliert und nicht abgezockt. Nun fahre ich auf der N 25 weiter, die Landschaft wird nun sumpfiger. Kleinere Seen – Überschwemmungsgebiete des Flusses mit großen Flächen von Schilfgras. Zunächst reit sich Dorf an Dorf. Auf der 25 gibt es fast kein Übergang zu einer anderen Hauptverkehrsstraße. Die Verkehrsdichte nimmt zu, ebenso die Kontrollen der Polizei. Ich gehe davon aus dass dies mit der Grenze zu Moldawien zusammenhängt. Sicherlich auch mit der Hafenstadt Galati, welche im Mündungsgebiet der Donau liegt und somit ein Zugang zum Schwarzen- Meer bietet. Ich komme in die Peripheriezone der Stadt Galati. Der LKW Verkehr nimmt zu, überall stehen große Industrieanlagen. Es hat den Anschein dass die Fabriken eigentlich zusammengerostet sind, so rostbraun diese Fabrikgebäude auch aussehen. Doch der Fabrikbetrieb läuft, zumindest vermittelt es den Eindruck, durch das qualmen der Schornsteine. Auch in den Kanälen und Wasserwegen der Stadt dümpeln verrostete Schiffskähne und vereinzelte Schubverbände herum. Es ist deutlich zu spüren das ich mich nun an einem bedeuteten Punkt der Binnenschifffahrt befinde welche den Zugang zum Schwarzen- Meer hat.

Die Hafenstadt Galati ist geprägt von der Schwerindustrie. Hier gibt es Stahlproduktionen, Schiffsbau, Schwermaschinenbau und unzählige Hafenanlagen. Die Stadt ist ein wichtiger Umschlagplatz von Waren und Güter in dieser Region. Auch die Rumänische Marine hat hier Schiffe im Kriegshafen liegen. Die Stadt liegt am linken Ufer der unteren Donau. Einige Kilometer flussaufwärts mündet der Fluss Sereth in die Donau. Etwa elf Kilometer nordöstlich der Stadt befindet sich die Grenze zu Moldawien, dahinter haben die Ukraine und Russland über die Krim den Zugang zur Schwarzmeerküste.

Bild: Industrieanlagen bei Galati.

Über eine Mehrspurige Straße fahre ich in die Stadt. Auf der rechten Fahrspur rolle ich vorsichtig mit dem turbulenten LKW Verkehr mit. Von hinten überholt ein neuer VW Passat einen mir folgenden LKWs, vor mir fährt ein Taxi. Der Fahrer des neuen weißen VW Passat drängt mich von der Straße ab, es hat den Anschein er will mich sogar von der Straße abschießen. Mit dem Fuß trete ich dem verrückten Autofahrer gegen die Scheibe der Beifahrertür. Der junge Fahrer ist etwas verstört, er hat wohl nicht damit gerechnet dass ich mich nicht so einfach von der Straße drängen lasse. Der nächste Fußtritt ist auf den Spiegel gerichtet, wild gestikulierend zuckt er zusammen, setzt wieder zum überholen an und rauscht davon. Nicht mit mir Alter.

Ich fahre ins Zentrum der Stadt, sehr quirlig und hektisch geht es hier zu. Die Häuser, klassische sozialistische Bauten, nicht sehr viel Schönes hier, eine typische Arbeiterstadt. Es ist keinesfalls so, wie ich mir die Stadt am Donaudelta vorgestellt habe. Es drängt mich geradezu auf weiterzufahren. An Hafenanlagen geht es aus der Stadt. Vorbei an Verladekräne und Birken-Wälder welche im Wasser der Donau stehen, Sümpfe überall links und rechts des Straßendamms. Ich fahre auf der 22 bzw. der 21 B, mein nächstes Ziel ist nahe gelegene Brăila.

Brăila liegt in der Region der Walachei am linken Ufer des Unterlaufs der Donau welche von hier nach Galati führt. Am Ortseingang von Galati kommend befindet sich auf der linken Seite, vor den Industriebrachen ein Schild mit dem Hinweis „Campingplatz". Den Campingplatz selber habe ich leider nicht gesehen. Auch Brăila ist eine Industriestadt die vom Hafen geprägt ist, allerdings ist das Stadtbild um einiges schöner, nicht so groß, viel überschaubar, mit Parks, einer Flaniermeile an der Donau, überschaubare Häuser, kleinen Bars und Buden. Zur Donau gerichtet sind auch deutlich mehr ältere Gebäudestrukturen zu finden. Kein Wunder, die Stadt hat eine lange Geschichte und eine frühe Besiedelung. Erste archäologische Funde stammen aus einer Zeit von 5000 v. Chr. Erste urkundliche Erwähnungen der Stadtgeschichte gehen auf das Jahr 1350 zurück. Spanische Seefahrer erwähnten im Buch „Libro de conoscimiento" die Stadt am Fluss unter dem Namen „Drinago". Ab 1427 kamen die Türken in die Stadt, später zum Russischen – Türkischen Krieg (1828 – 1829), waren die Russen an der Macht. Danach ging die Region an Rumänien über. Die Stadt erblühte ab 1870 mit Ausbau des Hafens und späterer Anbindung an das Eisenbahnnetz als Handelsstadt. Nach dem zweiten Weltkrieg im sozialistischen Rumänien wurden die Industrieanlagen ausgebaut.

Die gut erhaltene Altstadt von Brăila liegt am linken Ufer der Donau, auf einem flachen Plateau oberhalb des Flusses, ausreichend geschützt von etwaigem Hochwasser der Donau. Das nicht ganz einfache Labyrinth schmaler Straßen, kleineren Plätzen, uriger einfacher Häuser aber auch aufwendig gestalteten Stadthäusern, welche heute leider sehr vernachlässigt sind prägt das Stadtbild des Zentrums. Neben schön hergerichteten Bauten und weniger schönen Sozialistischen Plattenhäusern, finden sich Kirchen verschiedenster Religionen. Der zentrale Traiansplatz blieb von sozialistischen „Neubauten" weitgehend verschont.

In die Stadt selbst komme ich schnell, finde auch die wichtigsten Plätze und Sehenswürdigkeiten der Stadt. Doch das Fahren in der Stadt ist nicht gerade einfach, eine Verkehrssituation die mich an afrikanische Städte erinnert. Die Innenstadt ist verkehrsbedingt verstopft. Alles schiebt sich über die Hauptrouten, wer sich auskennt zwängt sich durch die Nebenstraßen der Wohnviertel. Die bogenförmigen Hauptboulevards werden neu angelegt, auch das Straßenbahnnetz bekommt neue Schienen. Alles in allem herrscht gerade in der Umbauzeit ein Chaos. Umleitungsschilder sind unzureichend gesetzt, die Normalbeschilderung sorgt eher für Verwirrung.

Um die Hitze der Stadt, sowie auch dem Verkehr zu entfliehen parke ich die GS an einer der höher gelegen Uferpromenaden der Donau. Hier schlendere ich die Donau auf und ab und beobachte das Treiben auf dem Fluss. Es ist viel los auf der Donau. Vom Freizeitboot über kleine Touristenboote und Fähren fahren hier auch riesige Binnenschiffe auf der Donau. Da ein Containerschiff, dort ein gewaltiger Schubverband, dazwischen die Ausflugsdampfer. Es erinnert mich sehr an den Schiffsverkehr auf dem Amazonas in Südamerika. Die Ähnlichkeit ist sehr groß, vergleichbar zu der Zeit als ich mit dem Boot auf dem Weg nach Manaus in Brasilien war. Die Donau zeigt hier parallele mit dem Amazonas oder dem Rio Negro, ja doch ein wenig schon. Die Breite des Stroms und den darauf fahrenden Schiffen ist einfach unglaublich faszinierend. Ausgeträumt und zurück zur Reise, ich will tiefer rein in das Donau-Delta.

Die Stadt ist sehr schön, überschaubar und doch quirlig genug, die Menschen sind nett und hilfsbereit. Man erkennt mich als Tourist, ich werde angesprochen woher ich komme was ich mache, der übliche Smalltalk eben, aber nett. In den Sommermonaten kann man die Zeit im Freibad der unteren Uferpromenade an der Donau verbringen oder sich in einem der Parks unter einen schattigen Baum legen, ich machte letzteres und überlege mir meine nächsten Reiseschritte.

Es wird Zeit weiterzureisen, ich will in die Natur, möchte näher an das Naturbelassene Wasser der Donau. Daher werde ich die Stadt verlassen und tiefer in die Naturregionen, in den Nationalpark des Donaudeltas eintauchen. Als ich zu meinem Motorradparkplatz gekommen bin lag dort ein Rudel Hunde in der unmittelbaren Nähe meines Motorrades und hielten ein Schläfchen. Na prima, mein Bike umzingelt von Straßenhunden. Das war zunächst nichts besonderes, allerdings wusste ich nicht wie die Hunde reagieren werden. Ich packte mein Motorrad so ruhig und gelassen wie nur möglich. Bei meiner Packaktion beobachte ich die Hunde aus den Augenwinkeln. Einer der dieser wilden gesellen verschwand in ein Abrissgrundstück nach zwei Minuten kam er mit weiteren Hunde- Kumpels zurück. Hoppla, Verstärkung. Die auf der Straße schlafenden Hunde dösten immer noch vor sich hin, zumindest sah es so aus als würden sie dösen. Ein PKW fuhr aus einer Parklücke, einer der scheinbar schlafenden Hunde rennt dem Wagen laut bellend hinterher. Zeitgleich, in diesem Moment kommt auf dem Gehweg eine Passantin, welche einem kleinen angeleinten Schoßhund Gassi führt. Sie beobachtet die Szenerie nimmt ihren Hund unter den Arm und kehrte sofort um. Oh je, mir war klar was gleich geschehen würde. Ich packte die BMW etwas schneller, Jacke, Helm und Handschuhe anziehen. In der Zwischenzeit waren schon sieben oder acht Hunde anwesend. Ich steige auf das Motorrad, die BMW steht noch auf dem Hauptständer. Ich starte den Motor, jetzt wurde ich schlagartig von den Hunden umkreist. Augenblicklich bin ich derjenige welcher die Hunde störte. Jetzt wird es spannend, ich im Fokus des Hunderudels. Das knurren der Hunde beginnt, die ersten laufen auf mich zu. Sofort lege ich den Gang ein und fahre die GS vom Hauptständer. Ich drehe am Gas und fahre mitten durch das Rudel, nichts wie weg hier. Das Hunderudel verfolgt mich laut bellend. Einer der wilden Hunde versucht mich am Fuß zu schnappen, das Leder der Stiefel ist jedoch zu dick für die Zähne des Hundes, er bekommt mit der Sohle eine auf die Schnauze. Ich schalte hoch und drehe den Gasgriff voll auf, nichts wie weg hier. Nach ein paar hundert Meter gaben die Hunde auf und verziehen sich wieder in ihre Ecke am unteren Ende der Straße. Schon wieder so ein übles Hundeerlebnis in Rumänien.

Nun hatte ich allerdings so meine Schwierigkeiten aus der Stadt zu kommen. Der Verkehr war ein Chaos, immer noch oder schon wieder!? Das Problem waren die unzähligen Baustellen in der Stadt, ich finde einfach nicht die korrekte Abfahrt in Richtung Măzin, oder nur die N 22. Die Beschilderung ist desolat, alles fährt irgendwo hin, entweder es ist gesperrt oder es gibt keine Umleitungsschilder. Die kleinen mit Kopfsteine bepflasterten Nebenstraßen der Stadt sind überfüllt, meine GPS zeigt mir den Weg, doch ständig ist dieser versperrt oder eine neue Einbahnstraße tut sich auf. Ich frage Passanten am

Straßenrand, die schicken mich in die total falsche Richtung, meine GPS Nadel macht eine 180° Wende, das kann nicht sein. Letztendlich finde ich doch den Weg, fast in der Nähe des Campingplatzes, den ich zunächst nicht fand, muss ich mitten durch alte Industrieanlagen fahren. Mir kommt das alles hier sehr fremd und unwirklich vor. Soll das hier die Straße sein? Ich bin inmitten von Industriehallen und einem Gebiet welches einem Hinterhof ähnelt? Ich frage an einer Fährstation nach dem Weg. Der Hafenarbeiter schickt mich weiter zur nächsten Fähranleger, dort frage ich wiederum nach *„Geht es hier nach Tulcea?"* *„Tulcea, ja, hier lang.."* Mir kommt es immer noch etwas komisch vor, ich werde auf ein Baggerschiff geführt, ah jetzt ist mir klar. Vom Baggerschiff, fahre ich auf einen Schubverband, dahinter liegt die Fähre. Oioioi, um auf die Fähre zu gelangen muss ich zwei Schiffe befahren. So etwas hatte ich in Europa auch noch nicht erlebt. Es sind noch nicht viele Fahrzeuge an Bord. Abgelegt wird erst wenn die Fähre voll besetzt ist, also warten. Jeder freie Zentimeter der Fähre wird ausgenutzt, ich verweile auf dem Doppelbug der Fähre, eine Verkäuferin bietet etwas zu essen an, gerne nehme ich den Zwischensnack an. So langsam füllt sich die Fähre, es rollen weitere LKWs an. Durch die schwer beladenen Fahrzeuge sinkt die Fähre tiefer in die Donau ein. Für die letzten LKWs und den Reisebus wird es nun kritischer auf die Fähre zu fahren. Das Baggerschiff und der leere Schubcontainer müssen zunächst überfahren werden. Da diese beiden schwimmenden Pontons ungeladen sind, ragen sie höher aus dem Wasser. Die Fähre liegt mittlerweile tiefer im Wasser und die Fahrzeuge müssen diesen Höhenunterschied überwinden. Dies ist ein kritischer Moment. Die Fahrzeuge schieben sich über Stahlplatten und Dielen. Wenn die Fähre oder das Ponton sich löst, könnte der LKW die Fähre wegdrücken und der LKW würde durch die entstehende Lücke ins Wasser stürzen. Die Matrosen zurren die Stahlseile fester, Millimeter um Millimeter schiebt sich der Sattelzug auf die Fähre. Jetzt ist der letzte LKW an der Reihe, die anderen Fahrer weisen den letzten Sattelzug ein, die Spiegel müssen eingeklappt werden, passt er steht auf der Fähre. Wir sind komplett. Überladen? Egal es geht los, wir legen ab. Zunächst geht es einige hundert Meter gegen den Strom, dann in einen Seitenarm der Donau zur Anlegestelle. Die LKW-Fahrer ziehen mit Eimern Wasser aus dem Fluss und waschen mit dem Wasser aus der Donau Ihre Rücklichter welche vom Dreck und Staub der Straße nicht mehr zu sehen sind. Wir fahren einen kleinen Seitenarm ein, man kann nun die Anlegestellen sehen. Die Fähre legt an und wird festgezurrt, die Stahlplatten schieben sich quietschend und kreischend über den Beton der Anlegestelle. Die ersten Fahrzeuge wollen die Fähre verlassen, es ist fast noch schlimmer als beim Beladen der Fähre. Der Bus schafft es kaum die Fähre zu verlassen. Die Fähre sitzt zu tief im Wasser, der Bus zu tief um die Rampe hochzufahren, er sitzt fest. Der Freiwinkel zwischen Achse und Rampe ist zu gering. Ein bereits vorausgefahrener LKW fährt wieder Rückwärts auf den Anlieger um diesen mit seinem Gewicht tiefer ins Wasser zu drücken, der Busfahrer gibt Gas, doch seine Räder kommen nicht frei. Es ist unmöglich die Hürde von etwa einem halben bis einem Meter auf den Anleger zu überwinden. Die LKW Fahrer schleppen den Bus mittels einer Zugstange von der Fähre. Das Blech kreischt und schleift über den Stahl des Anlegers, endlich geschafft, der Bus rollt den Anleger hoch. Mit jedem entladenem Fahrzeug kommt nun die Fähre aus dem Wasser. Da die Reisebuse und die LKWs von der Fähre gefahren sind kommen nun die PKWs dran, auch ich als einziger Motorradfahrer finde nun Platz um die Fähre zu verlassen.

Bild: Fähre auf der Donau.

Mein weiterer Weg führt mich durch Auenwälder und wunderschöne Sumpflandschaften, Angler stehen an den stillen Gewässern und halten mehrere Angelruten in das Wasser. Die Sonne schimmert glitzernd durch die Bäume auf das ruhige Wasser. Hier und da dümpelt ein alter Fischerkahn am Ufer des spiegelglatten Nebenarm der Donau. Ich stoppe an einem der unzähligen Nebenarme der Donau. Das ist genau das wohin ich wollte, in die Natur, keine Hektik der Stadt. Ich setze mich auf den Boden und beobachte die Wasseroberfläche und das Tun oder eben Nichtstun der Angler.

Bild: Stimmung am Fluss, ein Seitenarm der Donau.

In Măzin biege ich links ab, bleibe auf der N 22 und folge dieser Straße. Die Strecke steigt leicht an, es wird hügeliger und kurviger, sehr schön. Ich fahre bei Luncavita am Krapyna See vorbei. Weite Schilflandschaften breiten sich aus, Hunderte bis tausende von Vögeln nisten hier, unzählige Störche. Die

Landstraße 22 windet sich geschmeidig um die Wasserwelt. Es folgen Hügel auf, Hügel in der sich die Straße durchwindet. Fast hat es den Anschein als wolle die Straße von einem trockenen Punkt zum nächsten springen denn links und rechts in den Senken sind Schilfgräser und Wassertümpel. Ich fahre weiter zum Pjetra See. Auch hier das gleiche Bild, Wasserlandschaften und Schilf-

gräser, dazwischen kleiner Ackerflä-chen welche von Hand bewirtschaftet werden. Bei Isaccea komme ich an der ersten Moschee vorbei die ich in Rumänien erblicke. *(Bild: Moschee in Isccea)*. Plötzlich sehe ich in einer Ortschaft an der Straße 22 zwei Jawa Motorräder am Straßenrand stehen. Die Bikes sind etwas modifiziert, ein dezenter Coustenbike Umbau. Das interessiert mich, ich stoppe vor der Einfahrt. Ein weiteres Bike der Mar-ke ..hm, was nun, könnte einmal eine Suzuki GSXR gewesen sein, verlän-gerte Hinterradschwinge, Farbe Mattschwarz, Z- Lenker, das teil sieht cool aus. Im Hof steht noch ein VW- Käfer Cabrio, noch ein Origi-nal. Die Werkstatt ist leider geschlos-sen. Ein Hund hält Wache und schlägt an, er bellt recht laut und springt gegen eine Gartentür. Die Tür scheint mir nicht stabil zu sein, niemand kommt in den Hof, schade. Wie dem auch sei ich fahre weiter. Gerne hätte ich diesen Menschen kennengelernt. Wer solche Bikes baut muss ein cooler Typ sein.

Nun bin ich in Tulcea angekommen. Zunächst war ich doch sehr erschrocken, wieder eine Industriestadt. Doch je weiter man sich dem Zentrum nähert desto anschaulicher wird die Stadt. Eines ist klar, hier bin ich in eine Touristenhoch-burg gekommen, viele Hotels, sehr viele Urlauber, auch sehr viele Biker. Ich verbringe einige Zeit in der Stadt, vor allem am Wasser. Ich sitze auf einer Mauer an der Uferpromenade vor dem Hotel Delta und schaue auf das Wasser und die kommenden wie auch die ablegenden Boote. Ich entscheide mich hier zu bleiben, möchte die Gegend ein wenig erkunden. Den Naturpark, das Donaudelta und die Tierwelt mit einer Bootsfahrt entdecken.

Das Hotel Delta welches mir zunächst optisch einen guten Eindruck gemacht hat, lässt mich abblitzen, ich soll etwas warten, das Personal ist gerade zu beschäftigt. Ich solle in einigen Minuten wieder kommen. Mann bittet mich wieder zu warten, nun denn ich habe ja Zeit. Ich setze mich in die Lobby auf das Ledersofa und lese etwas. Da beobachte ich wie ein anderer Gast nach einem Zimmer fragt und prompt bedient wird. Aha, dieser Typ trägt einen Anzug, ich eine Kutte und bin mit dem Motorrad da. Das war's hätte man auch gleich sagen können das Motorradfahrer in diesem Hotel nicht erwünscht sind. Kurzum mein Statement; Das Hotel Delta ist kein kundenorientiertes Haus. Im nahe gelegenen Egreta Hotel sind Motorradfahrer willkommen, hier stehen bereits mehrere Enduros vor der Tür. Ich frage nach und bekomme ein freies Zimmer. Den Abend, verbringe ich auf der Turi- Meile der Stadt. Eine Bar neben der anderen, so etwas findet man in Rumänien selten. Was hier jedoch ebenfalls sehr auffällt sind die Straßenkinder welche stetig Leute in den Cafés und Restaurants anbetteln. Auf dem Land ist mir das bisher nie aufgefallen. Klar, bin hier auch in einer Touristenhochburg.

Das Donau Delta vor den Toren von Tulcea bietet ein riesiges Biosphärenreservat der besonderen Art. Die drei Donau-Hauptarme, die; Chilia, Sulina und Sfintu Gheorghe bilden das Hauptdeltagebiet Es erstreckt sich durch viele Wasserströme der drei Donauarme und deren Seitenkanäle, ebenso aus Seen im Schilfgras. Diese Region hat eine Gesamtfläche von etwa 5600 km². Der Naturpark, bzw. das Delta wurde über Jahrhunderte durch die Segmentanschwemmung geformt und verändert. Heute bietend dieses natürliche Paradies mit der Mündung der Donau ins Schwarze Meer ein besonderes Element für Flora und Fauna. Der Fluss hat nun seinen 2.860 km langen Weg von seinen Quellen im Schwarzwald um Donaueschingen im Schwarzen Meer beendet.

Am Morgen bin ich wieder einmal einer der ersten im Frühstücksraum, die BMW ist schon fast bepackt, ich sehe nun die Fahrer der Motorradgruppe welche ihre Bikes vor der Tür geparkt haben. Die Gruppe kommt aus Bayern, wir kommen etwas ins Gespräch, nicht sehr intensiv. Die Gruppe ist mehr mit sich selbst beschäftigt. Gestern noch sind sie von Moldawien eingereist, geht es nun für sie auch zur Schwarzmeerküste Rumäniens. So steht doch ihr eigentliches primäres Ziel bereits fest, Die Türkei, Istanbul am Bosporus. Danach wollen sie mit einer Fähre über Griechenland wieder zurück. Das hört sich gut an, ein wenig mehr Zeit, würde ich dies gerne mitmachen. Bei mir steht jetzt erst mal wieder die Karpaten Tour an. Möchte ich doch mein eigentliches Ziel nicht aus den Augen verlieren. Die Karpaten, Donau- Delta und Schwarzmeerküste ist nur ein kleiner Abstecher auf der eigentlichen Tour. Als nächstes Etappenziel steht die Schwarzmeerküste an.

Ich verlasse die Stadt auf der 22 mit dem Etappenziel Constanta. Dort möchte ich etwas Strand und echtes Urlaubsfeeling tanken, am Strand liegen und die Wellen beobachten. Auf geht's, mein Weg führt mich über weite Ebenen, der Wind bläst über das flache Land. Der Wind spielt mit mir und der BMW, kräftig zerrt der starke Wind an mir und der Maschine. Ich bekomme starke Nackenverspannung, zu konzentriert und zu steif sitze ich auf dem Bike und reise Kilometer. Der Streckenverlauf ist eintönig und zieht sich unglaublich in die Länge. Die Straße hat ab und an einige Löcher oder provisorische gerichtete Stellen. Wenn die BMW über eines der Kiesfelder fährt gibt es einen Ruck am Lenker, hinter mir wirft es eine Staubwolke auf. Ich bin wohl auf dieser geraden Strecke doch etwas zu schnell unterwegs. Baustellen auf der Strecke, ich drossle die Geschwindigkeit. Die Straße bekommt eine Generalüberholung. Von Asphalt ist nichts mehr zu sehen. Über mehrere Kilometer nur Schotterpisten. Mir kommt es wie eine Ewigkeit vor als ich auf den Pisten da hinfahre, sind es vierzig oder fünfzig Kilometer Baustellenpiste? Ich fuhr im Kiesbett über losen Schotter, dann wieder gepressten Schotter, nun wieder loser Sand. Der provisorische Fahrbahnbelag wechselte mit den jeweiligen Bauetappen. Ab und an wurde der Verkehr über den Acker durch ein Stoppelfeld umgeleitet. Ein anderes Mal gab es wieder ewig lange Staus da Baumaschinen zu Gange waren und der Verkehr komplett zum erliegen kam. Dieser Streckenverlauf war echt ermüdend, Kräftezehrend. Ich sehnte mich nun endlich die Küste und somit das offene Meer zu sehen, Pause machen vom Fahren.

Bei Mihai Viteazu verlasse ich die N 22 und fahre auf der 226 über Sinoe nach Năvodari. Die Ebene wird mir zu eintönig, ich will nun endlich an das Wasser und das Schwarze Meer sehen. Über die Nebenstraße versuche ich näher an die Küste zu kommen. Wenige Kilometer vor dem einstigen Fischerdorf

Năvodari sehe ich nun die Binnengewässer, auch die Küste wird nun sichtbar. Allerdings bin ich etwas enttäusch von diesem Ort. Industrieanlagen und Ferienanlagen vermischen sich, teils Badeort, teils Industrieort. Beides kommt nicht wirklich in Einklang. Am Rand der Stadt hat man Siedlungen gebaut welche an Freizeitanlagen erinnern wie man sie aus den USA oder Südafrika her kennt, Retortenstädte für den Massentourismus, keine Hochhäuser nein, alles schön und fein mit Delphinspringbrunnen, Pools, Parkanlagen, Kreisverkehr, Kinderspielplatz, Eiscafés. Die schöne heile Welt an der Badeküste. Es zieht mich weiter, in das nur etwa 20 km entfernt Constanta.

Constanta wirkt auf den ersten Blick ernüchternd. Eine Mischung aus Hafenstadt am Donau Schwarz-Meer Kanal mit Verbindung zu den unterschiedlichen Seehafen, dann wiederum einem Urlaubsort mit extremem Freizeitangebot. Nun da bin ich, hier wollte ich hin zu Strand, Wellen und Sonne. Ich bin etwas enttäuscht. Die Stadt breitet sich immer weiter aus, vorwiegend an den freien Küstenabschnitten entstehen Neubausiedlungen. Der Strand wird ebenfalls unter Beschlag genommen, Strandbuden entstehen. Ich verbringe zunächst einmal ein paar Stunden am Strand des Schwarzen Meer.

Bild: Badestrand mit Fischerboot am Schwarzen Meer.

Ich sitze im fast weißen Sand welcher durch Muschelgehäuse ein weißes karibisches Flair bekommt. Lediglich der Palmenwald und die Reggae-Musik fehlen. Fischer bauen Ihre Angelrouten am Strand auf, hier und da liegt ein Fischerboot am Strand. In Summe ist das Leben ruhig, kaum Touristen hier. Ich habe Platz und wandere den Strand auf und ab. Beobachte das geschäftige Treiben der Einheimischen. Es werden Bars und Buden aufgebaut, gehämmert und gezimmert, der Strand wird für die eigentliche Hauptsaison vorbereitet.

Nach einigen Stunden wird es mir am Strand doch zu langweilig. Na ja ich bin nun doch nicht so der Strandmensch. Ich ziehe es vor mehr in Richtung Innenstadt abzutauchen. Die Anfahrt auf dem großen Boulevard parallel zum Strand ist etwas beklemmend. Pferdedroschken in strahlendem Weiß fahren die Straße auf und ab und suchen nach Passagieren. Wer nicht laufen oder mit der Kutsche fahren will kann mit einer Seilbahn über den Dächern der Hotels, parallel zum Strand von A nach B gelangen. Auf mich wirkt das dekadent, zwischendrin eine Touristenattraktion nach der anderen. Hier ein Spaßbad mit Riesenrutschen, dort ein Fahrgeschäft, hier ein Markt nur für Touris mit allem unwichtigen was der Mensch nicht wirklich braucht.

So hat doch die Stadt einiges mehr zu bieten, man findet es nur nicht auf den ersten Blick, schade eigentlich da vieles Sehenswertes so verbaut wurde. Man muss schon tiefer eintauchen und sich an den vielen Hotelkomplexen vorbei bewegen. Die Stadt an der Schwarzmeerküste findet ihre Wurzeln in der griechischen Antike. Im 7. Jahrhundert v. Chr. Wurde die Stadt von Griechen aus der ionischen Mutterstadt Milet her kommend gegründet. Damals erhielt Constanta den Namen Tomoi oder auch als Τόμοι bekannt. Später wurde die Stadt Tomi römisch. Zeitweise stand die Stadt auch unter dakischer, skythischer sowie auch keltischer Herrschaft. Unter dem römischen Kaiser Konstantin I. wurde die Stadt zu Ehren seiner Schwester in *Constantiana* umbenannt und war eine wichtige Metropole des Römischen Reichs. Später teilte die Stadt das Schicksal der römischen Balkanprovinzen und gehörte zum oströmischen Reich. Ab der zweiten Hälfte der 670er bis 1385 war Constanta bulgarisch, jedoch zwischen 971 und 1186 auch byzantinisch. Ab dem Jahre 1385 bis 1420 gehörte die Region zur Walachei und schließlich zum Osmanischen Reich, bis es 1878 im Rahmen des Berliner Kongresses (Kolonialisierungspolitik Europas) mit der Norddobrudscha, deren Zentrum Constanta ist Rumänien zugeschlagen wurde.

Die Stadt bietet Museen zur frühgeschichtlichen Besiedelung, Grundmauern der alten griechischen Stadt Tomoi sind zu besichtigen. Weiter vereinzelte Bauwerke der unterschiedlichen Bevölkerungsschichten, wie Moscheen und die orthodoxe Kathedrale Petru Si Pavel. Die Stadt ist weiterhin ein Zentrum der türkischen / muslimischen wie auch der tatarischen Minderheit von Rumänien.

Allzu lange bleibe ich nicht in Constanta, nach einem Tag zieht es mich wieder in die Berge zurück. Der Abstecher war schön doch nun geht es wieder in die Karpaten. Ein kleines Stück des vertikalen Karpatenbogens steht noch aus. Um den Anschluss wieder zu bekommen fahre ich in Richtung Bukarest. Zunächst wollte ich nicht die tolle und wirklich super ausgebaute Autobahn (A 2) von Constanta nach Bukarest nehmen. Doch die Beschilderung schickt mich immer wieder zur Autobahn. Also nehme ich den schönen Highway und spule ein paar Kilometer ab. Die Monotonie der nicht allzu überfüllten Autobahn ist grenzenlos. Mich zieht es auf die Landstraße zurück, ich will die Leute und das Leben auf der Landstraße spüren. Nach einem Relaxtag in Constanta höre ich die Landstraße Rufen; „...„ komm, komm Lebe das Abenteuer… “ Allerdings wird die Herumeierei auf der stark befahrenen Landstraße doch recht nervig, so biege ich bei Slobozia auf die Verbindungsstraße, der N 21 zur monotonen Betonstraße der A 2, ab hier brause ich durch bis zur Hauptstadt von Rumänien, Bukarest.

Bukarest ist die Hauptstadt von Rumänien, die Stadt liegt südlich des östlichen Karpatenbogens und der Vranceazone. Die Hauptstadt bildet das Zentrum der Walachischen Tiefebene. Die Stadt liegt etwa 68 km nördlich der Donau, rund 280 km westlich des Schwarzen Meeres. Die ungefährer Einwohnerzahl liegt in der Kernstadt mit zwei Millionen Einwohnen, inklusive direktes Umland und Ballungszentren der Stadt sogar größer 2,2 Mil. Einwohner, somit gehört Bukarest zu den zehn größten Städten Europas. Die Stadt wird von der Dâmbovița durchflossen; ihr Nebenfluss, die Colentina, bildet im Norden der Stadt eine Kette von neun natürlichen Seen.
Das Stadtbild von Bukarest ist geprägt von einer vielfältigen Architektur mit einem bunten Stilgemisch auf engem Raum. Nach dem türkischen Sultanat wandte sich die Architektur westlichen Bauarten zu. Vorbilder waren Paris und die österreichische Monarchie. Nach den Zerstörungen der Stadt im II.

Weltkrieg, wie auch nach Zerstörungen auf Grund von Erdbeben in den 1970er Jahren erfolgte ein Wiederaufbau des Stadtbildes nach sozialistischem Vorbild.

Die Stadtgeschichte ist sehr bewegt, beginnend wird Bukarest in einer auf den 20. September 1459 datierte Urkunde erstmals erwähnt. Wechselnde Dynastien treten in die Geschichte der Stadt ein. Das Osmanische Reich dehnte sich im 14. Jahrhundert von Kleinasien her aus. Die eigentliche Stadtgründung ging über die Fürsten der Walachei. Über die Jahrhunderte erfolgte ein stetiger Machtwechsel und Regierungszeit zwischen Türken und den Fürsten der Walachei. Im Jahre 1807 geriet Bukarest während des Russisch-Türkischen Krieges unter den Oberbefehl des Kommandanten der russischen Truppen. Ende des 18. Jahrhunderts treten die Fürsten dem Königreich Ungarn bei, somit auch in den Verbund der K&K Monarchie Österreich – Ungarn. Im Jahre 1861 erfolgte die Bildung des Fürstentums Rumänien aus den Donaufürstentümern Moldau und Walachei, daraus folgte das Bukarest die Hauptstadt von Rumänien wurde.

Während der Zeit des Ersten Weltkrieges war Bukarest vom 6. Dezember 1916 an als Folge der Schlacht am Argesch bis zum Friedensvertrag vom 7. Mai 1918 durch deutsche Truppen besetzt.

In der Zeit des Zweiten Weltkriegs war Rumänien bis 1940 Neutral. Im Jahre 1940 tritt Rumänien dem Dreimächtepakt zwischen dem Deutschen Reich, dem Kaiserreich Japan und dem Königreich Italien bei. Im April 1944 erreichten die britischen und amerikanischen Luftwaffenverbände die Stadt und bombardierten diese. Danach zogen Verbände der roten Armee in die Stadt ein. Nach dem Krieg kam es zu antikommunistischer Demonstration. Man wollte den im Exil lebenden König wieder an die Macht bringen. Nach dem Zweiten Weltkrieg geriet Rumänien unter sowjetischen Einfluss. Die Eliten des alten Systems und politische Gegner wurden enteignet, verschleppt oder ermordet. Im Jahr 1947 wurden alle bürgerlichen Parteien verboten, König Mihai I. wurde endgültig abgesetzt. Die Sozialdemokraten wurden mit der zuvor unbedeutenden Partidul Comunist din România (PCR) zwangsvereinigt, woraus ab März 1948 die Partidul Muncitoresc Român (PMR, Rumänische Arbeiterpartei) hervorging. Diese rief dann die Volksrepublik Rumänien aus. In der Arbeiterpartei war Gheorghe Gheorghiu-Dej nun der bestimmende Mann. Ab 1948 erfolgte eine letzte territoriale Abtretung, als die Schlangeninsel der

Sowjetunion übergeben wurde. Rumänien mit der Hauptstadt Bukarest ging in die Ostblockstaaten ein und wurde Mitglied der Warschauer Paktstaaten.

Mitte Dezember 1989 begann in Timisoara der Volksaufstand gegen Nicolae Ceausescu. Dieser erreichte am 21. Dezember Bukarest, weil das Ceausescu-Regime eine öffentliche Kundgebung vor das Zentralkomitee der Rumänischen Kommunistischen Partei bestellte, um ihren Rückhalt in der Bevölkerung nach den Unruhen in Timisoara zu präsentieren. Die Zeit des Umbruchs hatte begonnen, das neue Rumänien entstand mit der Anpassung und dem Wiederaufbau der etwas in Mitleidenschaft geratenen Architektur der Stadt.

Ich fahre auf einer der Ringstraße um Bukarest und nehme die Abfahrt in Richtung Zentrum. Kaum habe ich die Ringstraße verlassen tauche ich in das absolute Verkehrschaos ein. So was habe ich in Europa noch nie erlebt. Ich kenne einiges an Verkehrssituationen in der Welt, sei es das Verkehrsverhalten von Afrika wie Marrakesch, Südamerika wie Buenos Aires oder Caracas, auch China Changsha oder Schanghai. Keine Frage Bukarest kommt unter die ersten fünf der wilden Verkehrsführungen die ich übelster Art erleben durfte. Ein paar Beispiele: Auf der Stadteinwärts führenden achtspurigen Straße komme ich an eine Ampelkreuzung. Ich stehe auf der mittleren Geradeausspur als ein Fahrzeug vom Linksabbiegerstreifen quer vor allen anderen Fahrzeugen fährt um sich dann vor die rechts abbiegenden zu stellen. Ein weiteres Beispiel: Fahrzeuge wechseln die Fahrspur, fahren hierzu auf die etwas erhöht liegenden Gleise der Straßenbahn, blockieren die Tram und warten auf ein Lücke um sich in den gegenüberliegenden Verkehr einzubinden. Noch ein Beispiel: Ampelanlagen werden ignoriert, der LKW Verkehr rollt auf eine Kreuzung und tastet sich langsam über die Kreuzung. Dies geschieht von allen vier Seiten, das Chaos ist enorm. Letzteres kenne ich von China. Aber nun denn, ich bin im wilden Osten Europas unterwegs. Da ist das halt so. Im Übrigen schiebt sich jeder so durch wie es eben nur geht. Ich passe mich den Gepflogenheiten im hiesigen Straßenverkehr an. Die Stadt kocht, es hat schon über 30°C, der Motor erhitzt ebenfalls. Es sind nur noch zwei Balken meines Fahrer-Informations-Display bis zum roten und somit kritischen Temperaturbereich der BMW. Ich beschließe an einem Park anzuhalten um mich und der Maschine eine Pause zu gönnen. Verkehrsschilder zeigen schon lange nicht mehr zum Zentrum, somit glaube ich im Zentrum angekommen zu sein. Mein GPS ist ausgerechnet jetzt ausgefallen, die Stromverbindung ist unterbrochen, die Akkus sind leer. Na prima, immer dann wenn man die Technik bräuchte geht nichts. In Bukarest bekomme ich keine Batterien für das GPS, dieser Batterietyp scheint es in der Stadt nicht zu geben.

Da ich schon einmal in einem schattigen Park bin beginne ich mit der Erkundung zu Fuß, es scheint dass ich richtig bin, große Breite Prachtstraßen, hier und da etwas grün, ein Brunnen mit Wasser oh Erfrischung durch etwas Nass. Auf der andren Seite des Platzes ein Flohmarkt mit vorwiegend antiken Möbelstücken. Die Händler bieten alles an vom sozialistischen Orden über Degen aus der K&K Zeit, bis hin zu riesigen Ölgemälden, Schränke, Sessel, Spiegel, Geschirr, Kameras alles Mögliche wird angeboten.

(Bild: Flohmarkt in Bukarest). Auf dem Platz steht ein Streifenwagen der Polizei, perfekt ich erkundige mich hier wo ich bin, zeige den Beamten den Stadtplan und deute auf das Parlamentsgebäude im Reiseführer. Die Beamtin auf dem Beifahrersitz gibt mir auf Englisch eine Anfahrtsbeschreibung, auf Grund der vielen Einbahnstraßen nicht unbedingt einfach, das ist schon mal klar. Sie erklärt mir mit Hilfe meines Stadtplans die Richtung. *„Dort drüben erst mal gerade aus, nein doch links, hier oben dann wieder links, da rechts dann der Straßenbahn folgen, hier rechts, nein doch links..."* *„Ähm, ich verstehe, nein verstehe eigentlich nicht."* *„Hier kennen wir uns nicht mehr aus, das ist ein anderer Bezirk."* Fertig war die Erklärung, die Scheibe des Klimatisierten Autos wird hochgefahren und ich stehe neben dem

Streifenwagen und mache ein verwirrtes Gesicht. Aha, ich bin noch konsternierter als zuvor.

Nach der mir gegebenen Beschreibung versuche ich diese zu folgen. Schon nach der zweiten Abzweigung welche sich als Einbahnstraße entpuppt ist die Routenfolge welche mir im Gedächtnis blieb dahin. Ich gebe mich dem Trubel der Stadt hin. Eigentlich ist es eher ein Treiben oder ein nicht untergehen im dichten Verkehr der Großstadt. So beschließe ich für mich hier und da mal zu stoppen um die Stadt so etappenweise auf meinem Blindflug zu besichtigen. Das ein oder andere Gebäude welches sich mir als zwar altes großes, schönes Gebäude darstellt nehme ich in meiner Betrachtung mit, doch fehlt mir die historische Beschreibung dazu. Mein mitgebrachter Stadtführer gibt nicht viel her. Würde mir jetzt eine Reise- App auf meinem Smartphone helfen welche ich nicht habe? Apropos Beschreibung, irgendwie schaffte ich es dann doch den Präsidentenpalst zu finden, wohl eher zufällig. Ein unglaubliches Gebäude, es wirkt beklemmend, bedrohlich, einfach zu groß. Der Rumänische Staatschef Nicolae Ceausescu ließ es in den Jahren 1983 bis 1989 errichten. Ein Sozialistischer Prachtbau, ein Schloss der Moderne?

Bild: Präsidentenpalst von Nicolae Ceausescu.

Ich habe einfach genug von der Stadt, nicht mein Ding, zu stressig diese motorisiert zu entdecken, will einfach weg hier. Beim Verlassen der Stadt erweckt in mir der Eindruck das Verkehrschaos ist noch schlimmer geworden sei, radikaler im Vergleich als ich in die Stadt hineinfuhr. Eine kurze knappe Beschilderung ist irgendwo an einer großen Kreuzung angebracht, sei es versteckt hinter einer Hecke oder schwer zu finden unter Werbeschildern. Des Weiteren sind die Richtungsweiser nur für eine grobe Himmelsrichtung ausgelegt. Der Rest des Weges bleibt der Intuition überlassen. Man bemerkt an der Häuserstruktur das man die Innenstadt verlässt, in ein Wohnbereich kommt und schließlich in den mit Industrie durchwachsenen Randzonen befindet, hier fallen mir die Worte der tschechischen Motorradfahren in den Bergen ein „...*so ist Rumänien...*" Der LKW Verkehr nimmt zu, somit auch die Staus welche ich bereits bei der Einfahrt in die Stadt erlebt habe. Mir scheint fast dass die Staus im Westen der Stadt heftiger sind als diese im Ostteil her kommend. Es

ist später Nachmittag, in der Bukarest möchte ich die Nacht nicht verbringen. So schlängle ich mich so gut es geht an den LKWs vorbei. *(Bild: LKW Stau).* Schnell bemerke ich den Grund der langen Staubildungen. An den Kreuzungen fehlen Ampelanlagen, von allen Seiten schiebt sich der Verkehr über die Kreuzung, jeder fährt mal langsam auf die Kreuzung, man kommt schon irgendwie durch. Der Rückstau ist enorm. Diese bilden sich bis hin zu den nächsten Kreuzungen auf den Ringstraßen. Nicht nur das, jetzt werden auch noch die Straßen aufgerissen und instand gesetzt, dadurch entstehen zusätzliche Staus. In Summe fahre oder stehe ich in sicherlich gut

und gerne zwanzig bis dreißig Kilometer langen Staus von den Ausfallstraßen über die Ringstraßen bis hin zu den Autobahnauffahrten. Das ganze gemischt mit um die 36°C Temperatur, zusätzlich die Umgebungstemperatur der laufenden Motoren von einigen hundert oder gar tausend Fahrzeugen. Eine Empfindung von gefühlten 40°C, ich auf dem Motorrad mit Helm holpere auf Baustellenschotter und Staub aus der Stadt hinaus, mir fließt der Schweiß in Strömen. Wenigstens habe ich den Motorradfahrerbonus und kann mich an so manchen im Stau stehenden Fahrzeugen vorbei fahren.

Erst einmal auf die A 1, auf der Autobahn versuche ich durch den Fahrtwind den Motor der BMW etwas abzukühlen, die Temperaturanzeige beginnt zu sinken. Nach einigen Kilometern fahre ich auf einen schattigen Parkplatz und versuche den Motor weiter abkühlen zu lassen. Die Temperatur des Motors sinkt nicht, es ist zu heiß. Die Luft bewegt sich nicht und von unten dampft der Asphalt und kein Lüftchen bewegt sich. So ist es unmöglich dass der Motor sich abkühlt, in einigen Stunden vielleicht. Nach einer längeren Unterbrechung nehme ich die Fahrt wieder auf. Ich will noch heute in die Bergregionen kommen. Bei Pitesti sehe ich am Horizont die Karpaten welche in einem tiefen blau schemenhaft ihre Konturen abzeichnen. Langsam schraubt sich die Straße nach oben, erst eine Kehre dann zwei Kehren. Ich erklimme Hügel um Hügel. Das Fahren macht wieder Spaß, hier ein lange Linkskurve dann ein Anstieg zur Ebene und weiter. Nach ein paar Kilometer dann wieder ein paar Serpentinen, jetzt eine links - rechts Kombination, Das Fahren wird trotz nerviger stetiger Drängler und Raser wieder interessant. Den Abend verbringe ich in einem Motel an der Straße. Eine LKW Fahrer Bar, Grill und Bier. Die Sonne steht Glutrot am Horizont, somit endet für mich einer der stressigsten Fahrertage dieser Reise. Nun endlich Pause für die BMW und für mich.

Zurück in die Karpaten

Der darauffolgende Tag beginnt für mich am frühen Morgen, sehr früh. Mit den LKW Fahrern nehme ich ein klassisches Fahrerfrühstück zu mir, Eierpfannkuchen, Sandwich und Kaffee. Der Tag ist jung und frisch als meine zwei Räder auf die Straßen rollen. Am Vorabend habe ich mir wie immer die Tagesroute ausgedacht und mein Roadbook geschrieben. Zunächst möchte ich den nahegekommenen Karpaten wieder den Rücken kehren. Ich ziehe eine Schleife durch Bulgarien. Über Nebenstraßen wie die 562 A, der 56 C, sowie der 56 a und 56 setze ich bei Calafat mit einer Fähre über die Donau umso nach Bulgarien zu gelangen. Es war nicht ganz einfach den Grenzübergang zu finden. Die Brücke befindet sich noch in den letzten Bauphasen. Der Straßenverlauf zur Grenze ist etwas verwirrend doch spielende Kinder deuten mir den Weg ohne das ich nachfrage, Prima. Mal ehrlich wer hier durchkommt kennt sich aus. Touristen sind hier kaum zu finden. Die Fähre kommt an, LKW an LKW rollt vom Deck des Schiffes. Nachdem die Ladung gelöscht ist steht der wartende Konvoi noch etwa fünfundvierzig Minuten in der Sonne. Die Zöllner versperren den Weg. Ein Handzeichen der Fährbesatzung, dann folgt das Zeichen der Zöllner damit der Ladevorgang starten kann. Ein leerer Autosattelzug macht den Anfang, der LKW fährt auf die Fähre und bleibt mit seinem tiefen Anhänger hängen. Der Ladevorgang wird unterbrochen, ein paar Transporter und ich können auf das Deck, der Rest muss warten. Die LKW Fahrer helfen sich gegenseitig den Havarierten Fahrzeugtransporter wieder frei zubekommen. Mit Keilen, Dielen und Luftablassen der Federung, mit allem Mittel versuchen sie den LKW von der verkeilten Auffahrrampe zu bekommen. Die Fahrer schaffen es, der LKW ist wieder frei und kann nun auf die Fähre rollen. So bald das Fahrzeugdeck belegt ist geht es los. Wir machen eine Schleife auf der Donau, schräg gegenüber ist die Anlegestelle in Bulgarien. Als erstes verlasse ich mit dem Motorrad die Fähre und fahre zur Grenzstation. Zolldokumente, Versicherung, Reisepass, Fahrzeugschein und das Motorrad wird kurz begutachtet dann der Stempel in den Reisepass und es geht weiter. Nach zehn Meter werde ich wieder gestoppt, zeige meinen Ausweis. Der Mensch im Kontrollhäuschen möchte wissen wo ich hinfahren will, ich sage zu Ihm nach Serbien, er verlangt von mir eine Summe. Ich verstehe nicht. Man erklärt mir es sei die Straßennutzungsgebühr. Aha so eine Art Maut für die Benutzung der Straße. In Deutschland und in der EU macht man so ein Theater um die PKW- Maut und hier zahlt man an der Grenze. Nun denn, so ist das eben. Bei einem Geldwechsler wechsle ich meine Rumänische Leu und bekomme dafür Bulgarische Lew. Ich bin in Bulgarien, neue Schilder, ein anderer Straßenbelag. Ich orientiere mich zunächst mit der Straßenkarte, ich finde einen geeigneten Weg und fahre einfach drauf los. Kaum bin ich einige Kilometer auf den schmalen holprigen Landstraßen unterwegs da prasseln mir unzählige Mücken entgegen. Binnen wenigen Minuten bin ich voller gematschter Mücken. Aus meiner Helmbrille kann ich nichts mehr sehen. Mit einer geduckten, Haltung verstecke ich mich hinter der Windschutzscheibe der BMW und fahre so übers Land. Etwas umständlich, gleichzeitig werden so viele Mücken auf der Scheibe zermatscht dass ich hier auch bald nicht mehr durchsehen kann. Was ist hier los? Ich werde heilfroh sein wenn ich wieder aus dieser Mückengegend herausgefahren bin. Das Land ist schön, überwiegend Ländlich doch es wirkt verlassen. Kaum Autos unterwegs, nur wenige Menschen sind zu sehen, meist nur alte Menschen, wo sind die jungen? Es wirkt auf mich wie Landflucht. Ich fahre durch eine sehr arme Gegend, zerfallene Häuser, verlassene Fabriken, schrottreife Autos und kaputte Landmaschinen stehen am Straßenrand. Die Landstraßen wachsen durch das Gebüsch am Straßenrand fast zu. Ich streife Bulgarien nur. Ein kleiner Abstecher, mehr nicht. In Bregovo überfahre ich die Grenze in die Republik Serbien. Die Einreise verläuft einfach, locker und easy. Mit den Zollbeamten halte ich einen kleinen Plausch. Man fragt woher ich komme, bestaunt meine vielen Stempeln im Reisepass und drückt unter den chinesischen Visa den Serbischen Stempel in den Pass. Jetzt bin ich in Serbien. Ich hätte nicht gedacht dass die Einreise so gelassen vonstattengeht. Vor mir steht ein LKW Fahrer dessen Ladung gerade komplett zerlegt wird, er lädt einzelne Kisten ab, so dass die Zöllner auf die Ladefläche schauen können. Ich will mein Zwangsumgetauschte Bulgarische Währung loswerden, doch die Wechselstube ist geschlossen. Ein Geldumtausch ist nicht möglich, somit fahre ich ohne serbisches Geld jedoch mit Euros und Bulgarischen Lew über die Grenze. Es gibt hier auch keine Geldwechsler an der Straße. So kann ich leider an der Grenze kein Geld tauschen. Es gibt hier keine Geldwechsler, niemanden. So sei es ich ziehe weiter. Werde mein Bulgarisches Geld sicher in der nächsten Stadt los. Auf der 24 fahre ich nach Kobisnica, hier will ich im Laden am Dorfplatz mein Geld wechseln. Die

Verkäuferin nimmt mir das Geld nicht ab, nur zwei Kilometer hinter der Grenze kennt man diese Währung nicht. Man lädt mich zu einer Tasse Kaffee und einem Glas Wasser ein, die Gastfreundschaft ist hier enorm.

Die serbischen Dörfer im dünn besiedelten Osten wirken beschaulich, etwas verschlafen da kaum Menschen auf den Plätzen zu sehen sind. Doch der Gesamteindruck im Vergleich zu Rumänien und Bulgarien ist sehr ordentlich. Meine erster Eindruck viel hier auf das Vorhandensein von Gehwegen, das kehren vor den Häusern. Wie zu Hause im Badischen fegen die Leute die Straße vor ihren Häusern, serbische Kehrwoche. Vorgärten werden gepflegt und gehegt, Blumen gegossen, der Rasen gemäht. In einigen Orten gibt es Häuser die protzen regelrecht vor pompösen Glanz. Das sind keine Häuser mehr, das sind Villen. Da strahlt ein ehemaliges Bauernhaus derart Luxus aus, ich komme vom Glauben ab. Schmiedeeiserne Tore welche sich elektrisch bewegen, aufwendig gestaltete Außenanlagen, alles neu, alles vom Feinsten.

Bild: Unterwegs auf den serbischen Landstraßen.

Ich bummle über die Landstraße, vorwiegend suche ich mir auch in Serbien, die kleinen Straßen aus. Allerdings habe ich meine Startschwierigkeiten, wie in Bosnien oder der Ukraine ist die Beschilderung hier in Kyrillisch. Es ist nicht ganz einfach den richtigen Weg sofort zu finden. Hin und wieder muss ich die Schriftzeichen regelrecht mit den Beschreibungen meiner Karte vergleichen. Auch das GPS muss mit lateinischen Buchstaben gefüttert werden. Aufpassen ist angesagt so dass ich mich hier nicht verfahre, was jedoch schon nach wenigen Kilometern geschehen ist.

Die Berge und Wälder haben mich nun endgültig wieder. Sanfte Hügellandschaften durchfahre ich voller Fahrfreude. Ein kleiner Anstieg, eine Straßenkuppe, hinunter in ein lang gestrecktes Tal. Dann der Aufstieg über drei sehr enge Serpentinenkurven hinweg, fantastisch. Das fahrerische Vergnügen ist hochgradig, absolutes Motorradvergnügen. Gepflegte landwirtschaftliche Flächen mit Streuobstwiesen, hier eine überschaubare Fläche mit Mais, dort ein übersichtliches Getreidefeld und hier kleineren Gartenähnliche Nutzflächen. Ich fahre mit meiner BMW GS durch ein wunderschönes Land. Der Verkehr ist bescheiden, keine nervige LKW- Fahrer welche unter Termindruck über die Landstraße rasen, so wie etwa die Tage zuvor in Rumänien. Hier ein Traktor, da ein Transporter auf der Fahrbahn, alles überschaubarer. Die Kurven, den Verlauf der Straße kann ich bis zur Ideallinie voll und ganz ausnützen. Fast hat es den Anschein dass ich alleine unterwegs bin. Der Straßenbelag ist gut auf den Überlandstraßen. Ich halte an wo es mir gefällt, dort ein Brunnen da ein Bach, verweile hier in der Sonne, setze mich dort in den Schatten und beobachte die Schönheit der Natur.

Bei einer dieser Pausen an einem Brunnen am Straßenrand melde ich mich bei den Serbischen Chaptern des Gremium M/C an. Über Novo Sad korrespondiere ich das ich zum Abend hin eintreffen werde. Ein langer Weg welcher mir bereits hinter mir liegt und noch bevorsteht. Doch ich habe ein Ziel und komme bei Freunden unter.

Der Serbische Anteil der Karpaten ist sehr gering, gerade 732 km², das entspricht einem Anteil von nicht einmal einem halben Prozent der Gesamten Karpatenfläche. Der Großteil der serbischen Karpaten ist im Derdap Nationalpark eingefasst. Der Zugang zu den serbischen Karpaten von der Rumänischen Grenze her kommend sind die Erhebungen am Eisernen Tor. Die Gesamtlage erstreckt sich im Wesentlichen auf der rechten Seite der Donau und westlich des Morava-Beckens. Weiterhin östlich des Flusses Timok und nördlich der Nišava, Hier ergibt sich der Übergang von den Karpaten zum Balkangebirge im Süden. Die höchste Erhebung der Karpaten ist der Šiljak mit 1565m, dieser Berg liegt in der Gebirgskette des Rtanj. Die Berge sind hier nicht mehr so hoch, die durchschnittliche Höhe der Erhebungen liegt zwischen 800m und 1500m. Im Wesentlichen handelt es sich um karstige Kalkstein-Formationen.

Jetzt führte mich mein Weg durch Teile des Derdap Nationalparks, dieser verläuft entlang der Donau und somit an der Grenze zu Rumänien, man spricht auch vom Eisernen Torr, das kommt allerdings vom Stauwehr das hier in der Donau gebaut wurde. Hier verläuft der Park an den Städten im Nordwesten her über Golubac, bis hinter dem Ort Tekija oder Novi Sip. Bei Novi Sip überquert eine Brücke auf der N 25 die Donau. Der Nationalpark erstreckt sich weiterhin mit einer Länge von 100 km, er erreicht somit eine Fläche von etwa 640 km². Die Donau durchbricht hier in der südlichen Vertikalen Karpatenbogen die Gebirgsregion der Karpaten. Der Hauptanteil der Parkfläche liegt im serbischen Bezirk Bor und ein weiterer Teil im Bezirk Braničevo. Das Einzigartige an diesem Park sind die riesigen Schluchten, durch die die Donau fließt, diese zählen zu den größten in ganz Europa. Die Donau hat hier Flusstiefen von über 80 Meter, ebenso erreicht sie eine Breite von bis zu 150 Meter.

Bild: Schluchten der Donau im Derdap Nationalpark.

Ich kreuze etwas durch diesen Landesteil, fahre zunächst in Nord- Westlicher Richtung. Von Negotin auf der 24 weiter bis Stubik und Klokočevac. Hier wechsle ich die Richtung nach Norden. Auf der 25 fahre ich ein Stück in nördlicher Richtung. Schwenke dann wieder ab und folge der Beschilderung nach Majdanpek. Bei Majdanpek erheben sich noch einmal große Felsmassive oberhalb der Stadt. Von hier aus möchte ich noch einmal quer durch das unübersichtliche Hinterland fahren. Da mein Kartenmaterial nicht ausreichend Infos zu den kleinen Dörfern gibt, frage ich immer mal wieder nach dem Weg. Ich komme an eine etwas unübersichtliche Wegkreuzung, an einer Bushaltestelle stehen wartende Menschen. Ich stoppe das Motorrad bei der Bushaltestelle, steige ab und erkundige mich nach einem Weg durch die Berge. Man erklärt mir sehr ausführlich die Möglichkeiten wie die Berge zu durchqueren sind. Doch egal, zunächst muss ich durch die Stadt Majdanpek. Ich folge der Beschreibung welche man mir gegeben hat und fahre in die Bergwerksstadt Majdanpek hinunter, vorbei an mehrgeschossigen modernen Siedlungshäusern. Die Straße führt steil hinunter in das Tal. Im Stadtzentrum orientiere ich mich noch einmal was man mir an Richtungsweisung mitgegeben hatte. Vorbei an der kleinen Fachwerkkirche im Stadtzentrum, dann rechts halten zu den großen Gruben der Kupfermine. Ich schaue etwas suchend, da werde ich von zwei Männern angesprochen. Sie fragen wo ich hin will. Ich Antworte in meiner etwas holprigen Aussprache in die *„Kupinova Glava"*. *„Aha, Du deutsch..?"* *„Woher kommst Du, wohin willst Du....?"* Ich gebe Auskunft, man bestaunt das Motorrad. Die beiden erklären mir inmitten auf der Straße wo ich hin muss, ein Linienbus kommt und will durch, er hupt wie verrückt, die beiden Männer winken ab, *„Ach der Bus soll warten"*. So ist der Balkan, nett und hilfsbereit. Die lockere Art gefällt mir immer wieder. Ich verabschiede mich und fahre weiter. Der Linienbus kann nun auch die Straße passieren. Die Abzweigungen, sowie die kleinen Nebenstraßen in den Bergen finde ich recht gut. Dank der hilfsbereiten Menschen welche ich nach dem Weg fragte und die mir eine Super Beschreibung gaben. Die Erklärungen waren sehr bildreich dargestellt. Nach der Kupfermine die Straße hinunter, unten an der Fabrikhalle mit der Bushaltestelle an der Brücke links abbiegen. Ab hier durch das Dorf, dann kommst Du nach Debeli Lug und weiter nach Jasikovo. An der Bushaltestelle welche mir beschrieben wurde stehen Ziegen unter dem schattenspendenden Dach des Bushäuschens.

Bild: Nebenstraßen in den südlichen Karpaten von Serbien.

Alles wunderbar gefunden, die Straßen sind nun so schmal das ein Vorbeikommen zweier Autos recht schwierig sein kann. Ich fahre auf Straßen deren
Nummer ich nicht deuten kann. Vor mir läuft ein Mann mit vier Rindern auf
der Straße, langsam fahre ich an der kleinen Herde vorbei. Man grüßt sich
gegenseitig „*Dobre*". Die Straße windet nun langsam in ein immer enger werdendes Tal. Hecken, Sträucher und Wald lassen mich in einen schattigen Tunnel aus Laub einfahren. Die Straße steigt nun wieder an. Vor mir taucht ein
Linienbus auf. Der Bus hängt am Berg, strenge schwarze Rauchschwaden von
Diesel hängen in der Luft. Ich muss dem stinkenden Bus hinterherfahren,
überholen bei dieser schmalen Straße absolut nicht möglich. Die Straße besteht nun aus löchrigen Betonplatten. In den Kehren teilweise vom Wasser
gänzlich weggespült, nur Kies und Sand. Bei einer günstigen Gelegenheit gelingt es mir doch am Bus vorbeizufahren. Nur wenige Zentimeter Platz zwischen Bus und Straßenbankette, überhole ich den Bus. Der Fahrer bemerkt
mein Überholmanöver und macht mir Platz so gut es geht. Relativ zügig fahre
ich an Ihm durch, ein kurzer Gruß dem Busfahrer und ich ziehe mit der GS die

kleine Straße die Berge hoch. Die Straßen oder Wege sind nun teilweise doch sehr schlecht, immer größer werdende Löcher, Sand und Steine befinden sich auf den Straßen. Ich komme durch Dörfer deren Namen nicht auf der Karte eingetragen sind. Brückenübergänge ohne Geländer, nur ein Fahrzeug kann die Brücke überqueren. Allerdings sind hier oben außer dem Linienbus hinter mir und ein paar Traktoren, fahrbare Mähmaschinen für Gras nicht sonderlich viel los. Der Verkehr ist lediglich im Bereich der landwirtschaftlichen Nutzung. Kein PKW kommt mir entgegen. Es ist typisch, wie in den Karpaten im Norden, relativ gleiche Szenerie: Landwirtschaftlich geprägtes Lebensbild der Bevölkerung, hier und da Forstwirtschaft, Kohlemailer rauchen überall im Wald. Menschen arbeiten auf den Feldern, mähen die saftigen grünen Wiesen per Hand ab.

Ich mache hier oben wenig Kilometer, teilweise fahre ich über Straßen ohne Asphalt, nur über Schotter. Zum anderen geht es auf und ab, hinter jeder Kurve können Steine liegen oder es gibt große Löcher in den Straßen. Vorsicht ist angesagt. Neben Traktoren deren Anhänger voll mit Heu beladen sind kommt

mir kein PKW oder LKW entgegen. Die Wege sind schlecht zu befahren, ich brauche sehr viel Zeit in den Bergen. Immer wieder komme ich durch kleine mir namenlose Dörfer. Hier oben ist nichts, keine Bar, kein Restaurant, kein Laden. Meinen Wasservorrat für frisches Trinkwasser hole ich mir an Dorfbrunnen am Straßenrand. *(Bild: Brunnen am Dorfrand fülle ich mein Trinkwassersack).*

Bei Laznica verlasse ich die Berge, das Tal öffnet sich und ich fahre hinunter nach Zagubica. Die Beljanica Berge ragen hier aus dem Landschaftsbild heraus. Ich steuere die BMW entlang des Flusses Mlava in Richtung Petrovac. Die

Karpaten wollen es hier noch einmal wissen und ragen steil in die Höhe, Blanker Fels blitzt immer wieder durch die Bäume. Ein Kloster am Rande einer Felswand, Die Kuppel der Kirche ragt hier deutlich in die Höhe. Die Klosteranlage ist in Betrieb, man kann hier übernachten oder auf der Wiese unten neben dem Gebirgsfluss Zelten. Ein schöner Platz um die Nacht zu verbringen.

Bild: Klosteranlage in Serbien.

Ein paar Kilometer weiter das Tal hinunter, enge Kurven, steil abfallende Schluchten, Felsüberhänge über die Straße. Vor der letzten Biegung, bevor sich das Tal endgültig öffnet eine Felsenburg. Wie ein Schwalbennest hängt die Burg am Berg. Noch einmal ein steiler Überhang der Schlucht über die Straße, die letzte Kurve. Der Blick öffnet sich und ich fahre aus dem engen Tal hinaus. Der Fluss neben mir fließt nun gemächlicher und die Karpaten laufen in sanften Hügeln aus. Ab hier ist es vorbei mit den Karpaten, mein eigentliches Ziel ist erreicht, die Durchquerung der Karpaten. Die Berge entschwinden langsam im Rückspiegel

Bild: Burg in den Fels gebaut, sie bewacht den Zugang in die Karpaten.

Rückreise über den Balkan

Nun will ich Kilometer fressen, es ist schon später Nachmittag und ich möchte in Richtung von Novi Sad zum Gremium Chapter - Stara Pazova. Hierzu fahre ich auf die 1 in Richtung Belgrad. Ich drehe den Gasgriff der BMW auf und eile über die gut ausgebaute Autobahn hinweg. Der Tag ist sehr heiß, die Sonne steht hoch. Ich fahre Richtung Belgrad, die Hauptstadt der Serbischen Republik. In den sanften Bergen mit ihren bewaldeten Hängen ist nun deutlich der Fernsehturm Avala zu sehen. Der Turm wurde im Balkankrieg von Bomben der Nato zerstört. Er wurde wieder aufgebaut und weist mir nun den Weg. Auf Grund einer Baustelle muss ich die Autobahn verlassen. Die Verkehrsführung wird undurchsichtig, nicht nur eine komplizierte Umleitung, nein die Polizei kontrolliert auch noch Fahrzeuge. Der Verkehr kommt nur zögerlich voran. Nutze die Gelegenheit zum Tanken da hier gerade eine Tankstelle an der Straße ist. Der Tankwart gibt mir den Tipp dass ich ein einige Kilometer weiter wieder ohne größere Probleme auf die Autobahn komme. Der Verkehr wird hier neuerdings um die Stadt herum geleitet. Prima, also zurück und tatsächlich komme ich ohne Probleme quer durch Belgrad. Die Hauptstadt macht einen guten Eindruck auf mich. Doch leider habe ich mir für Belgrad nur wenig Zeit eingeplant, gerne würde ich etwas länger in der Stadt bleiben. Ein anderes Mal gerne. Ich verlasse die Innenstadt und folge der Beschilderung nach Novi Sad. Wieder eine Baustelle, der Verkehr wird von der Autobahn abgeleitet. Die Beschilderung führt mich auf den Parkplatz eines Einkaufzentrums neben der Autobahn. Was geht hier ab, von der Autobahn runter und rauf auf den Parkplatz. Wieder ein Schild Novi Sad ok, zwar ein kleines Schild, aber immerhin ein Schild. Ich fahre über den Parkplatz, vorbei an Verladerampen eines Industriehofs. Verschiedene Märkte und Industriehallen. Bin ich hier noch richtig? Biege falsch ab, stehe vor einen verschlossenen Tor, wieder den Weg zurück. Am Ausgangspunkt angekommen fahre ich noch einmal den etwas seltsamen Weg ab starte am Schild Novi Sad des Industriehofs. Der Pfeil zeigt gerade aus. Bei der Autobahntankstelle fahre ich noch einmal auf den Hof. Dann passiert das was nicht hätte sein müssen. Aus lauter Schauen sehe ich den Schotter nicht welcher auf der Straße liegt. Im Moment als ich mit der GS abbiege rutscht das schwere Motorrad mit dem

Vorderrad auf dem losen Kies weg. Der Lenkeinschlag knickt rechts ein und driftet gänzlich über den losen Kies in der Kurve. Die BMW neigt sich immer steiler und ich kann sie nicht mehr abfangen. Ein letzter Versuch mit dem Fuß das schwere Motorrad vor dem totalen Bodenliegen abzufangen. Unmöglich, die GS ist einfach zu schwer, ich kann die Masse nicht mehr halten. Das Motorrad singt in sich ab. Ich mache einen unsanften Abgang vom Motorrad. Die GS und ich liegen auf der Straße in einer Kurve. Sofort befördere ich mich wieder auf meine Beine. *„Scheiße, was war denn das"*? Blinker kaputt, das Glas liegt auf der Straße, der Spiegel lose. Sofort helfen mir Passanten. Diese sind wohl mit dem Auto hinter mir gefahren und sahen mein Sturz. Die Männer fragen ob sie mir helfen können und steigen sofort aus dem Auto. Gemeinsam stellen wir das schwere Motorrad wieder auf die Straße. Sofort checke ich was mit der Maschine los ist. Ok, loser Spiegel ja und defektes Blinker- Glas, ein paar Kratzer am Koffer und der Scheibe vom Kies, Sturzbügel hat Kratzer ist aber ok, sonst ist nichts. Das Adrenalin schießt immer noch durch meinen Körper. Ich beginne sofort mit der Reparatur auf dieser etwas seltsamen Straße. Den Spiegel schraube ich wieder fest. Das Blinker- Glas lässt sich aufstecken doch nicht mehr verschrauben. Als ich das Motorrad soweit überprüft und wieder Fahrbereit gemacht habe fällt auf das ich an meinem Handballen blute, auch dass noch. Nicht nur dass die Karre vom Sturzbügel bis über den Koffer verkratzt ist, ich habe auch noch Schrammen. Ok, es ist nichts Schlimmes passiert. Niemand ist bei dem Sturz über mich gefahren, ich habe mir nichts gebrochen, alles gut. Das alles nur durch diesen schroffen Schotter auf der Straße. In den letzten Wochen hatte ich in den Bergen die wildesten Touren und Strecken befahren, immer so sehr aufgepasst. Nie ist etwas passiert, kein Sturz und jetzt hier an einer absolut bescheuerten improvisierten Autobahnabfahrt welche wegen einer Baustelle über ein Industriehof abgeleitet wird. Man wie bescheuert ist das denn? Ich packe mein Werkzeug zusammen und fahre zu der nahegelegen Tankstelle. Ich säubere meine Wunde und klebe ein Pflaster auf. Erst mal Pause und zur Ruhe kommen. In der Zwischenzeit habe ich mitbekommen dass der Weg über den Tankhof weitergeht, einige fahren auch hinter der Tankstelle durch, nicht jedem ist klar wo es langgeht und wie man durch diesen verwirrende Verkehrsführung rauskommt. Baustelle und eine katastrophale Verkehrslenkung. Für mich erst mal Pause angesagt, ich stelle die BMW etwas seitlich der Tankstelle ab, setze mich auf eine Sitzbank, erst mal gar nichts.

Ein paar Biker mit wilden Chopperumbauten kommen auf den Tankhof gefahren. Zwei Suzuki Intruder mit langer Gabel und Apehanger, eine der *Truden* mit extra hohem Ape und selbst gebauten Auspuff. Die übrigen Bikes im Vergleich eher normal; Honda Schadow, nur die Pipes modifiziert und selbst gebauter Sissybar mit Gepäckträgerelement. Ein Typ fuhr eine selbst gebautes Starrahmenbike der Motor von einer Yamaha SR 500, der Rest wie Z- Lenker, Sitz, Auspuffrohre, Rahmen, alles Marke Eigenbau. Nur der Tank lässt sich ohne zweifeln zu einer Harley Davidson des Typs Sportster zuordnen.

Bild: Umgebaute Motorräder der serbischen Biker.

Durch meine Kleidung und der Kutte bin ich klar dem Gremium zugeordnet. Als sie mich sehen kommen wir sofort in Kontakt. Ich wurde auf Serbisch angesprochen, musste jedoch gebrochen auf Kroatisch antworten. Da war klar der kommt nicht von hier, man dachte ich gehöre den serbischen Gremium Chaptern an. Wir unterhielten uns und brachten dabei den Tankstellenbetrieb inklusiver dieser bescheuerten Umleitung kurzzeitig zum erliegen. Ich schilderte den Jungs meinen Unfall bei der seltsamen Autobahnumleitung. Mein Blinker- Glas wurde vor Ort mittels Klebeband von dem serbischen Bikern gerichtet. Es stellte sich heraus dass wir denselben Weg haben. Na wir haben das gleiche Ziel. Ich treffe mich mit meinen Brüdern vom Gremium M/C Serbien auf einem Motorradtreffen. Die Jungs fahren zum Motorradtreffen in Indija, wie ich auch. Dort sind auch meine Leute vom Gremium M/C. ich werde eingeladen mit ihnen mitzufahren, *„Hey Super, gerne doch, bevor ich mich noch verfahre"*. Also geht es los zum Treffen des Motorradklub Indija. Kurze und spontane Planänderung von meiner Seite aus, ich hänge mich ihnen an.

Wir fahren weiter, doch die Yamaha SR reagiert nicht auf die Kicks seines Piloten. Er tritt den Kickstarter doch der Motor gibt keinen laut. Er kickt und kickt, nichts geht. Der getunte Motor will einfach nicht starten. Man schiebt das Bike an, siehe da der Yamaha Motor brüllt auf und schreit vor leben. Wir fahren in Formation über die 22 und der 22.1 durch die Dörfer. Alle sind recht flott unterwegs, die Starrahmen Yamaha wird durch jedes Loch und jede Mulde in der Straße auf das extremste durchgeschüttelt, der Pilot fliegt nahezu aus dem Sattel, er fährt im stehen weiter. Die Sonne steht mittlerweile schon tief und der Abendhimmel wird glühend rot. Wenn wir in die Dörfer einfahren veranstalten wir den reinsten Show- Lauf. Passanten winken uns zu, Das Color des anderen Clubs ist nicht gut zu erkennen, die meisten gehen davon aus hier fährt der Gremium M/C. Die Sonne ist nun nicht mehr zu sehen, ein goldener – roter Schimmer hängt über den Horizont. Bevor wir auf das Partygelände fahren stoppen wir an einer kleinen Bar an der Straße und decken uns noch ausreichend mit kühlem Pivo ein. Die Nacht ist in der Zwischenzeit über uns hereingebrochen, der Samstagabend zeichnet sich in den Straßen der Stadt ab, die jungen Leute feiern, es ist überall viel los.

Wir fahren auf den Party Platz. Von den unzähligen einfahrenden Bikern bildet sich ein Motorradstau. Biker kommen und gehen, es ist viel los. Das Treffen ähnelt einem Konzert, laute Musik, tausende von Menschen, parken die Bikes inmitten der Menschenmenge. Meine Begleiter stellen ihre Bikes ebenfalls in der Mitte des Hauptplatzes ab, etwa hundert Meter vor der großen Bühne. Kaum stehen die Motorräder werden die ersten Bierflaschen geöffnet, die Jungs steigen gleich in die Party ein, *„Nastroyje..."* Ich schlendere über das riesige Partygelände und verschaffe mir einen Überblick. Das Treffen ist sehr groß, überall Händlerbuden, Teilestände, Kleiderbuden, Süßigkeiten, Lederartikel, Bike-Shows. Von der Bühne schmettert eine Band Rockigen

Sound. Zwischen den Songs der Band wird mittels Moderator ein Wettbewerb angekündigt. So ganz verstehe ich es jedoch nicht. Das serbisch ist mir teilweise zu unverständlich. Ab und an tanzen ein paar Mädels auf der Bühne, die Menge tobt. Von meinen Kollegen des Motorradclubs Gremium bekomme ich niemanden zu sehen, das Gelände ist recht groß, auch am Telefon erreiche ich niemanden. Ich entscheide mich zuerst mein Zelt aufzubauen, dann mache ich mich auf meine Jungs zu suchen. Schätze die stehen irgendwo hier in der Menge und hören bei der lauten Musik meine Anrufe nicht.

Mein Nachtlager ist eingerichtet, das Zelt steht, ein einigermaßen abseits gelegener Platz. Nicht zu turbulent, gerade richtig. Ich laufe zurück zu den Jungs mit denen ich auf das Treffen gefahren bin. Wir trinken ein paar Biere reden über das Bikerleben und Clubs. Ich belasse es jetzt einfach mit der Suche, werde schon jemanden von meinem Club treffen. Hier sind gut und gerne ein paar tausend Leute auf dem Platz man sagt mir man hätte Gremium gesehen das war wohl ich. Kaum hatten wird das ausgesprochen stehen die serbischen Jungs gerade mal fünf Meter vor uns. *„Hey, welcome to serbia ...“* Meine Leute sind recht verteilt doch der Stammplatz ist im großen Partyzelt, einige sind beim Zeltplatz hinter der großen Bühne. Es war mir klar dass hier alle etwas untergehen. Mit den serbischen Brüdern Zlatko und Ondrej ziehe ich den Rest des Abends über die Party. Ich lerne dabei viele Menschen kennen, meine Anreisebegleiter sind ebenfalls gute bekannte wir drehen auf und lasen es krachen.

[Bild: Auf dem Treffen, v. l. n. r.; Ondrej, Mezzo (ich) und Zlatko]. Am Morgen brennt die Sonne auf mein Zelt, schnell werde ich wach weil die Temperaturen im Zelt ansteigen, doch ich will eigentlich nicht wirklich aufstehen. Ondrej kommt vorbei und schaut nach mir, er hat schon gefrühstückt. Viele der Zelte sind bereits abgebaut, an der Händlermeile stehen nur noch ein paar Transporter mit deren Hänger. Nach und nach verlassen die Gäste mit ihren Bikes das Partygelände. Erst jetzt sehe ich das große Zelt mit einer weiteren Bikeshow. Am Abend ist mir das gar nicht aufgefallen. Ich widme mich dem Waschplatz, neben dem Freibad, im Übrigen verbrachte das Gremium den letzten Nachmittag in diesem Freibad, darum hat man meine Anrufe nicht bemerkt. Auch nicht schlecht die Hitze des Tages im Schwimmbad zu verbringen. Also los auf geht's, Zelt abbauen, Motorrad packen und Frühstücken gehen, wunderbar. Die ersten trinken schon wieder ein paar klare Schnäpse, oder etwa immer noch?! Wie dem auch sei, meins ist es nicht, ich bin auf dem Balkan. Ich treffe den Typen mit der umgebauten SR 500 wieder, er ist definitiv immer noch dabei, beim Trinken. Sein Bike steht in mitten des Platzes alleine, gestern standen da noch hunderte von Motorräder. Die anderen meiner gestrigen zufälligen Bekanntschaft der Bikergruppe bauten später ebenfalls ihre Zelte an ruhigeren Stellen auf.

Wir verabschieden uns von meinen gestrigen Begleitern. Wir, der Gremium M/C fahren gemeinsam vom Partyplatz. Es geht auf der 22.1 über Sremski Karlovci in das nahe gelegene Novi Sad.

Bild: Tankstelle auf der Strecke nach Novi Sad.

Wir fahren in die „Bulevar despota Stefana", ein alter Fabrikhallenkomplex nahe der Donau. Die neue Brücke „Most Siabbode", der Freiheitsbrücke, diese ist in Sichtweite (im letzten Balkankrieg wurden die Brücken von der Nato am 03. April 1999 bombardiert). Neben der Bar Route 66 hat hier das Gremium ein Eventlokal welches auch als Clubhaus genutzt wird. Wir nehmen das zweite Frühstück im Clubhaus ein und verweilen einige Zeit hier.

Am Nachmittag kann ich mich im Haus von Ondrej und seiner Frau Anna ein wenig frisch machen. Fantastisch, endlich eine Dusche. Ihr gemeinsamer Sohn Sascha spricht perfekt englisch wir unterhalten uns über Geschichte, Politik, den Aktuellen Geschehnissen im Land, verschiedene Themen eben. Sascha studiert Geschichte und möchte einmal Lehrer werden. Möglicherweise auch eine Professur in Kombination eines Museums, das wäre perfekt meint er. Einfach herrlich die Zeit nun mit Freunden zu verbringen. Mittagessen, relaxen im Garten mit Blick auf die Donau über der Stadt. Schlafen, ein wenig am Computer sitzen, Tagebuch schreiben, den Tag genießen. Am späten Nachmittag als die Sonne nicht mehr so steil am Himmel steht machen wir eine kleine Stadtbesichtigung. Wir beginnen die Besichtigungstour der Stadt auf der Festung von Novo Sad, der Petrovaradin. Die Anlage wird heute noch militärisch genutzt und wurde im letzten Krieg auch von Kampfjets der Nato beschossen. Unter anderem wurde die Brücke mit der Bahnlinie welche über die Donau und schließlich unter der Festung hindurchging zerstört. Die alte Festung Petrovaradin wurde teilweise mit modernen Bunkeranlagen unterirdisch ausgebaut. Heute wird die Festung neben diversen Künstlerläden und Gastronomie, auch für Musikkonzerte genutzt.

Novi Sad, zu Deutsch Neusatz ist eine quirlige Großstadt in der Provinz Vojvodina. Eine Universität mit 13 Fakultäten, neben Kunst, Geschichte, Philosophie gelten auch Technik, Bauingenieurswesen und Medizin als wichtige Bestandteile der Hochschulen. Die Universitätsstadt besteht aus den Stadtteilen Novi Sad nördlich der Donau, und Petrovaradin am Fuße der gleichnamigen Festung südlich der Donau. Ein wenig Geschichte: Dis Stadt ist im Spätmittelalter in dem damals dicht besiedelten Kombinat des Königreichs Ungarn eingegangen. Durch den damaligen Bau eines Zisterzienserklosters bei Belefons ist der Ort Neusatz, als eine sogenannter kirchliche Ansiedlung entstanden. Die Stadt hatte in den letzten 500 Jahren eine wechselnde Zuständigkeit. Im Jahre 1526 wurde die Stadt von Osmanen erobert welche 150 Jahre blieben. Danach wurde die Stadt durch die Österreicher zurückerobert. Mit dem Könighaus Österreich – Ungarn kamen die Habsburger an die Macht. Im Jahre 1716 standen die Osmanen erneut vor den Mauern von Neusatz. Hier wurde allerdings die Entscheidung in der Schlacht von Peterwardein zu Gunsten von Prinz Eugen, das Osmanische Heer jedoch geschlagen.

Am 1. Januar 1748 verlieh Kaiserin Maria Theresia der Stadt die Rechte einer Freien Kaiserstadt. Anfang des 19. Jahrhunderts wurde das K&K Regiment und die Festung weiter ausgebaut. Nach dem Ende des Ersten Weltkrieges fiel das Gebiet um Novi Sad an das neu gebildete *„Königreich der Serben, Kroaten und Slowenen"* Diese Absplitterung aus dem K&K Verbund von Österreich – Ungarn bildete dann im Jahre 1929 das wiederum neue Königreich Jugoslawien, das Königreich der vereinten Slawen.

Im Zweiten Weltkrieg, in der Zeit von 1941 bis 1945 war die Stadt von den Bündnispartnern des deutschen Reichs, Österreich und Ungarn wie auch von deutschen Truppen besetzt. In Novi Sad ließ der ungarische Befehlshaber General Ferenc Feketehalmy-Czeydner zahlreiche Zivilisten hinrichten, darunter Juden und Serben.

Die Stadt Novi Sad war während des zweiten Krieges auf dem Balkan, dem Kosovo-Krieges 1999 Ziel von Luftangriffen durch die NATO. Hierbei wurden unter anderem alle Donaubrücken, das Rundfunkgebäude und die Raffinerie zerstört. Nebenbei auch einige Ziele in der Stadt, auch vereinzelte Zerstörungen von Transportwegen. Der Verkehr über die Donau wurde über sechs Jahre lang durch eine militärische Behelfsbrücke abgewickelt. In dieser Zeit wurde nur etwa dreimal wöchentlich der Schiffsverkehr freigegeben. Erst seit der Wiedereröffnung der so genannten Freiheitsbrücke am 11. Oktober 2005 ist die Schifffahrt auf der Donau bei Novi Sad wieder ungehindert möglich.

Wir erkunden die Festung, meine Begleiter kennen jeden Winkel der Anlage, die meisten Member des Gremium M/C Serbien hatten beim serbischen Militär gedient und waren im letzten Krieg unter anderem auf der Festung stationiert. Neben den alten Mauern finden sich versteckt Zugänge zu den Bunkeranlagen, nur die Lüftungsschächte deuten auf etwas in der Tiefe hin. Militärisch liegt hier nur noch der Schrott aus den Zeiten des Ersten- und Zweiten-Weltkrieg herum. Diese Art von Geschützen findet man überall in Osteuropa. Im alten Gemäuer des Schlosses befinden sich noch ein Polizeiposten und eine Funkstation. Die Plätze und Wege werden mittels Kameras von der Polizei in der Festung überwacht. Wir lassen unsere Blicke über die Stadt schweifen, das glitzernde Wasser der Donau wirkt unter der Sonne silbern. Gemütlich sitzen wir auf der Brüstung der Festungsanlage und schauen hinunter, beobachten die Schiffe wie sie schwer beladen gegen den Strom fahren. Vor dem Uhr-Turm auf der Festung Petrovaradin, dem eigentlichen Wahrzeichen der Stadtbevölkerung posieren wir für Erinnerungsbilder. Das besondere dieser Turmuhr ist der große Zeiger, welcher auf dem Ziffernblatt nur die Stunden anzeigt, der kleine Zeiger nur die Minuten. Das kommt jetzt so vor wie das macht doch jede Uhr, die Geschwindigkeit der Zeiger ist anders. Der Grund war, den Menschen in der Stadt oder auf den Feldern interessierte nur die volle Stunde. So konnten die Menschen aus der Ferne die Uhrzeit besser ablesen. *(Bild: Uhr-Turm auf der Festungsanlage).*

Auf der Festungsanlage steigt gerade ein Festival, ein Jazzkonzert. Mir gefällt die Jazz- Musik im Hintergrund; Anna, Ondrej, Miroslav und ich chillen in der späten Nachmittagsonne im Park der Festungsanlage und lauschen der Musik. Es ist viel Polizei hier oben unterwegs, man beäugt uns etwas kritisch. Na ja, wir passen halt nicht zum Programmbild des Musikfestivals. Wir fahren mit den Motorrädern über die Donau und gehen ins Stadtzentrum. Auf dem zentralen Platz vor dem Rathaus und der Stadtkirche sind imposante Gebäude restauriert worden, andere warten noch auf ihre Wiedergeburt zu Glanz und Schönheit. Man spürt deutlich die österreichische Vergangenheit von Novi Sad. Es wird langsam Abend,

wir fahren hinaus zu Zlatkos Garten. Er hat kurzfristig eine Grillparty organisiert. Der Garten von Zlatko hat ein kleines Haus mit Schuppen, direkt an der Donau im Hintergrund die Fruska-Gora- Berge. Als wir ankommen stehen schon einige Motorräder auf der Wiese. Nach und nach fahren immer mehr Bikes vor, die Gremium M/C Mitglieder von Serbien, inklusive der Familienangehörigen geben sich ein Stelldichein. Auf dem Landhaus von Zlatko, es ist eigentlich eine Gartenlaube, wird Essen und Trinken aufgefahren. Doch zunächst wird in flüssiger Form das Obst serviert. Mit Goran-Edda und Zlatko trinke ich viel Jabuka (ein Apfelbrand) und Schljivovica (ein Obstbrand). Jeder bringt seinen eigenen Obstbrand mit und schwört auf diesen. Nun eines ist sicher, die Obstbrände sind vom feinsten. Die Party geht bis spät in die Nacht, Zlatko und ich sitzen auf der Terrasse reden und trinken bis es zu dämmern beginnt, wir beenden das Trinkgelage und schlafen ein paar Stunden im Landhaus.

Der Morgen kommt zu früh, die Sonne scheint auf mein Bett, langsam erwache ich, trotz den vielen klaren Obstbränden und den unzähligen Pivos geht es mir verhältnismäßig gut. Ich lass dies dem reichlichem Essen und dem perfekten Job der serbischen Destillatoren zukommen. Es wird Frühstück serviert, ein Nachbar kommt zu uns herüber und leistet uns auf der Terrasse Gesellschaft. Ich verabschiede mich so langsam von Zlatko und seiner Familie. Im Garten werden die Vorbereitungen zum Setzen eines Pools getroffen. Mich zieht es weiter auf die Landstraße. Mein nächstes Ziel auf der Rückreise ist Gradiska in Bosnien und Herzegowina. Predo habe ich kontaktiert das ich Ihn und die Jungs vom Chapter Gradiska besuchen komme. Ich werde im Motorradkonvoi von den serbischen Freunden zur Stadtgrenze begleitet. Zlatko verabschiedet sich von mir und bringt mich zur richtigen Ausfallstraße. Ich fahre auf der 107 bis Rakovac, dann geht es links ab auf die P 130. Diese Straße führt durch den Nationalpark Fruska-Gora, das kleine Gebirge auf der rechten Donauseite ist gerade mal 80 km lang, die Passhöhe liegt bei etwa unter 600 Meter über dem Meeresspiegel. Nicht sonderlich spektakulär als Gebirgszug, doch angenehm zu fahren. Der Nationalpark ist bekannt wegen der vielen kleinen christlich-orthodoxen Klöstern, deren Baustile auf byzantinische und barocke Elemente zurückgreifen. Die Barocken Fresken sind sehr gut erhalten obwohl einige Klöster in den vergangenen Kriegen (II. Weltkrieg und Balkan Kriege) gelitten haben. Es ist sehr angenehm durch den kühlen Wald zu fahren. Der Streckenverlauf durch die schattigen Wälder bereitet mir große Freude. Die Straße führt an einigen Ausflugslokalen vorbei, dann aus dem Wald hinaus auf einem Bergrücken entlang, zur Rechten stehen ein paar sehr protzige Häuser, hm eher moderne Villen.

Als ich die Straße hinunterfahre treffe ich bei Ruma auf einen Motorradfahrer. Er ist Serbe und wohnt in Deutschland, bei Dortmund. Wir halten einen kleinen Plausch. Meine Zufallsbekanntschaft will mich auf ein Bier einladen, doch auf Grund des Gelages von letzter Nacht, lehne ich dankend ab. Trinken mit Serben kann eine harte Nummer werden und ich möchte noch ein paar Kilometer fahren, natürlich auch heil ankommen. Des Weiteren erwartet man mich ja. Nach einigen Minuten verabschieden wir uns und ich fahre weiter. Das letzte Stück fahre ich auf die Autobahn, der 1 oder die E 70, ich möchte ein wenig flotter vorankommen, daher verlasse ich die Landstraße. Die Autobahn (A 3) führt mich nach Kroatien. Nun fahre ich parallel der Grenze zu Bosnien bis Okucani, hier verlasse ich die Autobahn A 3 und folge der 5 bis zum Fluss Save. Die Save ist der Grenzfluss zu Kroatien und Bosnien - Herzegowina. Immer noch stehen zerbombte, ausgebrannte und Zerschossenen Häuser am Straßenrand. Der letzte Krieg zeigt anhaltend noch seine offenen Wunden. Weiterhin ist das Grenzland am Fluss vermint. Ich empfehle Niemanden irgendwelche Spaziergänge direkt am Fluss zu unternehmen, Minengefahr. Es dauert sicher noch hundert Jahre bis alle Minen gefunden und vernichtet sind.

Noch vor einiger Zeit beim alten Gremium- Clubhaus in Gradiska, welches direkt am Fluss der Save gelegen ist, detonierte kurze Zeit vor der River- Party eine Mine. Beim mähen der Grasflächen an der Uferböschung. Alles nicht so einfach, mit Hinterlassenschaften eines Krieges umzugehen. Wie dem auch sei, auch beim Verbrennen von Gras an Flussnähe in schon mal eine Mine explodiert. Das Knallt ganz ordentlich, vor allem wenn man nicht darauf vorbereitet ist. Verletzt wurde niemand, zum Glück, Minensplitter können unangenehme Verletzungen verursachen oder gar Töten. Dazu hat man Mienen ja gebaut, zum Töten und Menschen verstümmeln, Kampfuntauglich nennt man das. In der Regel sind die meisten Minenfelder gekennzeichnet und ausgeschildert. Doch mit den Jahren bröckeln die Schilder. Bei unwegsamem Gelände ist generell Vorsicht angesagt. Am besten jedoch ist es wenn man auf den Hauptwegen bleibt und vermeidet wildes Zelten auf Wiesen oder in Wäldern.

Bild: Spuren des letzten Balkan- Krieg an der Grenze zu Bosnien.

Ich komme zur Bosnischen Grenzstation, der Zöllner kritisiert dass mein „Grüner Versicherungsschein" abgelaufen ist. Was soll ich jetzt machen, mir war das nicht bewusst. Ehrlich man, ich wusste dass ich den „Grünen Versicherungsschein" benötige, wusste aber nicht das der Schein abgelaufen ist. Im Übrigen ist der Schein immer in meinen Dokumenten welche ich bei mir trage. Heideblitz was jetzt? Das Teil ist abgelaufen und nun? Der Grenzbeamte nörgelt herum und will mich nicht einreisen lassen. Hm, nun denn so ist es. Der Grenzer wusste nicht so recht was tun, er wollte mich absolut nicht einreisen lassen. Er sprach mit seinem Kollegen. Dieser verwies auf Grund meiner Gremium Kutte auf Mitscho und dem Gremium M/C in Gradiska, man winkte mich schließlich durch.
Hinter der Grenze werde ich vom Security Chef des Chapters Gradiska abgeholt. Wir fuhren gemeinsam zur nur wenige hundert Meter entfernten Bar dem

„Scorpion Rock Cafe" Wir setzten uns in den Biergarten unter große Sonnenschirme, im Hintergrund plätschert das Wasser eines künstlichen Wasserlauf. Oh wie angenehm, Ruhe und nicht mehr fahren. Ich versinke in den großen Gartenstuhl und entspanne mich. Miki und Radek bestellen ein paar Pivos, jeeep.

Predo, Vice Präsident des Gremium M/C Gradiska ist mit einem Probemitglied des Gremiums auf dem Rückweg von Sarajevo. Die beiden sind mit einem alten VW Golf 1 unterwegs. Grund der Reise war die Beschaffung von Zollpapieren von Predos neu erworbenem Oldtimer, einem Chrysler Plymouth, Baujahr 1936. Man muss hier erwähnen das Predo neben der Aktivität im Motorradclub Gremium ebenfalls in der Vorstandschaft des Oldtimer Clubs von Gradiska ist. Für die Zulassung des Fahrzeugs wie auch für den TÜV benötigt er Zollpapiere welche in der Hauptstadt von Sarajevo beglaubigt werden müssen. In der Zwischenzeit fährt Predo mit der amerikanischen Zulassung von Montana in Bosnien herum, kein Problem auf dem Balkan. Man muss dazu sagen dass der Plymouth ein Hot Rod Umbau ist. Eine absolut coole Karre mit einem kernigen Sound, keine Kotflügel, offene Motorhaube, ein etwas modernerer Motor mit richtig Power auf der Hinterradachse.

Die Begrüßung ist herzlich noch einmal fließen einige Pivos in die durstigen Kehlen unserer netten Gemeinschaft hier. Es wird Zeit dass ich die BMW in das sichere Nachtlager bringe. Das Bike parke ich in der Motorradwerkstatt von Predo und Mitscho, eine Bosnische Custombike- Schmiede für Gremium Mitglieder. Hier entstehen die abgefahrensten Bikes des ganzen Balkans. Die meisten Teile werden selbst gebaut, sei es der extra hohe Apehänger, der Rahmen mit modifizierter Schwinge, die Auspuffanlage, der eigene Tank nach Wunschform, eine lange Gabel, die coole Sissybar mit eingeschweißten Bajonett. Jedes Motorrad wird auf die eigenen Wünsche des Gremium- Mitglieds hin gebaut. Jedes Bike ist von der Schraube über den Motor hin komplett Mattschwarz lackiert.

Mein Nachtlager wird bei Predo im Wohnwagen eingerichtet. Doch zunächst machen wir uns etwas frisch um später um die Häuser zu ziehen. Geduscht wird im Hof, eine Naturdusche. Ein Wasserbehälter auf einem Turm sorgt für das nötige Nass von oben, aufgewärmt wird das Duschwasser durch die Sonne. So entsprechend gepflegt und wieder wie ein Mensch fühlend machen wir uns auf in die Stadt. Dieses Mal bleibt das Motorrad stehen, wir fahren mit dem Hot Rod. Der Anlasser beginnt sich zu drehen, nach nur wenigen Zucken kommt Leben in die Technik. Die Maschine des Chrysler Plymouths brüllt auf und blubbert vor sich hin. Die Hunde im Hof, drei an der Zahl springen wie wild auf. Der Chrysler fährt aus dem Hof hinaus in die warme Sommernacht hinein. Die Frontscheibe zur Lüftung geneigt, die Seitenscheiben gesengt, die Band „The Boss Hoss" schmettert Popsongs im Country-Musik-Stiel aus dem CD-Radio. Der V8 brüllt und rollt mit vollem Schub die Uferstraße der Save entlang. Wir fahren etwas durch die Stadt schauen bei Freunden durch, gehen essen, alles easy going.

Bild: Predo mit seinem Hot Rod - Chrysler Playmoths Baujahr 1936.

Die Panne

Der darauffolgende Tag beginnt sehr gelassen und gemütlich. Ich möchte nur eine Teilstrecke bis Ljubljana, dem alten Laibach machen. Dort wird es ein Zwischenstopp beim Chapter Ljubljana Westside geben. Wir fahren zum „Scorpion Rock Cafe", nehmen ein kleines zweites Frühstück ein. Zobo dem Vice Präsidenten vom Chapter Ljubljana Westside sende ich eine SMS dass ich jetzt los fahren werde. Ich verabschiede mich von Predo, er fährt zum TÜV, ich zur nur 700 Meter entfernten Grenzstation von Gradiska. Wieder einmal der übliche Grenzstau, LKW an LKW stehen in der Schlange, ich fahre so weit wie möglich nach vorne und reihe mich vor zwei wartenden Fahrzeugen ein. Die Grenzabfertigung dauert, man kontrolliert den Kofferraum der Fahrzeuge, ich stelle den Motor der BMW ab, es geht weiter, schiebe die GS zum Grenzbeamten welcher in seinem kleinen Häuschen sitz. Ich reiche dem Beamten meine Papiere, er checkt den Reisepass, drückt ein Ausreisestempel hinein und winkt mich durch. In Richtung Kroatien. Ich bedanke mich, wünsche einen schönen Tag, drücke den Startknopf der GS, der Anlasser dreht und dreht, der Motor springt nicht an. Der Grenzbeamte fragt, *„Was ist los, fahr weiter, geht das Motorrad nicht?"* Der Motor der BMW macht keine Anstalten zu starten. Um die Grenzabfertigung nicht zu blockieren schiebe ich das Motorrad rechts ran, hier ist eine kleine Freifläche. So was nun, die GS hat mich noch nie im Stich gelassen. Ich versuche es noch einmal die BMW zu starten, der Anlasser dreht durch, dreht und dreht. Die Batterie hat genügend Strom, möchte diese jedoch nicht überbeanspruchen und leer orgeln. Erst mal den Fehler finden. Zunächst einmal baue ich die Zündkerzen heraus und lasse den Motor leer laufen da dieser schon nach Kraftstoff riecht, möglicherweise ist zu viel Kraftstoff in den Brennkammern des Zylinders. Ich blase Luft in die Zylinder hinein. Dann drehe ich die gereinigten Kerzen wieder ein starte den Motor erneut. Nichts der Anlasser dreht wieder leer durch. Noch einmal die Kerzen ausgebaut, prüfe den Zündstrom der Zündkerze. Ich halte hierzu die Zündkerze mit Kerzenstecker an den Sturzbügel und betätige den Startknopf. Es ist kein Zündfunke vorhanden. Ok, ich bekomme kein Funken um das Kraftstoffgemisch im Motor zu entzünden. Möglicher Fehlerursache; Lichtmaschine, Regler, Bordnetz, Sicherungen. Die Lichtmaschine

Klammere ich einmal aus, sonst wäre die BMW auf der Batterie gelaufen, das Bordnetz hat jedoch ausreichend Spannung, Im FID (Fahrer- Informations- Display) fängt die Uhr nicht an zu flimmern und setzt auch nicht aus. Das ist in der Regel ein Zeichen das nicht genügend Spannung anliegt. Ich prüfe zunächst verschiedene Stecker, am Seitenständer, an den Zündkabeln, die Sicherungen und diverse Relais. Finde jedoch keinen sichtbaren Fehler am Fahrzeug. Ist es möglicherweise doch ein Elektronik Fehler? Ich habe keine Möglichkeit die Black-Box- Bauteile zu prüfen, nicht mit dem mir zur Verfügung stehendem Werkzeug. In der Zwischenzeit interessieren sich die Grenzbeamten für mein Problem. Man erkundigt sich was los sei und ob ich das Problem am Motorrad finden werde. Motorisierte Polizei von Bosnien Herzegowina (BiH) kommt angefahren. Die Polizisten fahren BMW R 1200. Einer der Grenzbeamten spricht die Motorisierten Polizisten an, erkundigen sich nach einer BMW Werkstatt in Bosnien. Einer der Motorisierten Beamten gibt mir eine Telefonnummer von einer BMW Werkstatt in Banja Luka. Diese Werkstatt tätigt die Wartungsarbeiten und Reparaturen der Polizeimotorräder. Ich spreche telefonisch mit dem Werkstattbesitzer, er kann mir keine Tipps zum Fehlerverhalten der BMW GS 1150 geben. Er wartet nur die R 1200 der Polizei. Weiterhin hat er keine Ersatzteile für die GS 1150. Er muss Teile über den BMW Händler in Zagreb – Kroatien bestellen, ich solle doch dort hingehen. *„Ja und wie komme ich dahin...?" Ja schwierig. Ok, versuche doch mal was, klemme die Batterie ab und versuche es dann nach erneutem an klemmen der Batterie noch einmal, möglicherweise hängt die Elektronik!"* Ich nehme den Rat der Werkstatt in Banja Luka an. Also, Tank anheben, klemme die Batterie ab und wieder an, danach starte ich den Motor. Anlasser dreht durch, geht nicht, Kerzen raus immer noch kein Funke an den Kerzen.
Ich sende eine SMS nach Deutschland, man soll mir via Internet die Telefonnummer meiner BMW Service Werkstatt in Achern heraussuchen und diese per SMS an mich senden. Nach ein paar Minuten habe ich einen kompetenten BMW Fachmann der Firma Fallert am Mobiltelefon. Ich gehe mit Ihm mögliche Fehlerquellen durch. *„Hast du den Seitenständer geprüft, möglicherweise klemmt ein Stein im Schalter... ja habe ich gecheckt, ...ja habe ich auch geprüft..." „Hm, es kann vieles sein, könnte auch der Stator defekt sein. Öffne erst einmal vorne am Motor die schwarze Kunststoffabdeckung und schau den Riemen an, es kann sein dass der Antriebsriemen zwischen Stator - Lichtmaschine und Kurbelwelle gebrochen ist?" „Alles klar mache ich, bis den mal,*

chaue". „*Viel Glück.*" Den Deckel will hier an der Grenzstation nicht öffnen. Den Grenzbeamten teile ich mit das ich zurück in die Stadt gehe und beim Gremium M/C Hilfe hohle. Der Grenzbeamte bestätigt mir mein Vorhaben durch ein nicken. Lasse die BMW stehen und laufe zurück zum „Scorpion Rock Cafe", zum Cafe gehört auch ein Laden mit Ersatzteile für Autos und Motorräder, ebenfalls eine Reparaturwerkstatt. Im Laden bitte ich einen Angestellten das er Predo anrufen soll, „*Mezzo hat ein Problem, das Motorrad geht nicht mehr...*" Nach ein paar Minuten höre ich das Auto von Predo heranfahren. „*Hey, was ist los?*" „*Ach ich stehe an der Grenze, das Motorrad geht nicht mehr.*" „*An welcher Grenze Kroatien oder Bosnien, hier in Gradiska.*" „*Ok, ist besser hier.*" Predo lacht: „*Die gute BMW geht nicht mehr?!*" Wir fahren zur Grenzstation, ich hole das Motorrad aus dem Grenzbereich heraus. Binden ein Abschleppseil um die Gabel, hängen den Haken an den Plymouth und schleppen die GS zur Werkstatt beim Scorpion- Rock- Cafe. Im Hof der Werkstatt demontiere ich die vordere Kunststoffabdeckung ab unter der sich der Antriebsriemen befindet. Ich habe noch nicht den Deckel abgelöst fallen schon die ersten Kunststofffetzen unten heraus. Als der Antrieb frei zugänglich wird ist alles klar, der Riemen hängt gerade mal noch an einem dünnen Faden, einer von vier übrig gebliebenen Keilen. Alles klar das ist das Problem. Ich rufe die BMW Werkstatt in Deutschland - Achern an, Motorrad Fallert. Dem Experten am Telefon teile ich mit das ich den Fehler gefunden habe. „*Kann hier ein Schaden an den Steuerzeiten erfolgt sein?*" „*Vermutlich nicht, habt ihr ein Riemen da, ja haben wir. „Kannst Du mir die Telefonnummer der BMW Werkstatt von Zagreb per SMS schicken, versuche da ein Teil zu bekommen, ...ja mach wir ...*" Wir versuchen zunächst einmal einen passenden Keilriemen in Gradiska zu finden. Die Werkstatt sucht im Lager, nichts da mit der passenden Teilenummer, ein ähnlicher Riemen mit dem entsprechenden Durchmesser ist auch nicht vorhanden. Der Besitzer der Werkstatt ruft bei allen möglichen Autowerksteten und Teilehändlern an, keiner hat so einen passender Riemen. Ebenso versuche ich es noch einmal in der BMW Werkstatt in Banja Luka, auch der Mensch hat kein passendes Ersatzteil und verweist mich zu BMW in Zagreb. Wie sollen wir aber nach Zagreb kommen? Mit der amerikanischen Zulassung des Playmoths brauchen wir nicht über die Grenze zu fahren, da kommen wir nicht weit. Ein Auto mit Anhängerkupplung, ja schon aber kein Hänger hat eine Zulassung, auch da lassen uns die Kroaten nicht in das Land. Wir suchen erst mal hier in Bosnien, es wird sich schon was Passendes finden. Na wenn Predo das meint, schauen wir mal. „ *Ja sicher, in Bosnien lässt es sich improvisieren.* " Predo und ich fahren durch die ganze Stadt, von der Landmaschinenwerkstat über den Staplerservice, Motorsägen – und Rasenmäher- Dienst zum Baumarkt, der lokalen BMW Werkstatt, allerdings für PKW und bis hin zum Waschmaschinenservice. Keiner hat so einen Keilriemen wie ich ihn brauche. Sogar ein Laden suchen wir auf welcher nur Keilriemen anbietet, hier war ich absolut sicher etwas zu finden. Der Verkaufsraum und das Lager waren voll mit tausend unterschiedlichen Riemen. Der Ladenbetreiber schaut sich das Bauteil an, dann die Nummer, schaut wieder auf das Teil und schüttelt den Kopf. „*Nein so einen Keilriemen habe ich nicht.*" Ich bin verzweifelt, Predo sieht noch eine Chance den Markt. In kleinen Buden wird hier alles angeboten, von Kleidung über Taschen, Schuhe, Lebensmittel, Musik CD und DVD. Also gut auf geht's zum Markt. Auch dieser Mensch in der Werkzeugbude hat keinen passenden Riemen und empfiehlt uns schon bereits besuchte Läden. Ich verzweifle so langsam, erst gehen wir einmal Kaffee trinken bei Predos Eltern. Hier kommt uns eine Idee. Mitscho ist in Deutschland, er will in den nächsten Tagen wieder zurück nach Bosnien fahren. Wir rufen Ihn an, es geht niemand an das Telefon. Nach ein paar Stunden meldet sich Mitscho, er fährt schon heute Nacht mit einigen Kollegen zurück. Perfekt, dann geht alles sehr schnell. Ich telefoniere mit meinem Bruder Bernhard in Baden-Baden, er organisiert den Antriebsriemen beim BMW Händler in Achern und übergibt diesen auf der A 8 hinter Stuttgart Mitscho. Wunderbarer Plan, alles läuft wie am Schnürchen, nach ein paar Stunden bekomme ich die Meldung, das Päckchen ist unterwegs.

Endlich Entspannung, nun kümmern wir uns um allgemeine Dinge. Ein paar Papiere für den Plymouth müssen noch vom TÜV in Gradiska geprüft und vorbereitet werden. Zur TÜV Abnahme ist es nun leider zu spät, das verschieben wir auf Morgen. Wir besuchen einen Onkel von Predo, er hat eine große Familie hier. Der Onkel lebt mit seiner Familie draußen vor der Stadt. Ein kleiner Bauernhof in der Nähe soll die neu gebauten Autobahn 2 / E 661 nach Banja Luka vorbei kommen. Ein Teilstück ist schon gebaut. Hier gibt es eine große Wiese, gegenwärtig entsteht das neue Clubhaus des Gremium M/C Gradiska dort. Das Clubhaus wird eine Gaststätte mit integriertem Campingplatz, speziell für Motorradfahrer. Kleine Holzbuden zum nächtigen ähnlich wie in Skandinavien, ausreichend Platz für Zelte und Wohnmobile. Das Freigelände ist so groß dass hier ein Euro Run stattfinden könnte. Der Euro Run ist das Europa- Treffen des Gremium M/C. Ebenso könnten hier auch andere Motorevents ausgetragen werden, zum Beispiel eine Motorshow vom Oldtimerclub.

Nun die Sache ist in Planung, wie dem auch sei. Entspannt verbringen wir den Tag, ein Probefahrt mit dem Chevrolet Camaro, ein Shark- Umbau. Auch dieses Fahrzeug gehört zur Oldtimersammlung von Predo, Hier eine Grundreinigung des Fahrzeugs und die Einlagerung in die Halle. Dann wird etwas an den Bikes geschraubt, die Werkstatt aufgeräumt, mit den Hunden gespielt, oder eigentlich haben die Hunde mit mir gespielt. Sie tollten immer um meine Beine herum und fanden es wohl lustig. Am Abend waren die Hunde so aufgedreht dass sie stetig bei mir auf dem Bett herumgesprungen sind, von wegen in Ruhe TV schauen, Man in Black war angesagt.

Am darauffolgenden Morgen bekam erst einmal der Chrysler seine TÜV- Abnahme, der TÜV- Prüfer lief etwas ratlos um den Wagen herum, schaute sich alles an. Prüfte die Bremsen, machte ein Abgastest, Beleuchtung, Blinker, wo sind die Blinker. Das gibt es bei einem Hot-Rod nicht und die Kotflügel und Stoßstange, das braucht ein Hot Rod in Bosnien nicht. Ok, der Wagen hat TÜV.

Nun wieder zurück zu meiner BMW. Mitscho ist letzte Nacht in den frühen Morgenstunden angekommen, er hat den Keilriemen mitgebracht. Es gab Stau auf der Autobahn beim Karawankentunnel. Der Tunnel war in der Nacht über vier Stunden gesperrt. Ich bekomme den Keilriemen und baue diesen Gleich ein. Das ist ein Expressdienst wie man ihn sich eigentlich wünscht. Die Firma Fallert hatte mir am Vortag die entsprechende Einbauleitung via Telefon durchgegeben. Wir spannen den Riemen mit Montiereisen und dem Stator. Der Riemen sitz, alles soweit wieder zusammengebaut und erst mal testen. Der Moment allgemeiner Neugierde ist gekommen, die Mitarbeiter der Werkstatt, so wie Mitscho, Predo und der Chef der Werkstatt, alle stehen sie um das Motorrad herum und erwarten den Moment das die Maschine wieder läuft. Ich tätige den Anlasserknopf der GS, der Motor läuft an, jeey Super, sie läuft. Doch nach kurzer Zeit geht sie auch wieder aus. Noch mal den Startknopf gedrückt, läuft kurz an, dann ist aus die Maus. Ratlose Gesichter, wieder die Kerzen raus und den Zündfunken checken, hm Funken ist da. Das geht, ok. Wir bauen neue Zündkerzen ein. Noch ein Versuch, das Motorrad läuft nicht mehr an. Ich telefoniere noch einmal mit der BMW Werkstatt in Deutschland, er kann mir am Telefon nicht weiterhelfen. Vor Wut werfe ich das Mobiltelefon an die Wand, Ergebnis das Teil ist kaputt, Predo lacht sich kaputt. *„Hey bleib mal ruhig..."* Wir überlegen, Zündfunke ist da, Spannung an der Batterie ist ausreichend, kein defekt einer Sicherung. Was kann der Fehler sein? Predo fragt mich. *„Glaubst Du das Motorrad bekommt überhaupt Benzin?"* *„Ups, stimmt, ich höre keine Anlaufgeräusche der Benzinpumpe!"* Also, runter mit dem Tank, Benzin ablassen und die Kraftstoffpumpe ausgebaut.

Bild: Die BMW zerlegt im Hof der Werkstatt.

Die Pumpe mit Schwimmer liegt vor uns auf der Werkbank, daran sieht man nichts. Das Teil müssen wir testen, eine Funktionsprüfung ist nötig. Wir mit der Pumpe rüber zur BMW Autowerkstatt, der Chef schließt die Pumpe an und prüft das Bauteil auf Funktionalität. Die VDO Pumpe zuckt nur, schafft den Anlauf nicht. Alles klar Kraftstoffpumpe defekt. Wir schauen in der BMW-Werkstatt nach einer passenden Pumpe, Diesel zu schwach bringt den Druckaufbau nicht hat aber den richtigen Anschluss für den Kraftstofffilter. Andere Benzinpumpen passen nicht. Ok, wir fahren zurück zur Werkstatt beim Scorpion-Rock-Cafe. Wir durchsuchen das Lager und finden eine ähnliche Pumpe, eine Pumpe für Autos, diese Pumpe wird im Lizenzbau für Bosch hergestellt, schön. Das Teil sieht gut aus, Anschlüsse und Abgänge passen. Nur das Gehäuse ist etwas länger, also Kraftstoffleitungen um 5mm kürzen und wieder einbauen. Tank montieren, Benzin wieder einfüllen. Startversuch, Zündschlüssel drehen, Kraftstoffpumpe baut den Druck auf, den Knopf für den Anlasser tätigen, und…ja der Motor startete sofort. Jeey, Super. Gleich wiederholen, Motor aus erneut starten, geht. Pumpe läuft an, Motor lässt sich starten. Alle sind erleichtert. In der Zwischenzeit habe ich eine Große Wartung an der BMW durchgeführt: Kerzen gewechselt, Luftfilter gereinigt, Kraftstofffilter gereinigt, neue Pumpe, neuer Riemen, abgeschmiert, neues Öl in den Motor. Das Motorrad ist wie neu.

(Bild: Kraftstoffpumpe prüfen und tauschen). Es wird wieder einmal Zeit Abschied zu nehmen, nun zum zweiten Mal. Meine Verlängerung in Bosnien war etwas nervenraubend durch die Panne, es hat aber auch Spaß gemacht unter Freunden Zeit zu verbringen. Los geht's, ich verabschiede mich von den Jungs. „Auf geht's melde Dich wenn Du in Slowenien angekommen bist." „Klar mach ich, beim nächsten Euro-Run lassen wir es krachen, muss mich revanchie-

ren für die Aktion". Ich Fahre zur Grenze, der Zöllner kennt mich. „Geht das Motorrad wieder...?" *„Ja, alles perfekt"* Er winkt mich durch. Die BMW rollt über die Grenze nach Kroatien. Ich fahre auf die A 3 in Richtung Zagreb, dann weiter auf die A 2 in Richtung Ljubljana. Es ist später Nachmittag, der Asphalt ist heiß und ich will so schnell wie möglich bis Zagreb durchkommen. Auf der Autobahn rechne ich mit etwa zwei Stunden. Von Zagreb bis zum Clubhaus bei Ljubljana, etwa eine bis eineinhalb Stunden. Ich drehe am Gasgriff, die Benzinpumpe funktioniert, ebenso der neue Riemen. Die BMW GS braust über die Autobahn. Um Zagreb wird der Verkehr etwas dichter, dennoch keine Probleme an den Mautstellen oder an der Grenze. In Slowenien an der Grenzstation musste ich eine Autobahnvignette kaufen. Ich bin im Euroland, keine Fremdwährung. Die letzten Kilometer auf der Bahn. Dann fahre ich noch ein paar Kilometer auf der A 2 bis Ivančna Gorica, dort verlasse ich die Autobahn. Im Kreisverkehr einfahren, geradeaus nach etwa fünfzig Meter dann wieder links abbiegen. Nach ungefähr dreihundert Meter ist auf der linken Seite die Buldog Bar. Die Musik- Rockbar ist das Stammlokal des Gremium M/C Ljubljana Westside. Ich stiefle rein und bestelle erst mal ein Pivo, wunderbar. Wieder einmal verwechselt man mich mit einem hier ansässigen Mitglied. *„Oh du bist ja ein deutscher...!"* Ich erkundige mich nach ein paar Mitgliedern, ob jemand hier war, Bide, Jimy, Simon oder andere. Die Bedienung kann mir nicht weiterhelfen. Da kommt Anna hinzu, sie ist mit einem Mitglied des Gremium M/C befreundet. Sie sagt mir dass die Jungs am Clubhaus arbeiten, die Küche bekommt einen Plattenboden. Sie fährt nachher hoch, willst du mit? Ok, Prima. Ich fahre Dir hinterher sonst verfahre ich mich noch in den Bergen, sie lacht. Dann erst mal was essen, das Buldog Menü, ein extra großer Burger. Dann geht es zum Clubhaus des Chapters Ljubljana – Westside. Der Weg hoch in die Berge ist von hier aus nicht ohne, verwinkelt sind die kleinen Straßen in den Bergen. Es ist im Grunde nicht weit, doch verzwickt zu finden. Als wir oben ankommen sind, hatten die Clubkameraden ihre Arbeiten am Clubhaus so weit abgeschlossen. Mal so gesagt man hört auf zu arbeiten da Gäste kommen. Borut, kommt auf mich zu, *„Hey Mezzo, Hello. Du wolltest doch früher kommen...?"* *„Ja, sorry ich hatte eine Panne mit dem Motorrad und dann ging noch das Mobiltelefon zu Bruch"* „Zobo und Bide hatten dich bereits früher angekündigt" „So hätte es eigentlich sein sollen, ja." Zu später Stunde treffen noch einige Gäste im Clubhaus ein, wir sitzen zusammen und erzählen, ich berichte von meiner aktuellen Reise. Borut zeigt mir die letzten

199

Neuerungen und Umbauarbeiten des Clubhauses. Es wird schön hier oben, die Details des alten Stalles, was nun Bar ist, sind gut in Szene gesetzt worden. Der Abend wird lange wir neigen dazu an der Theke zu versumpfen. Als die letzten Gäste das Clubhaus verlassen, ziehe ich auch die Reiseleine, Borut ist es auch recht, er muss in wenigen Stunden wieder zur Arbeit.

Bild: Clubhaus Gremium M/C Ljubljana Westside Slowenien.

Die Motorradreise so zu wählen dass jeder Tag ein Treffen mit Freunden ist, das ist etwas Wunderbares. Gerade dann wenn man Mitglied in einem großen Motorradclub ist und auf ein Netzwerk von Verbindungen und Kontakten zurückgreifen kann. Ohne dieses Netzwerk wäre ich nie so schnell aus der Situation mit der Panne herausgekommen. Ich hätte das Fahrzeug nach Zagreb schleppen lassen müssen oder den Rücktransport mit dem ADAC organisieren müssen.

Das letzte Stück des Weges von Ljubljana über Österreich nach Deutschland / Baden-Baden fahre ich über die Autobahn. Am frühen Morgen starte ich und mache gut Kilometer. Immer noch auf der A 2 unterwegs Richtung Österreich / Villach. Doch schon nördlich von Ljubljana habe ich das Autobahn fahren satt. Es zieht mich runter von der Autobahn und ich wähle wieder einmal die mir angenehmere Variante des Reisens, die Landstraße.

Bild: Am Bled See in Slowenien.

Bei Podbrezje fahre ich von der A 2 ab, weiter über die 636 und der 635 über Kamm Gorica in Richtung Bled. Über die 209 fahre ich über das hügelige Land. Im Hintergrund die Berge der slowenischen Alpen. In Bled tauche ich in die touristische erschlossene Stadt ein, verweile etwas am Bled- See und genieße das Ambiente. Doch leider nicht zu lange, ich muss weiter wenn ich heute noch in Baden-Baden ankommen möchte, dann muss ich los. Auf der

634 fahre ich über Spodnje Gorje, dann auf die 637 über Jesenice parallel zur Autobahn Richtung Norden. Nun geht es weiter über die 201 nach Kranjska Gora. Kurz vor Podkoren biege ich rechts ab und fahre immer noch auf der 201 über den Wurzenpass nach Österreich. Noch einmal fällt mein Blick über die Alpen, unten sehe ich in das gegenüberliegende Tal. Hier ist die Auffahrt zum slowenisch höchsten Gebirgsstraße dem Vršič-Pass. Doch dass ein anderes Mal. Ich nehme Abschied von Slowenien und überquere nun den Wurzenpass. Bei Villach fahre ich auf die A 10, die Tauernautobahn, zu viel Zeit benötige ich auf den Landstraßen, schade. Über Salzburg, München, Stuttgart, Karlsruhe und schließlich Baden-Baden fahre ich wieder in die Heimat, in den schönen Schwarzwald.

Bild: Ein letzter Blick auf die slowenische Alpen bevor es über den Wurzenpass geht.

Extra-Tourenempfehlungen zu Teil 2

Rumänien

Über die Transalpina und die die Transfagarasan.

Diese Tour über die beiden Hochstraßen des Rumänischen Hochgebirges ist ein absolutes Muss bei einer Rumänienreise. Sei es mit dem Motorrad, Auto oder natürlich auch für den Fahrradfahrenden. Ich starte die Routenbeschreibung in Sibiu, folge der N 1 in Richtung Deva. Ich durchfahre die Ortschaften Cristian, Miercurea Sibiului bis nach Sebes. In Sebes folge ich der Beschilderung „Transalpina" oder der Bischilderung Säsciori. Somit sind wir schon auf der 76 C und folgen diese Straße immer geradeaus über die Berge. Die 76 C fahre ich bis zu dem kleinen Ort Obärsia Lotrului mit dem Campingplatz zur Linken, ebenso ein Hotel das sich an der Kreuzung ca. 200 m auf der linken Seite der 7 A befindet. Hier habe ich auch schon meine Richtung. Links auf die 7 A in Richtung Voineasa, dann Malaia und Brezoi. Die 7 A mündet letztendlich in die N 7 ein. Hier biege ich rechts ab und folge der Beschilderung nach Calimanesti bzw. nach Ramnicu Valcea. In Calimanesti befindet sich auch ein Campingplatz. Von Ramnicu Valcea fahre ich weiter auf der N7 bis Pitesti. In Petesti ist ein Knotenpunkt vieler Fernverkehrsstraßen. Ich fahre durch die Unterführung und folge der Strecke in Richtung Curtea de Arges. Ich befahre nun die 7 C, die berühmte Transfagarasan. Die Höhenstraße steigt zunächst langsam an, parallel zur Straße folge ich den Stauseen des Flusses Arges. Nun geht es durch den berühmten Tunnel. Weiter geht es vorbei an den Bergen Moldoveanu (2544m) und Negoiu (2535 m), über schöne Serpentinen führt uns die Straße wieder hinunter ins Tal. Dort komme ich durch den Ort Cartisoara. In der Zwischenzeit bin ich nun wieder in der Ebene angekommen, nach wenigen Kilometer komme ich auf die N 1 und folge dieser Nach links in Richtung Sibiu wo ich diesen Rundkurs abschließe. (Rundkurs etwa 348 km).

In Transsilvanien / Siebenbürgen

Diese Tour führt ein weiteres Stück durch Transsilvanien, es geht vorbei an Burgen und Schlösser mitten hinein in das alte Mittelalterliche Siebenbürgen. Schöne alte Städte teilweise deutschen Ursprungs. Diese Tour hat mehr den Anreiz Stadt, Kirchen und Burgen zu besichtigen. Von Sibu (Hermannstadt) aus fahre ich über die 14 durch die Ebene nach Norden mit dem Zwischenziel Medias. Das kleine Städtchen Medias (Mediasch) liegt in mitten von Weinhügeln eingebettet. Weiter folge ich der 14 bis Sighisoara (Schässburg). In Schässburg gibt es auch einen Campingplatz. Die Stadt Schässburg ist mit ihrer Burganlage ein Mittelalterliches Kleinod. Der Uhrturm thront hoch über der Stadt. Die Stadt ist mit einer gut erhaltenen Stadtbefestigung umringt. Ich fahre weiter auf der N 13 in Richtung Vanatori, Saschiz, Rupea, Hoghiz und Maierus bis nach Brasov (Kronstadt). In Brasov gibt es übrigens auch einen Campingplatz. Die schöne mittelalterliche Stadt glänzt mit ihren alten hergerichteten Häuser um den Rathausplatz sowie der „Schwarzen Kirche". Von Brasov aus fahre ich auf der N 1 über das Städtchen Fagaras. In Fagaras gibt es auch einen Campingplatz, zurück nach Sibu. (Rundkurs etwa. 335 km).

Donau Delta

Dieser Abstecher meiner Karpaten Reise beschreibt eine landschaftlich wunderbare Region. Es ist ein Mekka für Vogelfreunde, Liebhaber der Ruhe suchenden an stillem Wasser gelegen. Sei es ein Platz für ruheliebende Genießer oder den einsame Beobachter von Vögeln oder der Angler. Das stille ruhige Wasser der Donau überflutet ein riesiges Gebiet bevor der Strom in das Schwarze Meer mündet.
Ich beschreibe hier keinen Rundkurs. Der Streckenverlauf wie im Reisebericht beschrieben von Galati aus bis nach Constanta. Von Galati aus folge ich der 21 B nach Braila. Hier folge ich der N 22 über Macin, Jijila, Isaccea und Mineri nach Tulcea. Die touristisch erschlossene Stadt Tulcea ist das Tor zum Donaudelta. Hier gelangt man in eine Wasserregion und einer Schilflandschaft welche ihres gleichen sucht. Im Hafen können, Kreuzfahrten, Tagestouren, Kanutouren oder auch Touren mit Fischern gebucht werden. Von Tulcea geht es auf

der N 22 über Babadag und Mihai Viteazu nach Constanta. Die Stadt Constanta ist etwas für Strandfreunde mit Partymeile. Hier an der Küste des Schwarzmeers beende ich diese Streckenbeschreibung. (Strecke etwa 241 km).

Serbien

Durchbruch der Donau durch die Karpaten

Ein absolutes Highlight der serbischen Karpaten ist der Donaudurchbruch. Dieses Naturschauspiel möchte ich auf die serbische Region lenken. Diese Streckenbeschreibung führt durch ein Stück Natur mit absoluter Ruhe, kaum Touristen, keine Hektik, kein stressiger Verkehr. Schöne kleine Ortschaften mit historischer Bausubstanz, jedoch meist ländlich geprägt. Ich durchfahre den Derdap Nationalpark wie ein Stück des südlichen Karpatenbogens.
Von Negotin aus fahre ich auf der 25 (E 771) in Richtung Norden. Nach wenigen Kilometern führt die Straße entlang der Donau. Ich fahre durch Orte wie Tekija und Davidovac (34/35) der Weg führt durch felsige Landschaften, kurvigen Straßen mit kleinen grob in den Fels geschlagenen Tunnels. Um mich herum erheben sich die letzten Bergausläufer der Karpaten. Die Berge sind gerade einmal um die 800 m hoch. Ich bleibe auf der 25 bis Golubac. Von dort aus fahre ich über eine schmale aber gut ausgebaute Straße über Rackova Bara nach Turija. Bei Turija komme ich auf die 24 und biege links ab nach Majdanpek. Die Straße steigt nun wieder an bei Brodica komme ich wieder in die Berge. Ich durchfahre Majdanpek, Rudna Glava über Klokocevac über Plavna zurück nach Negotin. (Rundkurs etwa 310 km).

Empfehlungen zur Gesamttour

Falls jemand meine Karpaten- Reiseerzählung nachfahren möchte, so empfehle für jede Tour eins und zwei, mindestens drei Wochen, besser mehr Zeit einplanen. Objektiv gesehen, nur Fahren, sind die Touren sicher auch in zwei Mal vierzehn Tagen zu machen. Spielraum für Touristische Sehenswürdigkeiten oder Landschaftliche Schönheiten bleibt dann eher nicht. Sei es auch einfach nur zum Relaxen an einem schönen Ort. Die Bergstrecken sind unberechenbar was den Zeitfaktor angeht. Der Zustand dieser kleinen unbefestigten Straßen ist meist unklar. Man muss auf jeden Fall mehr Zeit einplanen. Es muss auch nicht sein quer durch die Berge zu Fahren so wie ich es teilweise beschrieben habe.

Die gefahrenen Kilometer zu dem horizontalen Karpatenbogen, im ersten Teil lagen inklusive Anfahrt und Nebenstrecken bei etwa 6000 km. Der zweite Teil, zum vertikalen Karpatenbogen mit dem Abstecher zum Donau Delta und Schwarzmeerküste lag hier schon bei knappen 9000 km. Hier spielt natürlich die längere Anfahrt zum Anknüpfen der Route aus Teil eins eine Rolle. Auch waren hier die Tagesstrecken manchmal ungewollt länger da es hier schwerer war eine Unterkunft zu finden. Manche Kilometer waren unnötig, da ich auf den Hauptstrecken eine Direktverbindung hätte wählen können. Diese wäre auch kürzer und angenehmer zum Fahren gewesen. In Summe nahmen meine Extratouren viel Zeit in Anspruch. Ich erwähne hier die Zeit, weniger die Kilometer. Die meisten Nebenstraßen in den Bergen welche in den Karten weiß eingezeichnet sind, haben keine Asphaltdecke. Es handelt sich um geschotterte Straßen oder einfache Erdstraßen durch den Wald. Hier ist ein Vorankommen unberechenbar, hat es die Tage zuvor heftig geregnet können Straßenstücke einfach weggespült worden sein. Regnet es im Moment sind die Wege sehr schlammig und nicht leicht zu befahren. Ebenso können Forstaktivitäten so manchen Waldweg mit gefällten Bäumen blockieren.
Als Fahrzeug empfehle ich eine Enduro, Reiseenduro reicht aus. Wer natürlich quer durch den Wald will ist mit einer kleinen leichten Enduro mit Stollenreifen gut bedient. Wer mit einem Straßenmotorrad oder einen Chopper die von mir beschriebenen Strecken fahren möchte, der sollte die Route gut planen. Eine Flussdurchfahrt oder eine Erdstraße mit groben Steinen kann hier schon

eine „No-Go- Entscheidung" werden. Die Strecken so wählen und anpassen dass das Fahrzeug auch heile ankommt, aber auch der Fahrer die Anforderungen erfüllen kann. Die meisten Hauptstraßen sind asphaltiert, in den Bergen wurden viele neue Wintersportgebiete gebaut, damit wurden auch die Bergstraßen immer weiter ausgebaut und erneuert.

Wer ausschließlich auf das Zelten nicht verzichten will, so sind die Campingplätze in Summe sehr dünn gesät. Auch der Zustand der Plätze ist mitunter bescheiden, insbesondere die Wasch- und Toilettenanlagen sind nicht nach dem Mitteleuropäischen Stand ausgelegt. Es ist schon damit zu rechnen dass es kein fließend Wasser im Waschhaus gibt. Dafür aber meistens ein Bach in der Nähe ist. Wildes Campieren ist auf Grund der Tatsache das Bären und Wölfe durch die Wälder streifen abzuraten, kann man aber machen. Es wäre nicht das erste Mal das ein Bär Nahrungsvorräte riecht und den Zeltplatz samt Zelt verwüstet.
In den ländlichen Gebieten abseits der Hauptverkehrsstraßen findet man wenige Hotels oder Motels. Allerdings kann es sein, das man in einem Kloster die Nacht verbringen kann. Ein Bett eine Mahlzeit für wenig Geld, kein Luxus, wer Glück hat bekommt von den Mönchen Bier für die Nacht.

Allen Lesern wünsche ich eine spannende Planungsphase sowie einen noch größeren, aufregenden Reiseverlauf.

Drum Bun ! (➜ ist rumänisch und bedeutet Gute Reise)

Die Gesamttour.

Karte als Übersicht der beiden Touren. Teil 1 oben und Teil 2 im unteren Bereich der Streckenübersicht.

Bild: Karte mit den Karpaten- Ländern. Fahrstrecke Teil 1 und Teil 2.

Technikbeschreibung des Motorrades

Für beide Touren fuhr ich mit meiner BMW GS 1150 Adventure. Die BMW GS ist eigentlich eine sehr gutes Motorrad. Die hier in diesem Buch beschriebenen Pannen waren meine ersten und auch bisher auch die letzten. Mit diesem Motorrad habe ich auch vielen anderen Touren gemacht, die GS war mir immer treu und hat mich sicher durch die Welt gebracht.

Bild: Die bei diesen Touren gefahrene BMW GS 1150 Adventure, ohne Tankschutzhaube.

BMW R 1150 GS Adventure

Diese BMW GS-Modell- Variante wurde vom Herbst 2001 bis 2005 produziert. In diesem Zeitraum (ab 2004) wurde auch schon die neu „Normale GS 1200 hergestellt", die 1150 Motorvariante lief dennoch als Adventure Modell noch zwei Jahre weiter. Gegenüber der BMW R 1150 GS verfügt die Adventure über größere Federwege mit wegabhängiger Dämpfung, eine durchgehende Sitzbank, einen größeren robusten Motorschutz sowie ein größeres Windschild, Kotflügelverbreiterung, optionalen Sturzbügel zum Schutz des Motors und wahlweise einen 30 Liter Tank, Nebelscheinwerfer, ein Steinschlagschutz für den Frontscheinwerfer. Felgen und Ventildeckel sind blau eloxiert, die Speichen können ohne Reifenwechsel demontiert und montiert werden. Die Maschine kann über einen Codierstecker auf den Betrieb mit Normalbenzin sowie einer geänderten Steuerzeitregelung zum Fahren von niedrigen Oktankraftstoffen umgestellt werden. Hierbei wird der drei Wege Katalysator (EU-2 Abgasnorm) nicht beschädigt. Als Sonderzubehör sind fernreisetaugliche und wasserdichte Aluminiumkoffer und ein Alutopcase verfügbar. Getriebe ist im sechsten Gang kürzer übersetzt, zusätzlich kann bei der R1150 GS Adventure ein kürzerer erster Gang als Sonderausstattung geordert werden.

Der Motor ein klassischer BMW Boxer-Motor, 2 Zylinder mit 4-Ventil-Technik mit High-Camshaft-Ventilsteuerung, eine Nockenwelle, digitalem Motormanagement und einer Doppelzündung. Luft- / Ölkühlung. Die Nennleistung liegt bei 62,5 KW (85 PS) bei 6750U/min, maximales Drehmoment 98 Nm bei 52507U/min, Antrieb über Kardan. Der Rahmen besteht aus einen dreiteiligen Rahmenkonzept aus Vorder- und Hinter-Rahmen mit mittragendem Motor. Vorderradaufhängung durch BMW Telelever mit einem Standrohrdurchmesser von 35mm dazu in Verbindung eines Zentralfederbeines vorne mit fünffacher mechanischer Einstellung. Ebenfalls ist das hintere Federelement mittels Handrad hydraulisch stufenlos einstellbar. Das Gewicht des Fahrzeugs im fahrbereiten Zustand inkl. 30l Tankfüllung liegt bei 283kg. Die Bremsanlage vorne Doppelscheiben 4-Kolben-Festsattel, Bremsanlage hinten ist ein 2-Kolben-Schwimmsattel, wahlweise gab es die Variante mit oder ohne

ABS. Ich entschied mich zur Reduzierung der Technik im Sahara-Einsatz für den Verzicht eines ABS-Systems.

Das Motorrad wurde für meine damaligen reisen in Nordafrika nur geringfügig modifiziert. Hier ein Steinschlagschutz, da eine Verstärkung, dort ein Schutz für den Ölkühler und den Scheinwerfern. Diese Optimierungen fanden bei den Befahrungen der rumänischen Pisten ebenfalls ihren nützlichen Zweck. Der Rest ist BMW Original-Zubehör. An dieser Stelle möchte ich mich für das robuste Design des Fahrzeugs bei BMW bedanken. Nur der Sturzbügel hat Schwächen, dieser musste geschweißt werden. Für die Reisen in Europa, unter anderem die Karpaten Tour ist die BMW GS das perfekte Bike. Fahreigenschaften bei Zuladung und Normalbetrieb, sowie auch Möglichkeiten des Gepäckverstauens sind optimal.

Das verwendete GPS von Garmin e-Ttrex legend mit Lenkerbefestigung der Firma Touratech.

Bilder Reise- Impressionen zur Tour 2

Nachfolgend Bilder - Impressionen aus dem zweiten Reiseabschnitt.

Straßenkennzeichnung – Auf der N 64 Bocsig nach Varfurile.

Rumänische Frau sitzt auf der Bank vor ihrem Haus.

In den Waldkarpaten.

Bauernhof mit typischen Hoftor und Brunnen.

Steinige Dorfstraße.

Dorf in den Bergen.

Bergrutsch auf der Transfagarasan.

Kehren auf der Transfagarasan.

Stahltür am Tunnel auf der Transfagarasan.

Waldstraßen.

Stadttor in Brasov (Kronstadt).

In den Gassen von Brasov.

Rast an der Landstraße.

Im Donaudelta.

Abendstimmung an der Donau.

Kirche in Bulgarien.

Serbien: Unterwegs auf den kleinen Landstraßen der südlichen Karpaten.

Dorfstraße in Serbien.

Verstaubte Reflektion.

Die letzten Erhebungen der Karpaten in Serbien.

Titelbild: Im Tatra Gebirge.

Anhang

Quellenverzeichnis:
Alle Bilder sind von mir, dem Autor selbst gemacht und unterliegen dem Copyright. Karten aus urheberrechtlichen gründen weglassen müssen. Es gibt lediglich eine Übersichtskarte welche eigens modifiziert wurde. Angaben zu Flächendaten von Nationalparks, Städte und Regionen. Informationen zu Geschichte, Zahlen, Daten, Fakten zu beschriebenen Filmen sofern diese mir nicht verbal zugetragen wurden, entstammen aus dem World Wide Web von Wikipedia. Hierzu übernehme ich als Autor keine Haftung auf Richtigkeit.
Zu den Angaben der Campingplätze übernehme ich ebenfalls keine Haftung auf Richtigkeit. Denn diese Plätze sind einfach und absolut ohne Luxus, meist kein fließend Wasser, kein Strom. Als Stellplatz für Camper und Wohnwagen allemal geeignet. Änderungen zu Plätzen jedoch möglich. Ich gehe davon sogar stark aus, da Rumänien speziell in Siebenbürgen sich touristisch entwickeln wird. Daher werden sich auch die Campingplätze einem Standard anpassen.

Ein Danke schön geht an Katka und Amar, ohne die beiden hätte ich nicht Denisa kennengelernt. Denisa hatte mich zu dieser Reise inspiriert.

Nachtrag:

 In meiner Erzählung beschreibe ich die Mitgliedschaft im Gremium M/C. Diesen Motorradclub habe ich nach einer Zugehörigkeit von über vierzehn Jahren verlassen. Mann hatte mich zu diversen Buch- Texten kritisiert. Ich würde ein scheiß schreiben. Nun ich schreibe Reisegeschichten, gemischt mit meinen Rocker- Erlebnissen, keine Ultrabrutalen Schlägereien, oder Club- Stichelei-en mit Schießereien und Milieuge-schäften. Das ist Quatsch und übertriebenes Zeugs, passt möglicherweise in einen Krimi füllt aber kein Buch. Weiter kritisierte man meine Bilder vom M/C. Alle Bilder aus meinen früheren Büchern sind von mir oder wurden mir unter der Quellenbeschreibung überlassen. Nein ich bereichere mich nicht mit diesen Motorradgeschichten. Diese Aussagen sind einfach nur Blödsinn, im Grunde ein Spiegel des geistlichen Niveaus einiger Mitglieder. Ich fahre gerne Motorrad und ich bin Biker.

Ebenso zu erwähnen ist dass einige der hier im Buch erwähnten Balkan- Chap-ter nicht mehr beim Gremium M/C dabei sind. Man hat die Farben gewechselt, unter anderen zu den Outlaws oder man hat die Szene um den Gremium M/C verlassen. Nun alles hat seine Hintergründe, möglicherweise Geschichten für ein neues Buch; „Der Ruf der Landstraße – Teil 2". Wir werden sehen.

Michael Fauth , alias Mezzo.

Weitere Bucherscheinungen vom Autor Michael Fauth.

Motorradtouren in & um Baden / ISBN: 978 3 8423 6904 7. Ein Tourenbuch für die Region Schwarzwald – Tourenbeschreibungen.

Der Ruf der Landstraße / ISBN: 978 3 7392 0869 5 (2. Auflage) – Abenteuer Motorrad; Rockergeschichten aus den 1980er Jahren bis zur Gegenwart inkl. Reiseberichte wie z.B. vom Baltikum, Nordkap bis Sahara- Reisen, Asien und Südamerika.

Biker Lyrik / ISBN: 978 3 8448 0128 6 (Bildband)

Biker Lyrik – Poetische Biker Texte und Redewendungen / ISBN: 978 3 735 740000 7. Gedanken zum Motorradfahren mit vielen Bildern verschiedener Motorräder.

China erleben / ISBN: 978 3 8391 1256 4. Motorradgeschichten und Reiseberichte aus Südostasien.